U0835853

"十三五"职业教育规划教材

高职高专物流专业"互联网+"创新规划教材

第三方物流综合运营

（第2版）

施学良　高晓英　编　著

北京大学出版社
PEKING UNIVERSITY PRESS

内 容 简 介

本书根据现代物流企业运营管理的需要，结合高职高专物流管理专业实际教学目标编写，内容包括突破传统物流、物流市场开发、物流方案设计、物流组织运营、物流方案优化和物流客户管理6个项目。全书贯彻“工作过程系统化”改革思路，穿插“看一看”“做一做”“想一想”和“辩一辩”的环节，让教师教学更方便，让学生学习更轻松。

本书可以作为高职高专物流管理及相关专业的教材，也可以作为各类成人教育、企业人员的培训教材，同时可作为从事物流工程与管理人员的参考读物。

图书在版编目(CIP)数据

第三方物流综合运营 / 施学良，高晓英编著. — 2版. —北京：北京大学出版社，2016.6
（高职高专物流专业“互联网+”创新规划教材）
ISBN 978-7-301-27150-6

Ⅰ.①第… Ⅱ.①施… ②高… Ⅲ.①物流—物资管理—高等职业教育—教材 Ⅳ.①F252

中国版本图书馆CIP数据核字（2016）第113788号

书　　名	第三方物流综合运营（第2版） Disanfang Wuliu Zonghe Yunying
著作责任者	施学良　高晓英　编著
策划编辑	蔡华兵
责任编辑	蔡华兵
标准书号	ISBN 978-7-301-27150-6
出版发行	北京大学出版社
地　　址	北京市海淀区成府路205号　100871
网　　址	http://www.pup.cn　新浪微博：@ 北京大学出版社
电子信箱	pup_6@163.com
电　　话	邮购部62752015　发行部62750672　编辑部62750667
印 刷 者	北京鑫海金澳胶印有限公司
经 销 者	新华书店
	787毫米×1092毫米　16开本　13印张　300千字
	2012年9月第1版
	2016年6月第2版　2019年1月第3次印刷（总第6次印刷）
定　　价	33.00元

前　言

随着全球经济一体化及经济的发展，企业面临的生存与发展环境更趋复杂化，为了获得竞争优势，企业必须不断地采用创新理念与技术，挖掘物流领域的潜在效益。因此，物流的发展水平已成为衡量一个国家和地区综合实力的重要标志之一。由于工商企业通过把企业的物流功能部分或全部外包给第三方物流企业，可以有效降低物流成本，提高客户服务水平，所以采用第三方物流策划、管理与运作的趋势已越来越明显。第三方物流业务正逐步形成一个巨大的市场。

关于本课程

第三方物流是指生产经营企业为集中精力搞好主业，把原来属于自己处理的物流活动，以合同方式委托给专业物流服务企业，同时通过信息系统与物流企业保持密切联系，以达到对物流全程管理控制的一种物流运作与管理方式。它不拥有商品，不参与商品的买卖，而是为客户提供以合同为约束、以结盟为基础的、系列化、个性化、信息化的物流代理服务。物流运营已经成为各类工商企业经营与发展、合作与销售的重要支撑活动内容，学生迫切需要掌握科学技术及使用现代物流运营的知识与技能。

本课程以工作过程为主线序化教学内容，以职业能力为核心优化教学手段。课程基础从知识模块转向工作任务，课程核心从知识掌握转向技能培养，课程教学手段从纯理论教学转向理论与实践并举，课程教学场所从纯课堂转向课堂、实训室和企业共同参与。整个课程设计立足于实际能力的培养，对课程内容的选择标准做了根本性的改革，打破以知识传授为特征的传统学科课程模式，转变为以第三方物流工作岗位的典型工作任务选择课程内容，提高课程内容的实用性，与工作任务的相关性，让学生在完成具体项目的过程中来构建知识，并发展职业能力。

关于本书

本书第1版编写贯彻了“工作过程系统化”的改革思路，穿插“看一看”“做一做”“想一想”和“辩一辩”等形式，使内容更加丰富形象，让教师教学更方便，学生学习更轻松。本书的6个教学项目分别设计了由1个操作化实训项目，6个实训项目共同组成的课程能力培养途径。这6个教学项目可以独立进行，同时后5个教学项目又可以按照工作过程进行设计，从市场开发、方案设计、组织运营、方案优化到客户管理，涵盖了第三方物流的5个工作领域。

本书在第1版的基础上修订而成，除了对文字、语法进行查缺补漏以外，对知识结构进行了梳理，精简了烦琐的内容，剔除了陈旧的内容，补充了时新的内容，以使整体内容与时俱进，更加适应教学需要。

总体来说，本书编写具有以下特点：

（1）服务行业企业，校企合作，共同实施项目教学。与学校实训基地紧密结合，在与基地企业合作和调研的基础上编写，把教学过程与物流企业的实际项目相结合，由企业专家、学校专职教师指导教学过程和评定考核成绩。

（2）按职业岗位工作过程导向整合优化教学模块，开展模块化教学。在课程中，按物流企业部门岗位实际工作过程和导向，对课程教学内容进行整合序化，开展模块化教学，确定培养物流企业工作能力所需的模块。

如何使用本书

本书内容可按照 58 ～ 64 学时安排，推荐学时分配：项目 1 为 6 ～ 8 学时，项目 2 为 12 学时，项目 3 为 12 学时，项目 4 为 12 学时，项目 5 为 10 ～ 12 学时，项目 6 为 6 ～ 8 学时。教师可根据不同的使用专业灵活安排学时，课堂重点讲解每个实训模块的引导案例，设计实训项目，指导学生实训。分组讨论、模拟实训可安排在实训室进行，实训报告的写作可由学生在课后完成。

第三方物流是一门实践性较强的专业课程，应根据教学内容和高职学生的特点探索教学方法，以提高教与学的效果，可采用循序渐进法、启发引导法、案例分析法、真实体验法和角色扮演法等；在课程整体设计过程中，还应充分考虑到学生学习过程的可操作性。

本书由金华职业技术学院施学良和江苏海事职业技术学院高晓英老师编写。本书在编写过程中，得到了西南交通大学交通运输与物流学院副院长、博士生导师李宗平教授、浙江经济职业技术学院实训中心姚文斌主任的帮助和支持，并得到了有关行业协会与企业的大力支持，同时借鉴了国内外一些专家与学者的学术观点和最新研究成果。在此谨向对本书编写和出版提供过帮助的人士表示衷心的感谢！

由于编者水平有限，编写时间仓促，书中难免存在不妥之处，敬请广大读者批评指正。您的宝贵意见请反馈到电子信箱 flydear123@163.com。

编　者

2016 年 2 月

目　录

项目4 物流组织运营

项目5 物流方案优化

项目6 物流客户管理

项目1

突破传统物流

项目描述

本项目主要对物流的基本概念、构成体系、发展历程及国内外现状进行讲解。通过本项目的学习能够理解物流的概念，了解传统物流与现代物流的区别，清晰现代物流的特征、发展趋势，了解现代物流企业的现状，理解物流外包的原因。

教学方案

<table>
<tr><td>教学内容</td><td colspan="2">什么是现代物流、物流外包模式、第三方物流现状</td><td>计划学时　6～8</td></tr>
<tr><td rowspan="2">教学目的</td><td>知　识</td><td>技　能</td><td>态　度</td></tr>
<tr><td>(1) 物流发展历程
(2) 物流的概念
(3) 物流的构成、特征
(4) 物流外包的趋势
(5) 外包的内容与运作</td><td>(1) 区别传统物流与现代物流
(2) 描述物流运作过程
(3) 选择物流外包模式</td><td>(1) 认真态度
(2) 合作精神
(3) 实事求是</td></tr>
<tr><td>教学重点与难点</td><td colspan="3">现代物流的特征、物流外包的模式、第三方物流的问题与前景</td></tr>
<tr><td>教学资源</td><td colspan="3">(1) 电子一体化教室
(2) 影音效果展示设备
(3) 相关合作企业提供教学条件</td></tr>
</table>

能力评价

学习目标	评价项目
设计调查问卷	调查问卷设计的规范性、合理性
撰写调研方案	调研方案撰写的完整性、可行性
执行物流调查	完成调查工作的进度、难度、准确度
撰写调查报告	调研报告撰写的真实性、执行性

实施步骤

步　骤	内　容	课　时
1	区别传统物流与现代物流、描述物流运作过程	2
2	描述当前主要的物流外包模式、给企业合理选择外包模式	1
3	理解当前各项法规及其影响	1
4	了解我市、我省、我国的第三方物流现状	2

案例导入

远成精彩诠释现代物流

“根据客户的不同需求，提供不同的载体资源，及设置不同的物流方案，事事以客户为中心”。这个在现代物流企业成功的通行原则，在远成集团——这个不断崛起的民营物流企业身上得到了充分体现。远成集团目前已通过国际质量管理体系 ISO 9001 和环境管理体系 ISO 14001 认证，是中国首批5A级“综合服务型物流企业”，并荣获“中国物流示范基地”“中国物流改革开放30年旗帜企业”“中国物流学会产学研基地”等荣誉。所有这些荣誉都聚焦在一个发展理念——打造一个现代物流的超级企业。

通过20多年的拼搏，远成集团逐渐发展成为以公路快运、铁路运输、航空海运、城际配送、仓储服务、国际货代及物流个性化方案策划等为主导，集物流服务、实业投资和国际贸易为一体的综合性现代化企业集团。其中，远成综合物流则已具备“以铁路干线运输，公路快运、区域配送等相结合”的多层次、广覆盖的物流网络，形成了独具特色的物流运输服务网络体系。

1. 多样化的综合物流

远成集团在原有运输、配送等综合性运输服务基础上，利用独有资源，重点发展行包特快专列、五定班列等服务项目，直接为合作伙伴提供多样化的综合物流服务。

1) 行包特快专列

远成集团通过自身的实力取得了“成都—广州”的第一条铁路行包专列的经营权。利用铁路行包的高按时付运率、高安全性、低风险率的特点，远成集团为客户提供周到、细致的服务，赢得了国内外广大客户的信任与支持，并以此为契机，开始了飞跃式发展。截至目前，远成集团共经营了6条行包特快专列。

2) 五定班列

为适应客户多元化、多样性的服务需求，远成集团开通了具有“定点、定时、定线、定车次、定价”特点的“五定班列”，满足了低端大宗客户需求。

3) 特快行邮专列

远成集团投巨资取得了3对行邮专列的经营权。行邮专列目前是国内最快的货运列车，其速度介于公路运输与航空运输之间。行邮专列改变的不仅仅是货运成本结构，更为用户创造了新的供应链价值。行邮专列满足了一种潜在的市场需求，也是货运市场的一种补充，为满足客户多样化需求提供了一种可选择的运输方式，同时也是对远成集团原有第三方物流的延伸和补充。

4) 快运

远成快运依托远成行邮专列为干线运输，为客户提供快捷、方便、优质、安全的快运服务，真正实现全程监控。远成快运构建了一个庞大的运输与配送网络，覆盖长江三角洲、珠江三角洲、环渤海地区等国内经济最发达的3个区域，为客户提供安全、优质的快运服务。为彻底解决因人工装卸而产生的破损，远成对快运产品实行外加拉伸膜固定、机械化装卸、全程托盘化包装服务。

5）城际配送

远成集团在整合运输资源的基础上，全力打造以铁路干线运输为核心，以区域配送为短途运输的路网结构。远成城际货运班车不仅开省际配送先河，在国内也属少有。其主要针对干线运输，推出“当日达”“次日达”服务，实行全程“一站式”定时、定点直达物流快运服务。

6）仓储及供应链咨询服务

远成集团在北京、上海、成都、广州等地建立了物流基地，利用国际化、标准化的仓储设施和远成仓储管理系统，已为LG、格力、海尔、TCL等国际知名企业提供仓储服务。远成集团依据对客户供应链系统进行调研，凭借操作经验和实力，为合作伙伴提供量身定制的供应链管理服务。

7）集装箱运输

远成集团以集装箱货物运输为依托，逐步形成海、陆、空等多种联合运输组织方式，在大批量、长距离的货物运输领域具有相当的竞争力，形成了独具特色的国内运输网络体系。

8）发展以空运、海运为主要方式的国际物流

远成集团本着“立足中国横跨世界”的发展思路，充分发挥自身熟悉国内市场的优势，借助目前国内外物流市场一体化进程所带来的机遇，强强联合，加强与国际知名物流大型集团之间的合作。迅猛发展以空运、海运为主要方式的国际物流，开辟国内主要港口到日本、欧美等地区的货运航线。

2. 独特的经营理念和企业文化

多年以来，远成集团积极推行企业文化整合工程，把加强企业文化建设作为一项重要工作抓紧抓好，有计划、有组织地推进了企业文化建设的纵横发展。以“一诺千金，欲速必达”服务宗旨为发展支撑，形成了具有远成独具特色的企业精神和服务理念。企业要稳定发展，必须要有一支能战斗的队伍。帮助员工发展，建立一支素质好、业务精、效率高的优秀员工队伍是公司一直为之奋斗的目标。

远成集团始终把员工培训放在首位，坚持岗前入职培训与定期在职培训相结合，早会与周会相结合，定向培训与定期轮训相结合。多年来，公司提倡“待遇留人、感情留人、事业留人”，建立健全了各种用人机制和晋升机制，注重人才的培养和开发。“月庆”“军训”和“半军事化管理”已成为远成企业的文化特色，全体员工以“远成为家”，在“平等、宽松、舒畅”的氛围中努力工作，企业与员工结下了休戚与共的情感。

为加快实现企业走向国际化的目标，远成集团和世界各地物流研究机关及相关机构都有定期的交流，集团先后接待了比利时、荷兰、法国、英国、日本、美国、加拿大等地的代表团，在日本已经成立了远成日本公司。这些都证明远成集团正在不断地成长、转化，从一个传统的中国铁路物流企业成长为一个提供全球化服务的现代化综合物流企业。

（资料来源：根据远成物流网站内容改编）

问题

(1) 结合案例，讨论传统物流与现代物流的区别。

(2) 远成物流集团从哪些方面打破了物流的传统性，体现出现代性？

1.1 传统物流与现代物流

传统物流一般指产品出厂后的包装、运输、装卸、仓储，而现代物流提出了物流系统化（或称为总体物流、综合物流管理的概念），并付诸实施。具体来说，就是使物流向两头延伸并加入新的内涵，使社会物流与企业物流有机结合在一起，从采购物流开始，经过生产物流，再进入销售物流，与此同时，要经过包装、运输、仓储、装卸、加工配送到达用户（消费者）手中，最后还有回收物流。可以这样讲，现代物流包含了产品从“生”到“死”的整个物理性的流通全过程。

从传统物流渠道的角度来看，商流是从制造商经批发商、零售商到消费者的并与之对应的一个流程。现代物流的商流则是经物流企业从原材料供应商到制造商，到批发零售企业再到消费者这样一个流程，甚至常常越过批发零售企业直接把商品送到消费者手中。现代物流与传统物流相比，突出特征表现为物流反应快速化、物流功能集成化、物流服务系列化、物流作业规范化、物流目标系统化、物流经营市场化、物流手段现代化和物流组织网络化，简称“八化”。衡量现阶段的物流发展水平，上述“八化”是一个基本的评价指标。面对顾客需求变化、流通渠道重组及中国加入 WTO 所带来的挑战，加快中国传统物流向现代物流转型的速度，推动物流产业新一轮革新，推动新世纪中国现代物流产业逐渐形成规模已成为目前一项十分迫切的任务。

传统物流与现代物流的区别主要见表 1-1。

表 1-1 传统物流与现代物流的区别

区别点	传统物流	现代物流
服务内容	只提供单一物流环节的服务	提供系统化增值服务
服务理念	被动服务	个性化服务
物流控制	实行人工控制	实施远程化、智能化、自动化的信息管理
服务方式	少品种，大批量，少批次，长周期	多品种，小批量，多批次，短周期
服务标准	无统一服务标准	实施标准化服务
服务范围	小范围区域服务	大范围区域、跨境服务网络

想一想

如何判断一个物流企业是传统物流还是现代物流？

随着物流产业的不断转型升级，传统物流向现代物流转变的过程不断呈现出一些新的变化和趋向。

1. 专业化趋向

我国加入 WTO 后，市场竞争进一步加剧，必然促使企业更加关注其核心资源和核心竞争力的培养，而将企业内部物流交由专业物流公司经营。但目前，我国第三方物流的市场比重不大，据中国物流与采购联合会和美智管理顾问公司联合进行的一次调查发现，被调查企业中使用第三方物流的只占 22.2%，而美国这些类型的企业中使用第三方物流的占 58%。可见，我国第三方物流潜力很大，有待发展。

2. 规模化、集团化趋向

发达国家的一些物流公司通过重组、资本扩张、兼并、流程再造等形式，已经形成了跨国综合物流企业。这些物流公司拥有雄厚的资金、先进的技术和设备、先进的管理理念和经验、全球性的服务网络。而我国的物流企业大多规模小、实力弱、能力低，在与国际大型物流公司的市场竞争中处于不利地位。因此，国内的中小型物流企业有一部分将利用拥有国内网络及设施、人力资本成本低等本土优势，与国内外大型物流企业建立战略合作伙伴关系；一部分将可能被大型物流公司收购、兼并；还有一部分将进行战略性重组和改造，向综合物流发展，为大型跨国物流企业配套，成为供应链的重要组成部分。

3. 多元化趋向

随着我国改革开放的深入，以及我国加入 WTO 后在商品分销、公路运输、铁路运输、仓储、货运代理、邮递服务等领域的逐步开放，市场主体将出现多元化的局面：一是外资物流企业，这些企业主要服务于外资企业，从事跨国公司在中国的生产、销售和采购等方面的物流活动；二是以多元化股权结构为特征的民营物流企业，这是目前物流市场最具活力的力量；三是国有经济中传统的运输、货代、仓储、批发企业，现在仍是物流市场的主力军。今后相当长的一段时间内，我国物流市场将呈现一个国有、集体、个体、中资、外资等各种所有制物流企业相互依存、同台竞争、相互促进的局面。

4. 国际化趋向

由于世界制造业和 OEM（Original Equipment Manufacturer，意为定点生产，俗称代工生产）中心向我国转移，以及经济一体化进程的加快，未来我国与世界各国之间的物资、原材料、零部件与制成品的进出口运输，无论是数量还是质量，都会发生较大变化。为适应这一变化，我国必须在物流技术、装备、标准、管理、人才方面与世界对接，因此，我国物流业在国际化方面将会发展较快。

传统的运输与仓储企业加快向第三方物流转变。由于国内外物流企业纷纷来到登录我国内陆地区，这些中小物流企业进入我国内陆物流市场的速度加快，给国内传统的运输与仓储企业造成很大压力。因此，今后将有更多传统的运输与仓储企业加快向第三方物流转变，利用自己的优势，扩大客户群，提升市场竞争力，与国外和境外的物流公司合作或开展竞争。

阅读材料

西南仓储公司是一家地处四川省成都市的国有商业储运公司，随着市场经济的深入发展，原有的业务资源逐渐减少，在企业的生存和发展过程中也经历了由专业储运公司到非专业储运公司再到专业储运公司的发展历程。

在业务资源和客户资源不足的情况下，这个以仓储为主营业务的企业其仓储服务是有什么就储存什么，以前是以五金交电为主，后来也储存过钢材、水泥和建筑涂料等生产资料。这种经营方式解决了企业仓库的出租问题。

那么，这家企业是如何发展区域物流的呢？

1. 专业化

当仓储资源又重新得到充分利用的时候，这家企业并没有得到更多利益，经过市场调查和分析研究，这家企业最后确定了立足自己的老本行，发展以家用电器为主的仓储业务。一方面，在家用电器仓储上，加大投入和加强管理，加强与国内外知名家用电器厂商的联系，向这些客户和潜在客户介绍企业确定的面向家用电器企业的专业化发展方向，吸引家电企业进入；另一方面，与原有的非家用电器企业用户协商，建议其转库，同时将自己的非家用电器用户主动地介绍给其他同行。

2. 延伸服务

在家用电器的运输和使用过程中，不断出现损坏的家用电器，以往每家生产商都是自己进行维修，办公场所和人力方面的成本很高。经过与用户协商，在得到大多数生产商认可的情况下，这家企业在库内开始了家用电器的维修业务，既解决了生产商的售后服务的实际问题，也节省了维修品往返运输的成本和时间，并分流了企业内部的富余人员，一举两得。

3. 多样化

除了为用户提供仓储服务之外，这家企业还为一个最大的客户提供办公服务，向这个客户的市场销售部门提供办公场所，为客户提供了前店后厂的工作环境，大大地提高了客户的满意度。

4. 区域性物流配送

通过几年的发展，企业经营管理水平不断提高，企业内部的资源得到了充分的挖掘，同样企业的仓储资源和其他资源也已经处于饱和状态，资源饱和了，收入的增加从何而来？在国内发展现代物流的形势下，这家企业认识到只有走出库区，走向社会，发展物流，才能提高企业的经济效益，提高企业的实力。发展物流从何处做起？经过调查和分析，该企业决定从学习入手，向比自己先进的企业学习，逐步进入现代物流领域。经过多方努力，它们找到一家第三方物流企业，在这个第三方物流企业的指导下，通过与几家当地的运输企业合作（外包运输），开始了区域内的家用电器物流配送，为一家跨国公司提供物流服务，现在这家企业的家用电器物流配送已经覆盖了四川（成都）、贵州和云南。

（资料来源：http://www.doc88.com/p-491187327980.html，有改动）

1.2 第三方物流的概念和产生原因

物流业的发展水平反映了一个国家的综合国力和企业的市场竞争能力。世界各国都非常重视物流水平对本国经济发展、国民生活质量和军事实力的影响，代表现代物流发展趋势的第三方物流俨然成为目前世界各国和大型跨国公司所关注、探讨和实践的热点。

1.2.1 第三方物流的概念

物流（Logistics）是指物品从供应地向接收地的实体流动过程，是根据实际需要将运输、储存、装卸、搬运、包装、流通加工、配送、信息处理等基本功能实施有机结合［参见国家标准《物流术语》GB/T 18354—2006)］。现代物流是以满足顾客的需求为目标，把制造、运输、销售等市场情况统一起来考虑的一种战略措施，追求的是降低成本、提高效率与服务水平进而增强企业竞争力。

第三方物流（Third Party Logistics，3PL 或 TPL）是 20 世纪 80 年代中期由欧美学者提出的。在 1988 年美国物流管理委员会的一项顾客服务调查中，首次提到“第三方物流服务提供者”一词。目前对第三方物流的解释很多，尚没有一个统一的定义，代表性观点有以下 3 种：

(1) 从物流服务的提供者角度界定，第三方物流是指物流的实际供给方（假定为第一方）和物流的实际需求方（假定为第二方）之外的第三方通过合约向第二方提供部分或全部的物流服务（强调物流服务的提供者是实物交易之外的第三方）。

(2) 从物流服务的提供者与客户达成物流服务交易的形式界定，第三方物流又常称为合同物流、契约物流，是第三方物流提供者按合同在特定时间内向使用者提供个性化的系列服务（强调物流服务的提供者与客户是基于合同的长期合作）。

(3) 从物流服务的提供者所提供的物流服务功能范围界定，第三方物流是提供全部物流业务服务的一站式、一体化综合物流服务（强调物流服务的提供者提供的是全程物流服务）。

《物流术语》中，将第三方物流定义为“接受客户委托为其提供专项或全面的物流系统设计的及系统运营的物流服务模式”。

1.2.2 第三方物流产生原因

1. 世界经济一体化和国际贸易的发展

全球经济一体化步伐的加快及国际贸易的往来不断，带来了可观的物流量，在货物的国际转移中，对物流各功能的要求更高。以运输为例，与国内运输相比，国际运输涉及的环节多，风险较大，线长面广，情况更为复杂。国际运输主要是供应及销售物流中的海运、陆运、空运及多式联运等运输方式的选择，确定合理的运输路线，并对运输活动进行有效的管理。在整个运输过程中，使用多种运送工具，变化不同运输方式，中途还要经过多次装卸搬运，经过不同的国家和地区，与各国的货主、保险公司、银行、海关和各种中间代理人打交道。各国政治、法律、金融货币制度不同，可变的因素非常多，其中某个环节发生问题，会影响到整个物流的效率。专业高效的第三方物流为国际贸易不断发展提供了有力的支持，使各国参与贸易的利益提高，使更多的非贸易品变为贸易品，满足了跨国企业全球化采购、生产、销售的要求。

2. 国家经济水平的提升

以我国为例，1979—2012 年，我国国内生产总值年均增长 9.8%，同期世界经济年均增速只有 2.8%。2010 年我国经济总量超过日本，居世界第二位，成为仅次于美国的世界第二大经济体。人均国民总收入也实现同步快速增长，根据世界银行数据，我国人均国民总收入由 1978 年的 190 美元上升至 2012 年的 5 680 美元，已经由低收入国家跃升至上中等收入国家。2012 年，我国货物进出口总额已达到 38 671 亿美元，比 1978 年增长 186 倍，仅次于美国，位居世界第二位；货物出口总额居世界第一位；货物进口总额居世界第二位。经济保持快速增长，无疑增加了物流服务的需求和物流运作的难度，提高物流服务水平，降低物流服务成本需要专业化、社会化、现代化的物流。

3. 企业之间激烈的竞争

第三方物流的产生是企业为加强竞争力，将非核心业务外包的直接结果。20 世纪 80 年代以来，伴随着社会分工的进一步细化，信息技术的快速发展，以及客户需求的差异性变化，采购与销售的区域全球化，使得市场环境更加复杂，企业之间的竞争更加激烈。企业在追求客户满意、产品周期缩短、组织扁平化等经营管理上出现的新特点，既增加了物流活动的复杂性，又对物流活动提出了零库存、准时制、快速反应等更高的要求，使一般企业很难自己承担此类业务。这都促使企业必须考虑增强自身的核心竞争力，而把辅助性功能外包给其他专业性企业。

4. 新技术的推动

现代物流业已经从传统意义上的运输加存储向物流增值方向转变，这一系列的转变离不开大量先进技术的支撑作用，尤其是信息技术的快速发展。例如，条形码和无线射频技术可以使货物识别的快速而准确，GPS（Global Positioning System，即全球定位系统）可以让货主追踪到货物在什么方位，GIS（Geographic Information System，即地理信息系统）可以让工作人员通过数据库里的地理数据设计出最快速、最经济的货物流通路线。网络技术和通信技术还使得用信息系统将生产商、经销商、物流服务商、顾客整合在一起成为现实，让货物的流动更经济更有效。这些不断创新的技术使得生产和销售企业能够放心地将物流业务外包给第三方物流服务商，却又保持必要的控制权，也使得第三方物流服务商能提供更高质量的服务。

1.2.3 物流外包

第三方物流是企业物流业务外包的重要形式。所谓物流外包，即制造企业或销售等企业为集中资源，节省管理费用，增强核心竞争能力，将其物流业务以合同的方式委托给专业的物流公司运作。外包是一种长期的、战略的、相互渗透的、互利互惠的业务委托和合约执行方式。

随着市场竞争的加剧，各生产企业为增强市场竞争能力，将企业的资金、人力、物力投入到其核心业务中，会寻找社会化分工协作带来的效率和效益的最大化。专业化分工的结果导致许多非核心业务从企业生产经营活动中分离出来，其中也包括物流业务。20 世纪 80 年代以来，在业务外包的新型管理理念的影响下，业务外包已成为企业发展的一大趋势。许多生产企业和商业企业认为物流业务是辅助功能不是核心业务，所以将其外包给具有专业物流人才和高质量服务的物流商，这样不但可以集中精力发展核心业务，而且可以利用物流商的优势降低物流成本。第三方物流产生过程如图 1.1 所示。

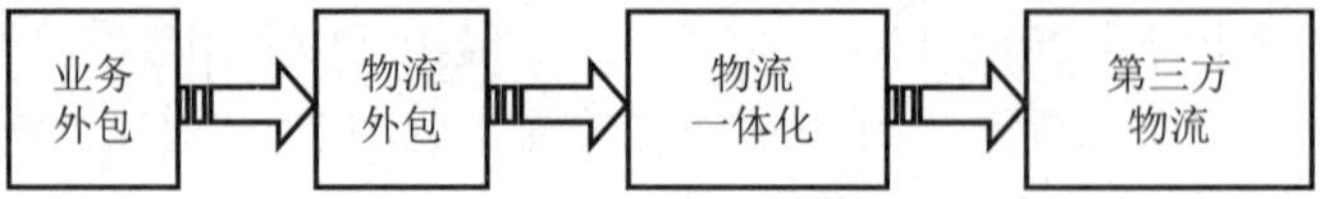

图 1.1　第三方物流产生过程

物流外包是企业业务外包的一种主要形式，也是供应链管理环境下企业物流资源配置的一种新形式，完全不同于传统意义上的外委、外协，其目的是通过合理的资源配置发展供应链，打造企业的核心竞争力。物流外包的原因如图 1.2 所示。

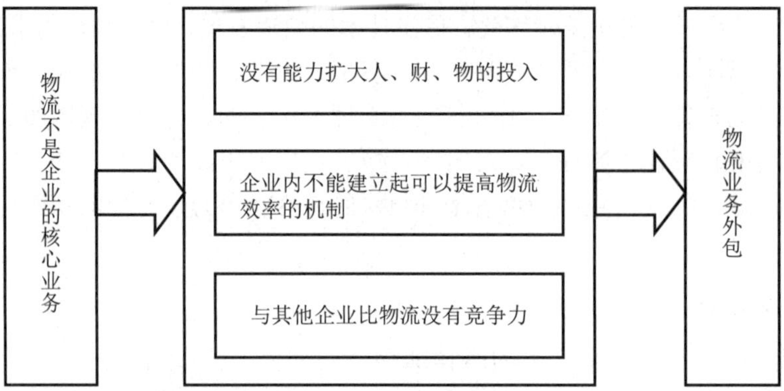

图 1.2　物流外包动因

物流外包已经被许多企业视为一项有价值的战略，企业进行物流外包决策的时候必须对企业的物流进行战略上的考虑。

1. 识别企业核心能力

企业核心力量是企业组织内部一系列互补技能和知识的组合。它具有价值优越性、差异性、难代替性、可延伸性等特征。对企业的核心力量和非核心力量进行区分是非常困难的。企业在某一业务上的突出业绩并不意味着该项业务就一定是战略核心的一部分。在识别了本企业的核心力量之后，也就明确了非核心的能力。

2. 物流外包决策考虑因素

从某种意义讲，物流是一种思考问题的方式。对于任一物流活动，都存在着自己做或外购的决策。对于企业而言，物流外包决策的依据有以下几个方面：

(1) 物流对企业战略的影响。有 BPR（Business Process Reengineering，即业务流程重组）专家认为：“一个组织应该将价值创造体系中的每项活动定义为一种服务；仔细分析每项服务活动，看其是否能成为世界最佳；对于那些不能通过公司内部供应成为世界最佳的活动，就将其取消、外包或与他人合作”。如果自营物流不是企业的核心力量，并且通过自身努力难以达到最佳，那么从企业战略上考虑，应将有限的资源投入到企业的核心业务，从而将物流外包；另外，还要看到外包存在的风险。

(2) 物流对企业降低成本的影响。降低成本往往是使用第三方物流的最原始的动机。由于第三方物流提供商往往拥有规模、专业优势、管理经验等方面的优势，这些都是降低成本的重要驱动因素，所以企业可以借此获得较为显著的成本降低。据相关机构对第三方物流市场状况的调查表明：有 33% 的企业选择第三方物流的原因是降低成本，占第一主要原因，而专注企业核心业务、提高服务水平和质量、简化复杂流程、增强供应链的灵活性分别占 27%、24%、13% 和 3%。

(3) 物流对企业提高服务水平的影响。物流实际上是服务水平与物流成本的一种权衡。企业使用第三方物流的目的在于以更少的成本达到目前的服务水平，或以现有的成本达到更高的服务水平，或增加少量成本以实现服务水平的大提升。

(4) 物流外包对企业形象的影响。当前制造企业的竞争优势集中体现在低成本、高质量和准时交货等方面，其中低成本和高质量可由制造企业在生产过程中加以控制，但往往容易在交货时间和售后服务质量等方面做得不尽如人意，这在很大程度上影响企业的形象和顾客满意度。因此，将物流外包给第三方物流供应商可以使客户得到优质的物流服务，从而缩短订单的备货周期，有效地满足顾客多样化的需求，使制造企业全面提升客户服务质量，提高顾客满意度。

(5) 物流外包对企业经营风险分担的影响。制造企业进行物流外包时，可以通过外向资源配置分散由政府、经济、市场、财务等因素产生的风险。制造企业利用第三方物流供应商的专业和规模优势对物流进行整合可以更好地控制其生产经营活动，并在生产经营活动和物流活动中找到一种平衡，保持两者之间的连续性，使企业的物流成本和总成本都达到最低，从而使企业的经营风险得到分担。

虽然企业物流外包能够带来诸多的好处，诸如提升核心竞争力等，但必须要时刻警惕物流外包所带来的一系列风险。

(1) 物流服务商不能履约。在双方洽商物流外包合作协议时，物流服务提供者为了获得物流业务、迎合购买方的物流需求，往往会夸大物流能力。如果外包企业缺乏有效的外包评价机制，很可能物流供应商选择不当。一旦物流服务商不能履行承诺，一是物流服务水平下降，委托企业形象和市场份额必将很快受损；二是合作双方难以建立和维护信任机制，从而危及双方合作关系。

(2) 失去业务控制。在自营物流业务处理过程中，制造企业往往需与客户直接打交道，并进行有效的沟通。如果物流外包，企业将失去与客户直接见面的机会，往往会在客户交往和其他方面过度依赖第三方物流公司，从而可能导致物流渠道失控。

(3) 企业机密外泄。外购物流后，企业的很多信息势必要让第三方物流企业知晓，同时企业的很多信息也是由第三方物流企业提供的。随着企业信息传递范围的扩大，可能会由于第三方物流服务商的“不忠”而导致企业信息资源损失、核心技术及商业机密泄露。

(4) 转置管理成本上升。转置成本是拥有部分物流能力的企业由自营转向外包时将会增加的管理成本。转置管理成本主要包括监察成本、协调成本、集成成本等。

企业物流外包在我国目前的内外环境上还面临许多困难，不可能一蹴而就，需要一个过程。任何物流职能的外包都需要认真计划、实施与管理，因为开始时的有效计划和协调能保证平稳地过渡。企业必须确保在整合流程上有详细的计划，以便项目能够得到跟踪，也必须有畅通的沟通渠道及高层管理部门的支持。审慎地选择第三方物流服务商，建立服务和支持体系，制定对第三方物流服务商明确的绩效期望，这些工作都将确保良好关系的建立。

知识拓展

物流外包需要考虑的3个基本问题

当前，企业在进行物流外包决策时，大多依赖宏观的数据估算和大纲式的优、缺点分析，导致决策具有短期性、经验性和模糊性的局限，不利于企业业务活动的长期开展。为此，从现代管理理论的角度，对企业物流外包的相关因素进行理论挖掘，提出了3个基本问题，并据此构建出了物流外包的决策分析模型，为企业物流外包决策提供一种借鉴。

问题一：物流外包是否符合企业发展战略?

企业发展战略具有明显的全局性、谋略性和相对稳定性的特征，它是企业制定的带有方向性、根本性的问题，一般由企业高层宏观把握，统筹企业的方方面面和各个有机组成部分，指导着企业发展的全过程。

物流是企业的一项业务活动，它服务于企业的采购与生产活动，直接从属于、服务于企业的发展战略。物流外包或自营决策首先就要问：物流外包是否符合企业发展战略?

问题二：物流外包是否影响企业核心竞争力?

在经济全球化的大趋势下，企业之间的竞争日趋激烈。任何企业都会面临资源的瓶颈。如果面面俱到、齐头并进地发展所有的相关能力，那么最终结果可能是缺乏企业优势，弱化了企业特色，在激烈的市场竞争态势中，难以吸引消费者的持久关注。因而，有远见的企业纷纷放眼四野，寻求关联企业的纵向联合，实施供应链管理。对于非物流企业来说，物流职能处于相对次要的地位，企业可以把物流外包，或者与专业化的物流企业结成战略联盟关系，签订长期合同，或者与拥有不同竞争优势的物流企业分别签署相关物流外包合同。即使是非核心业务，企业物流外包决策时也要面对这个问题：物流外包是否影响企业核心竞争力?

问题三：物流外包是否能够提高物流经济效益?

物流经济效益是物流产出与物流投入的权衡。其中，物流产出是物流绩效，物流投入可以看作物流费用。物流绩效由物流服务商提供，物流费用由企业投入，绩效和产出之间存在着一定的负相关关系。生产企业希望较低的物流费用实现较高的物流绩效，而物流企业则希望以较低的物流绩效获取较高的经济效益。在这种利益冲突的情况下，两者要达成合作协议，必然要在物流绩效和物流费用之间达成妥协。企业外包决策的第3个问题是：物流外包是否能够提高物流经济效益?

（资料来源：http://www.exam8.com/zige/wuliu/zonghe/200703/335901.html）

1.3 第三方物流的特征和价值优势

第三方物流是物流业发展到一定阶段的产物，它具有自身的特点和作用，从事第三方物流时必须了解其基本知识，才能在物流业务活动中发挥专业优势，为客户提供更好的服务。

1.3.1 第三方物流的特征

从发达国家物流业的状况看，第三方物流在其自身发展中已逐渐形成其鲜明特征，突出表现在 5 个方面。

1. 关系契约化

首先，第三方物流师通过契约形式来规范物流经营者与物流消费者之间关系。物流经营者根据契约规定的要求提供多功能直至全方位一体化物流服务，并以契约来管理所有提供的物流服务活动及过程。其次，第三方物流发展物流联盟也是通过契约的形式来明确各物流联盟参加者之间权责利相互关系的。第三方服务的用户与经营之间的战略联盟要求彼此公开更多信息，打破传统的业务束缚，从“业务关系”转变为“伙伴关系”。这种关系可达到双赢，是系统可靠性提高、服务改善以及更高效运作的保证。物流经营者根据合同的要求提供多功能直至全方位一体化的物流服务，并用合同规范所有服务活动及过程。例如，2003 年 6 月，海信集团与中远物流签订 10 年服务合同，中远物流每年为海信集团配送 300 万台家电，约占海信集团总产量的六成，估计此项每年可为中远物流带来 2 亿元收入。

2. 服务个性化

首先，不同的物流消费者存在不同的物流服务要求。第三方物流需要根据不同物流消费者在企业形象、业务流程、产品特征、顾客需求特征、竞争需要等方面的不同要求，提供针对性强的个性化物流服务和增值服务。其次，从事第三方物流的物流经营者也因为市场竞争、物流资源、物流能力的影响需要形成核心业务，不断强化所提供物流服务的个性化和特色化，以增强物流市场竞争能力。

3. 功能专业化

第三方物流所提供的是专业的物流服务。从物流设计、物流操作过程、物流技术工具、物流设施到物流管理必须体现专业化和专业水平，这既是物流消费者的需要，也是第三方物流自身发展的基本要求。

4. 管理系统化

第三方物流应具有系统的物流功能，它是第三方物流产生和发展的基本要求。第三方物流需要建立现代管理系统，才能满足运行和发展的基本要求。

5. 信息网络化

信息技术是第三方物流发展的基础，具体表现为物流信息的商品化、物流信息收集的数据化和代码化、物流信息处理的电子化和自动化、物流信息传递的标准化和实时化、物流信息储存的数字化等。信息化能更好地协调生产与销售、运输、储存等各环节的联系。常用的技术有 EDI(Electronic Data Interchange，即电子数据交换）技术、实现资金快速支付的 EFT(Electronic Fast Transient，即电快速脉冲群）技术、条形码技术、电子商务技术及全球定位技术等。在物流服务过程中，信息技术的发展实现了信息实时共享，促进了物流管理的科学化，极大地提高了物流效率和效益。

1.3.2 第三方物流的价值优势

第三方物流从在欧美产生到现在已有 20 多年的历史，其产生并给经济迅猛发展带来的推动力源于其产业自身的价值优势。物流管理和运作形式是多种多样的，其本质都是以最低的成本提供客户满意的服务。服务水平是物流综合管理能力的一种集中表现，最低成本则体现为企业对各种可利用的资源的整合能力，与其他物流形式（如自营物流）相比较，第三方物流的价值也就体现在此。

1. 第三方物流的成本价值

专业化带来的规模经济是第三方物流的基本特征。第三方物流公司通过客户资源整合和供应商整合低成本、高效率运作有明显的规模经济效益。

(1) 规模经济发挥设施效能，提高设施利用率。第三方物流集中配送，动态管理；快速反应，用时间消灭空间；产品周转次数加快，设施利用率高，提高了资金周转速度，节约了大量库房、场地、人员费用的支出。第三方物流企业的物流信息网积累了针对不同物流市场的专业知识和许多关键信息，如卡车运量、国际通关文件、空运报价等由第三方物流公司收集和处理更为经济。

(2) 规模运输提高运输效率。第三方物流由于为众多的生产厂家和销售企业服务，客户多，运量大，可利用现代管理理念、技术、方法对不同货物、运输工具、运输线路、运输方式等充分整合。例如，实行轻重配装，提高车皮标重利用率和容积利用率，铁路一个流向合装整车，汽车可以安排回头货，通过这一系列措施加快了产品流通速度，节约了运杂费用。

(3) 规模加工节约原材料消耗。生产企业对某些材料自行加工时，材料利用率仅达到 60% 左右，给企业造成极大的浪费，第三方物流配送中心可以按不同客户的不同需求统一加工、套裁，提高材料利用率，降低边角余料浪费。

(4) 规模采购获得优惠价格。客户自办物流时分别采购，由于批量小，价格优惠有限。第三方物流采购可以集零为整，批量大，价格上享受的优惠相对较多，以较低的价格为客户采购商品，增加客户市场竞争力不仅使消费者满意，也使企业获得可观的利润。此外，由于第三方物流与供应商建立了稳定的供应关系，能够保证产品质量，杜绝假冒伪劣产品的产生。

总之，专业的第三方物流提供者利用规模生产的专业优势，通过提高各环节资源的利用率实现费用节省，借助精心策划的物流计划和适时运送手段，最大限度地减少库存，改善企业的现金流量，实现成本优势。

2. 第三方物流的服务价值

在市场竞争日益激烈的今天，高水平的顾客服务对现代企业来说是至关重要的，物流服务水平实际上已成为企业实力的一种体现。它是企业优于其同行的一种竞争优势。第三方物流企业拥有专门的物流管理人才，先进的物流设施、设备，具备高度系统化、集成化和信息化的管理体系，通过自建或整合社会资源，建立企业间、跨行业、跨区域的物流系统网络，为企业业务拓展了空间，提高了企业市场占有率，促进了企业的销售，提高了企业的利润率。

第三方物流企业利用信息网络和结合网络，将原材料生产企业、制品生产企业、批发零售企业等生产流通全过程上下游相关企业的物流活动有机结合起来，形成企业间物流系统网络，加快订单处理速度，缩短从订货到交货的时间，进行门对门运输，实现货物的快速交付。同时，通过其先进的信息和通信技术，加强对在途货物的监控，及时发现并处理配送过程中的意外事件，保证货物及时、安全送达目的地，帮助企业提高自身顾客服务水平。

第三方物流企业提供专业化服务、个性化服务。第三方物流企业面向社会众多企业，不同的企业在产品特性、市场策略、采购策略、生产计划、客户服务水平等方面各不相同，从服务内容到服务方式，从实物流动到信息传递，各具特色，物流体系呈现很强的个性化特征。第三方物流企业在系统策划的基础上为客户提供量身定做的个性化服务方案，使顾客满意。

持续改进对第三方物流企业而言，就是要对物流活动进行创新整合，创造新的物流服务理念，创造新的物流功能。第三方物流创新包括新的思想理念、技术、产品、市场和组织形式。

竞争和技术进步是第三方物流创新的动力，因为第三方物流企业和货主企业之间存在着契约关系，具有利益一致性，扩大规模、降低成本是双方的共同目标。为争取足够的物流规模，保持竞争优势，第三方物流企业有着不断创造需求的内在动力。第三方物流企业会不断地引进新的技术手段、设备并不断改进自己的管理和运作模式，以提高服务水平并降低成本，这种持续改进能力使客户可以在不投入过多精力和资源的基础上保持物流运作的先进性，提升客户的竞争力。

3. 第三方物流的社会价值

物流专业化分工产生社会效益。在第三方物流应用广泛的发达国家，物流成本占 GDP 总额的 10% ～ 15%，而我国社会物流总成本占 GDP 的比例较高。因此，发展第三方物流可以大大提高运输效率、减少车流量，从而减少运输能源消耗、减轻坏境污染、促进社会持续发展。例如，在物流发达的德国，通过第三方物流，运输效率能提高 80%，车流量能减少 60%。此外，第三方物流高效率、低成本的物流服务能为消费者提供更多的便利，提高消费者的消费质量和水平。

做一做

请以小组形式寻找当地的几家第三方物流企业，比较它们各自有哪些特点。

1.4 我国第三方物流企业分类

作为专业化、社会化的第三方物流企业种类繁多，一般从以下多个角度进行划分。

1.4.1 按我国第三方物流企业来源构成分类

随着我国物流热的掀起，各类不同背景、大大小小的企业纷纷转型，或打着物流的牌子进入物流市场，除少数翻牌企业外，其中以运输、仓储和货代企业在原有基础上整合而来为主，也不乏外来物流公司和国内新产生的民营物流企业。

1. 从传统仓储、运输、货代等企业基础上改造转型而来的第三方物流

目前我国由传统仓储、运输、货代企业经过改造转型而来的物流企业在第三方物流中占主导地位，占据较大的市场份额。起源于运输业的，如中远国际货运公司、中国对外贸易运输（集团）总公司（简称中外运）、中国海运总公司等纷纷宣布成立第三方物流公司；起源于仓储业的，如上海商业物流公司、中海物流公司；起源于货代运理业的，如华润物流有限公司，是在华夏企业有限公司 50 多年货代经营的基础上发展起来的。例如，锦程国际物流集团股份有限公司的前身是大连锦联进出口货运代理公司，它是我国最大的国际物流企业之一，主要为客户提供门到门的全程国际物流服务。

知识拓展

传统仓储、运输企业发展第三方物流的优势

(1) 客户资源。这些企业掌握大量的、稳定的客户源，随着客户需求的不断扩展，企业提供更加完整和个性化的服务，客户驱动企业向第三方物流发展。

(2) 网络资源。传统仓储、运输企业大都拥有相对比较健全的物流服务网络资源，这是网络化第三方物流服务的基础。

(3) 运作能力。现代物流服务内容丰富，但核心物流活动依然是信息、运输、仓储。这些能力往往是衡量物流企业运作和管理水平的最重要指标。由传统仓储、运输、货代企业改造转型而来的第三方物流在这些方面具有得天独厚的优势。

另外，地域文化和长期扎根于中华大地建立起来的公共关系等都是优势。凭借原有的物流业务基础和市场、经营网络、设施、企业规模等方面的优势，传统仓储、运输货代企业不断拓展和延伸其物流服务，逐步转化为现代物流企业。

2. 工商企业原有物流服务职能剥离

传统工商企业对物流的控制方式是企业自建的物流系统，所有的物流资源被企业拥有。随着加强核心竞争力管理理念的普及，部分企业将原属第三方的物流以外包形式剥离，由原企业的子公司逐步独立并社会化。例如，青岛啤酒集团以原有运输公司为基础，注册成立具有独立法人资格的物流有限公司。这类物流企业利用原有的物流网络资源，依靠于客户“先天”的亲密合作关系，运用现代经营管理理念，逐步走向专业化、社会化。

3. 不同企业、部门间物流资源互补式联营

一种形式是企业与第三方物流企业联营设立第三方物流企业。企业一般以原有物流资源入股，企业对该第三方物流企业有一定的控股权，并在一定程度上参与经营。物流公司一般对合资建立的第三方物流企业行使经营的权力，全面负责建立、运行公司的物流系统。

另一种形式是资源互补的不同部门联手进军物流领域。例如，2003 年 9 月铁道部（现为中国铁路总公司）和国家邮政局签署战略合作框架协议，双方约定打破部门分割，铁路将列车

运输能力向邮政开放，邮政将仓储、分拣、配送能力向铁路开放，双方约定共同出资成立股份有限公司，以整合铁路的运输优势和邮政的网络优势，形成利益共同体，提高核心竞争力。

4. 新创办的第三方物流公司

近年来，随着经济的发展，我国出现大量新创立的现代物流企业。例如，深圳市奇迹快运有限公司是经国家有关部门批准注册成立的专业速递公司，注册资金 800 万元。

1.4.2 按我国第三方物流企业的资本归属分类

按企业的资本归属分类，我国第三方物流企业可分为中外合资物流企业、民营物流企业和国有物流企业。

1. 中外合资物流企业

随着我国的经济开放，国外物流公司首先以合资方式进入我国物流领域，逐渐向我国物流市场渗透。合资物流企业一方面为原有客户——跨国公司进入我国市场提供延伸服务，如丹麦有利物流公司主要为马士基船运公司及其货主企业提供物流服务，深圳的日本近铁物流公司主要为日本在华的企业服务；另一方面，用它们的经营理念、经营模式和优质服务吸引我国企业。它们具有丰富的行业知识和实际运营经验，与国际物流客户有良好关系，有先进的 IT 系统，还有来自总部的强有力财务支持。例如，美国联邦快递（FedEx）、联合包裹（UPS），德国敦豪（DHL）、荷兰邮政（TPG）都在我国走马圈地，拓展市场。

知识拓展

全球十大物流公司见表 1-2。

表 1-2　全球十大物流公司

排　名	中文名称	英文名称	属　地	主营业务
1	联合包裹	UPS	美国	公路运输、包裹快递
2	联邦快递	FedEx	美国	航空运输、包裹快递
3	德国敦豪	DHL	德国	航空运输、包裹快递
4	马士基	Maersk	丹麦	远洋运输
5	日通	Nippon Express	日本	公路运输、航空运输
6	锐得物流	Ryder	美国	全面服务租赁、商业租赁、机动车的维修以及一体化服务
7	荷兰邮政	TPG	荷兰	邮递、速递和物流
8	康捷空	Expeditors	美国	空运、海运（拼货服务）及货代业务
9	泛亚班拿	Panalpina	瑞士	综合运输、一体化解决方案
10	英运物流	Exel	英国	供应链管理

2. 民营物流企业

我国民营物流企业多产生于 20 世纪 90 年代以后，是物流行业中最具朝气的第三方物流企业。它们业务地域、服务和客户相对集中，效率相对较高，机制灵活，发展迅速，如宝供物流、南方物流、天津大田物流、保运物流、上海炎黄在线物流、珠海九川物流、佳吉快运、华宇物流等。

知识拓展

国内民营物流企业 20 强见表 1-3。

表 1-3　国内民营物流企业 20 强

序　号	公司名称	主营业务	主要市场
1	南方物流企业集团有限公司	运输服务、仓储服务、区域配送、其他服务（装卸、加工、物流信息技术、物流策划与咨询、供应链管理服务以及商贸一体化等）	业务布局分为华南、华东、华北、华中、西南、东北、西北 7 大区域，业务面覆盖到全国 170 多个大中城市
2	上海恒荣国际货运有限公司	国际进、出口货物的空运、海运、仓储、报关、集运、装卸箱、国际快递等，并发展各种大型物流合作项目	公司总部在上海，在我国华东、华北、华南及内陆各省设立分公司及代理网点，在海外广泛设立代理运输网络，业务覆盖区域遍及全球
3	大田集团	仓储物流、国际货运、公路运输、供应链管理	总部位于北京，目前在国内主要城市和经济区域拥有 33 个综合物流配送中心、23 个国际货运代理公司、7 个保税仓库，营业网点 114 个
4	山东海丰国际航运集团有限公司	经营范围涉及集装箱班轮运输、综合物流、空运快递、仓储、报关、陆运、船东、散货运输、沿海内贸内支运输、船舶管理、船舶代理、船舶经纪等广泛领域	开辟了中国—日本、中国—韩国、中国—东南亚、日本—东南亚、韩国—东南亚等 40 多条航线
5	宝供物流企业集团有限公司	商品以及原辅材料、零部件的采购、储存、分销、加工、包装、配送、信息处理、信息服务、系统规划设计等供应链一体化的综合物流服务	全国 65 个城市设有 7 个分公司、8 个子公司和 50 多个办事处，形成了一个覆盖全国并开始向美国、澳大利亚、泰国等地延伸的国际化物流运作网络和信息网络
6	深圳市万港物流发展有限公司	第三方物流，涵盖采购、生产、销售领域的全方位供应链一体化综合服务	珠三角、长三角、环渤海湾、东盟自由贸易区、东三省、中西部
7	北京宅急送快运有限公司	标准快递、经济快递	京津冀、长三角、珠三角、东三省、川渝等常识概念中的区域，而非西北、东南等方位区域
8	上海佳吉快运有限公司	公路零担货物运输、兼营快递和航空代理服务	以上海、天津、广州、武汉、杭州、西安、沈阳、淮安、成都、郑州 10 地为中枢，遍布全国

续表

序　号	公司名称	主营业务	主要市场
9	福建盛辉物流集团有限公司	物流方案策划、货运代理、普通货物运输、甩挂箱运输、仓储配送、货物包装分拣和汽车维修检测功能为一体的第三方物流	以福州为基地，联结海西、珠三角、长三角、京津唐、华中、西南6个片区物流中心
10	江苏顺源集团有限公司	集公路、铁路、水运、航空运输、仓储配送、国际货运等服务为一体	全球
11	深圳市恒路物流有限公司	国内空运、卡车航班、仓储配送、流通加工、逆向物流、代收货款、物流银行（仓单质押）等。现在，联想移动、华为、海尔、康佳、TCL、三星、艾默生、索尼等知名的大型企业都已成为恒路物流的战略合作伙伴	全国（港澳台地区除外）
12	锦程国际物流集团	国际海运、国内陆运、国内水运、商检报关、仓储与配送、特种物流	全球
13	远成集团有限公司	远成集团在原有运输、配送等综合性运输服务基础上，利用独有资源，重点发展行包特快、五定班列、行邮专列、空运、海运、城际配送、集装箱、仓储及供应链咨询等服务项目，直接为合作伙伴提供多样化的综合物流服务	远成集团现拥有50多家全资公司和300多个办事网点及日本、新西兰、朝鲜等多家海外机构
14	德利得物流有限公司	可以为客户提供集仓储、配送于一体的一站式综合物流服务	全国
15	广东心怡物流有限公司	多式联运、仓库管理、简单加工、快销品配送、信息处理、方案策划等一体化的服务以及提供全方位物流解决方案	全国
16	浙江传化物流基地有限公司	信息交易、商务配套和物业	全国
17	长久实业集团有限公司	乘用车物流、商用车物流、汽车销售、汽车物流金融	以华北为中心，东北、华东为支撑的全国物流网络
18	深圳市腾邦物流股份有限公司	第三方物流及专业化供应链管理	全国各地货运、仓储、全国各地空运、陆运、海运、快递、机票、仓储/配送、供应链服务、各项增值服务、国际快递、国际海运、国内/国际机票
19	杭州八方物流有限公司	提供不同程度的物流解决方案	全国（港澳台地区除外）
20	上海熙可物流有限公司	多模式国内运输管理服务、专属或多客户仓储服务、增值物流服务（如配套拣货、贴标签、简单装配），支持物流工程、信息系统、咨询和供应链管理服务	上海、北京、广州、武汉、西安、成都、沈阳

3. 国有物流企业

目前，国内大型的传统国有物流企业有中远、中外运、中邮、中铁、中海、中储等中字头企业，我国多数国有物流企业是借助于原有物流资源发展而来的。近年来，也产生了一些新的国有第三方物流公司，如浙江杭钢物流有限公司是由杭钢集团公司、浙江杭钢国贸有限公司等8家单位联合出资成立的致力于发展现代物流服务的企业。它们拥有全国性的网络和许多运输和仓储资产，与中央或地方政府有良好的关系；不足之处是冗余人员比例很高，效率低，注重内部的企业文化而不是以客户和绩效为导向。

知识拓展

国有物流企业九强见表1-4。

表1-4　国有物流（中字头）企业九强

序　号	公司名称	主营业务	主要市场
1	中国远洋海运集团有限公司	从事专业化特种杂货远洋运输	中国、东南亚
2	中国外运长航集团有限公司	综合物流和航运	全球
3	中铁物资集团有限公司	各种钢轨、建筑用钢材、板材、汽油、柴油、民爆器材及相关物流服务等	中国（港澳台地区除外）
4	中国物资储运总公司	物流业务和贸易业务	中国（港澳台地区除外）
5	中国石油天然气运输公司	运输、修理、石油化工产品配送	全球
6	中铁集装箱运输有限责任公司	国内、国际集装箱铁路运输、集装箱多式联运、国际铁路联运	中国（港澳台地区除外）
7	中国国际货运航空有限公司	国内国际国货航货邮运输	全球
8	中国五矿物流集团有限公司	主要围绕黑色金属、有色金属产业链，提供运输、保险、仓储、货代、船代、租船订舱及加工配送等物流服务	中国（港澳台地区除外）
9	中钢国际货运有限公司	各类干散货、件杂货，以及集装箱的进出口海运、国内沿海及内河运输	全球

1.4.3　按第三方物流企业物流服务某项功能为主要特征分类

我国国家标准化管理委员会根据物流服务某项功能的主要特征和向物流服务其他功能延伸的不同状况，划分出3类不同类型的物流企业。

1. 运输型物流企业

运输型物流企业是指以从事货物运输服务为主，包含其他物流活动，具备一定规模的实体企业。企业的主要业务活动以为客户提供门到门运输、门到站运输、站到门运输、站到站运输等一体化运输服务，实现货物运输为主；根据客户需求，运输型物流企业可以提供物流功能一体化服务。

2. 仓储型物流企业

仓储型物流企业是指以从事区域性仓储服务为主，包含其他物流服务活动，具备一定规模的实体企业。企业以为客户提供货物存储、保管、中转等仓储服务，以及为客户提供配送服务为主；企业应可以为客户提供其他仓储增值服务，如商品经销、流通加工等。

3. 综合服务型物流企业

综合服务型物流企业是指从事多种物流服务活动，并可以根据客户端需求提供物流一体化服务，具备一定规模的实体企业。其业务经营范围广泛，可以为客户提供运输、货运代理、仓储、配送等多种物流服务项目，并能够为客户提供一类或几类产品契约性一体化物流服务；为客户制定整合物流资源的解决方案，提供物流咨询服务。

1.4.4 按第三方物流企业资源占有为标准分类

按企业资源占有为标准分类，第三方物流企业可分为两类。

1. 资产基础第三方物流

这类企业有自己的运输、仓储设施设备，包括车辆、仓库等，为各个行业的用户提供标准的运输或仓储服务，在现实中它们实际掌握物流作业的操作，如基于仓储服务的第三方物流企业和基于运输服务的第三方物流企业。

2. 非资产基础第三方物流

这类企业是一种物流管理公司，不拥有自己的运输、仓储设施设备，或通过租赁方式取得这类资产，只利用企业员工对物流的专业知识和系统管理，专业管理顾客的各种物流功能，为客户提供第三方物流服务。这样的物流企业在国外很多，但在我国很少。

想一想

这4种不同的分类对第三方物流企业有何意义?

1.5 中外第三方物流比较分析

第三方物流在欧美、日本等工业发达国家享有企业发展的“加速器”和21世纪“黄金产业”的美誉。

1.5.1 国际上第三方物流的现状及发展趋势

欧洲的第三方物流启动较早，在20世纪的80年代末和20世纪90年代初就开始运作，但直到20世纪90年代才开始大规模地扩展业务，欧洲市场上的第三方物流公司大致可分为4类：第一类是从事大范围服务领域的大型物流企业，其中有一些欧洲本土的大型公司，也有美国在欧洲的大型公司分支机构，如UPS；第二类是从事传统物流的公司，其业务起源于欧洲各国海关间复杂的报关等手续，但目前很多公司都被合并或离开了该行业；第三类公司是新兴的第三方物流公司，如德国汉堡的主要集装箱经营者欧罗凯公司等；第四类是大型国有机构的第三方物流，如国家铁路公司和港务局等。

据世界公认的权威第三方物流产业咨询顾问公司——美国的阿姆斯特丹与阿索谢茨公司的调查，美国 2005 年的第三方物流企业的营业额就突破了 1 000 亿美元大关，比上年增长 16%，营业利润增长 9.3%，税后利润率为 5.4%，包括货运经纪人在内的国内运输管理纯营业额增长 18.3%，税后利润率超过 12%。

日本政府认为物流业对提高国家经济活力有着重要的战略意义，早在 20 世纪末，全日本从事物流业的公司多达几百家。1998 年 4 月，日本内阁会议决定由政府颁布一个《物流业发展对策大纲》，基本目标是到 2001 年，在日本国内进一步完善物流基础设施建设，实现国际水平的物流运作，具体提出了 3 项目标：一是提供亚太地区最方便且有魅力的服务；二是降低物流成本，使其不妨碍产业的竞争力；三是降低环境的负荷。

2003 年，美国凯捷安永公司佐治亚理工学院及联邦快递供应链服务公司在物流管理委员会年度会议上联合发布了有关第三方物流发展趋势的调查结果及该委员会第八次年度报告。该调查包括来自北美的 221 家企业，来自西欧的 53 家企业，来自亚太地区的 118 家企业和来自南非的 8 家企业，涉及美国、加拿大、墨西哥、英国、法国、比利时、荷兰、德国、意大利、中国、日本及南非的 400 位物流和供应链管理人员。调查显示，3/4 以上的北美和西欧被调查者（分别为 78% 和 79%）及一半以上的亚太地区被调查者（58%）表示他们在使用第三方物流服务。此外，对一些地区的调查结果显示，营运状况、成本控制及服务的提供是第三方物流客户现在最为关心的 3 个问题。报告中提到许多有意义的关键特征和趋势，简述如下：

(1) 与北美（49%）和亚太地区（50%）相比，西欧被调查者在第三方物流服务上投入了更多资金（65%）。

(2) 就全球范围而言，第三方物流供应商运转频率最高的外包服务分别为仓储、出口运输、报关服务及进口运输。

(3) 在北美和亚太地区，货主不选用第三方物流服务的主要原因是：物流是货主的一项核心能力（44%）；物流对于货主太重要而不能进行外包（40%）；外包后成本无法降低（32%）；对物流的控制会减弱（32%）。

(4) 将北美和西欧被调查者提供的第三方物流成效进行比较，可以看出：第三方物流的服务正使物流成本降低；固定物流资产削减；平均订单周期长度缩短（从 9.8 ～ 7.9 天减为 4.7 ～ 2.0 天）；整体存货减少，现金周转的时间缩短（仅北美被调查者反映的就从 25.6 天减为 18.3 天）。

做一做

请以小组形式寻找美国、日本、欧洲主要国家和地区的物流发展规划，并用表格形式说明其主要的异同点，做成 PPT 汇报。

1.5.2　中外第三方物流比较

1. 第三方物流市场供需比较

西欧各国和美国是第三方物流市场发展较成熟的国家，对第三方物流服务的需求不仅仅停留在基本物流功能上，已发展到对增值性的延伸服务。据调查，欧美地区在第三方物流目前为各地区所提供的3项基于信息技术的服务方面，北美被调查者表示，仓储管理占70%，运输管理占66%，货运代理占66%；西欧被调查者表示，仓储管理者占75%，货运代理占71%，运输管理占68%；亚太地区被调查者表示，运输管理占71%，货运代理占47%，仓储管理占33%。总的来看，发达国家对第三方物流服务的需求水平较高，但从排在前列的服务需求来看，大多是在传统的物流功能如仓储、运输等的基础上延伸出来的增值服务。

我国工商企业对第三方物流服务的需求层次还比较低，主要仍集中在对基本常规项目的需求上。生产企业外包的服务第一是干线运输，第二是市内配送，第三是储存保管。商业企业需求的服务第一是市内配送，第二是储存保管，第三是干线运输。这表明生产企业和商业企业对物流服务内容的侧重点有所不同。企业对增值性高、综合的物流服务如库存管理、物流系统设计、物流总代理等的需求还很少。我国（不包括港澳台地区）物流业务仍然是以工商企业物流为主，物流外包给第三方尚未成气候。

2. 物流基础设施比较

基础设施建设和完善高效的运输系统是物流业得以运营的基础平台。美国交通业极为发达，已建立起了庞大的铁路、公路、航空、内河航道和管理运输网，铁路、公路、航空和管道运输等均居世界首位。日本政府在物流近代化和现代化阶段均在全国范围内开展高速道路网、港口设施、流通聚集地、大都市圈物流中心等物流设施的建设，从而使日本在较短的时间内成为物流先进国家。

我国的物流基础设施建设比较落后，东西向公路运输系统比较落后，港口合作之间缺乏良性互动等。现有的物流中心数很少，企业的设施落后，功能不全，与现代物流中心的标准相差很远。物流企业既有先天的缺陷又有后天的失调，如物流仓储设施和物流装备陈旧、不配套。

3. 物流业的发展环境和管理体制比较

物流业的发展环境和管理体制涉及运营许可、跨省运输、登记注册、税收政策、行业标准等。在美国、日本、欧洲物流业发展的过程中可清楚地看到，政府对物流业发展的规划、指导及制定必要的政策法规对物流进行监控、协调和管理，促进了市场经济及物流业的发展。在日本，企业和政府的共同努力使物流管理得到了飞跃性的发展，也使日本迅速成为物流管理的先进国家。

在我国，目前物流管理体制不合理，专业化、社会化程度低，有关方面的法规有待建立和健全，许多地方政府已先后出台了推进物流业发展的有关政策，这一方面反映了对物流发展的重视，另一方面也说明了国家缺乏统一的物流规划。到目前为止，我国还没有一套完整的国家物流产业规划和政策，这势必将延缓跨地区、跨行业、全国统一的物流大市场的建立。目前，我国政府已经意识到发展具有世界水平的物流服务体系的重要性，相关政策、法规正在陆续出台。

2004年8月20日由国家发改委、商务部、公安部、交通部等9部委联合制定了《关于促进我国现代物流业发展的意见》（以下简称《意见》）。《意见》明确表示，允许符合条件的物流企业统一缴纳所得税；物流企业在省、自治区、直辖市范围内设立的跨区域分支机构凡在总部领导下统一经营、统一核算的，不设银行结算账户、不编制财务报表和账簿，并与总部微机联网、实行统一规范管理的企业，其企业所得税由总部统一缴纳。此外，《意见》还确定了物流企业营业税的计征基数。

4. 物流的标准化和信息化比较

物流的标准化和信息化是物流现代化的基础。在推进物流产业标准化进程中，欧洲各国的主要做法是：首先，针对物流基础设施、装备制定基础性和通用性标准，如统一托盘标准、车辆承载标准、物品条形码标准等，以保证物流活动的顺利进行；其次，针对安全和环境制定强制性标准，如清洁空气法、综合环境责任法等；最后，支持行业协会针对各种物流作业和服务制定行业标准，如欧洲物流协会制定的物流用语标准、物流从业人员资格标准等。

我国标准化、规范化经营管理的观念淡薄，物流作业环节使用的设备及包装、运输和装卸等流通环节都缺少必要的行业标准和行业规范。例如，我国目前托盘总数不少，但规格、标准不统一，难以与国际规格接轨，增加了企业出口成本，降低了企业国际竞争力。

在欧美、日本等国家，计算机的普及使物流信息系统和EDI技术，以及Internet、条形码、卫星定位系统、无线电射频技术在物流领域中得到越来越广泛的应用。尽管我国的信息化起点高，发展也很快，但与世界发达国家相比，我国物流企业大多还没有物流信息系统，不同物流模式的信息系统设计落后，信息缺乏相互链接和共享。

我国物流业要在更大范围、更广领域和更高层次上参与国际经济技术合作和竞争，必须从基础工作做起，大力推进物流标准化和信息化进程，尽快与国际物流接轨。

5. 物流人才培养比较

人才是发展现代物流的重要因素。日本和欧美国家对物流人才已经形成了完整的教育培训系统，主要做法是：首先，大学内设置了与物流相关的学科，并在有关学科开设物流课程；其次，在研究生院设置物流学科方向，形成了物流研究生培养系统；最后，企业及物流协会和学会开展物流职业教育培训，广泛深入到各行各业，这是最重要、最经济的实用人才培养方式。

近几年来，尽管我国加大了物流人才培训的力度，包括开展多层次的物流学历教育、物流在职培训，还推出物流职业资格认证制，但距离物流业对人才的需求还有很大差距。我国物流人才短缺，尤其是缺乏物流高级管理人才和实用型物流人才。专业人才的短缺是制约我国现代物流业发展的重要因素。

想一想

从中外第三方物流发展比较中，你能得出哪些结论？请为我国快速有效发展第三方物流提出合理化建议。

阅读材料

宝供发展现代物流的信息化之路

在当代社会中，如果把信息技术比作一股浪潮，那么这股浪潮正在以不可阻挡之势冲击着各行各业的每一个领域。就像不同餐馆的同一道菜都会有不同的味道一样，每个行业中的每一个企业在 IT 应用方面的做法也各不相同。

1. 起步

物流行业中的宝供物流储运是一家民营的中型储运企业，从成立至今它对应用信息技术的追求贯彻如初。对不太了解储运行业的人来说可能很难想象，在许多人的印象里靠“搬东西、看仓库”赚钱的企业，特别是这么一个原本很小的民营企业，对信息技术的应用竟然会如此执着，甚至一些储运业的同行业不一定会理解或者赞同宝供储运的这种“另类做法”。然而正是这种“另类做法”使得宝供储运业务实现连续翻番，资产增长了几十倍。

宝供储运的创始人刘武在 1992 年承包了广州的一个铁路货物运输转运站，承担下来的货运任务大多能够及时完成，运输的质量比较好，仓库也比较干净，另外货运站也是当时唯一一家能够提供 24h 货运仓储服务的企业。正是因为这些并不为很多人重视的做法，在 1994 年，该转运站迎来了一个对未来事业影响很大的客户——美国宝洁公司。

1994 年，美国宝洁公司进入中国市场，并在广东地区建立了大型生产基地。对于刚刚进入中国市场的宝洁公司来讲，产品能否及时快速地运送到全国各地，是其能否快速抢占中国市场的一个重要环节。1994 年的广东，国营储运和运输两种不同类别的公司占据了物流行业的主导地位。宝洁公司首先联系的就是这些大型国营储运和运输公司，但是由于长期计划经济体制下形成的官僚主义作风、管理混乱、服务质量差等弊端，使宝洁公司终于忍无可忍，开始把目光投向了民营储运企业。

能够被宝洁公司这样的大客户看上实属不易，为了保证运输的质量，刘武将集装箱送上火车以后，马上乘坐飞机去了上海。当时他想，一方面去上海可以现场“督战”，另一方面还可以考察各个环节，拿到第一手资料，这样才能够保证以后的发运可以顺利进行，满足客户的要求。刘武在这次考试中得了高分，不过这次生意的成本也确实很高，但却为刘武承包的转运站带来了越来越多让同行眼红的单子。“宝洁”从此开始陆陆续续地给刘武加大业务量，甚至一度把自己所有的铁路货运业务交给刘武的宝供储运。

在发展初期，由于业务量小，复杂程度低，依靠灵活的人工操作管理与服务顾客思想就可以取得一定的成效。按刘武的话说，“传统的运作方法必须改变，我们需要知道客户需要一些什么，然后想办法满足他。否则，人家何必来找你一个小公司呢？”也正是这个想法后来促使他下决心创办宝供储运这一企业。

2. 发展

1994 年，刘武注册成立了广州宝供储运有限公司。对宝供储运的整个发展来说，“宝洁”是一个非常关键的大客户。刘武一直强调：通过跟“宝洁”合作，他们学到了很多东西，因为在合作过程中，“宝洁”会不断提出更高的目标、新的要求，更重要的是，它很愿意帮助宝供提高。这样无形之中就推动了刘武不断地去学习和思考，同时也就开启了刘武对信息技术的渴望，一种对信息技术的需求。实际上，那时候刘武虽然已经很“前卫”地花大价钱买了好几台计算机，不过他还真的说不清 IT 到底是什么意思。

“当时我只知道自己缺什么。那阵子我们的业务量发展很快，全国已经有将近 30 万平方米的仓库，每天的发运量也非常大。我和营运部的人每天都要花很大的力气了解这些货是不是按照人家的要求在多少小时之内发运出去，到达目的地的时间，破损是不是在控制范围之内，有没有及时把货送到仓库，签收情况又是怎么样，等等，这实在是太麻烦，效率太低了。另外，我想通过数据分析来了解，哪些方面还需要改进或者提高，但当时很难找到充足的数据。这样下去，时间长了非出事不可。”刘武想起那时候的事仍然心有余悸。

宝供储运在发展到高速成长阶段的时候开始遇到了一个信息瓶颈的问题。一张单子刘武可以自己去跟踪，现在一天可能有上百张单子，这个问题靠人力已经是很难解决了。实际上，“宝洁”对这个问题的反应最为敏感。经过一年左右相对的“蜜月”期之后，“宝洁”对宝供储运的意见越来越大。以前“宝洁”发现问题后，宝供马上就回去改进，可现在业务越来越大，宝供储运的反应速度却在明显下降。1996 年，“宝洁”连续几次向刘武投诉，批评宝供储运不能及时准确地提供货运信息，进而指出他们的统计发现某地的到货时间不准，破损率上升。刘武一时摸不着头脑，因为从他和业务部了解到的情况来看并不存在这样的问题。可是一看“宝洁”详细的收货记录，顿时就傻了眼。原来有些分公司的人员利用“信息瓶颈”瞒天过海，报喜不报忧，费了很大力气统计上来的信息竟然有不少水分。

这件事除了让刘武为公司的管理再次深感担忧之外也使他发现保洁公司不仅要求安全、准确、及时、可靠的储运服务，还对在物流各个环节产生的信息非常关注，比如货物什么时候发运、用的是哪趟火车、预计何时到货、到货情况如何、有无破损、是否已经签收等。那么，如果宝供储运可以突破“信息瓶颈”，能够实时监控各个储运环节，不也就可以“捎带手”地把这些信息告诉宝洁公司了吗？实现这种服务应该是会很受客户欢迎的。

早些时候，宝供储运就已经有了自己的“计算机室”和几十台 386 甚至 486 计算机。1995 年宝供储运通过单机操作把接到的单子输进计算机，好让刘武知道当天一共有多少单子。后来随着业务的变化，单机操作已经远远解决不了问题，于是在刘武的要求下，宝供储运员工中一名计算机专业的研究生在 1996 年建立了一套在 DOS 平台上用电话线连接的“原始”内部网络，以便在全国范围的企业内部传递一些信息。然而，费了不少劲才建立起来的这套系统在行家眼里显得毫无价值。总公司通过计算机与成都分公司联系的时候，往往由于电话线路紧张而失败，再加上操作复杂、稳定性差、长途电话成本高以及宝洁公司没有“接口”等，效率实在太低。更关键的是，随着其他储运公司的进步和发展，宝供储运最主要的“财神”——宝洁公司出于降低成本的考虑结束了与宝供储运的铁路总代理合同，虽然宝洁公司把宝供储运当成主要货运商，但是开始有意识地把其他企业引入竞争。

这件事对刘武的震动很大，他一下子意识到自己的企业不能再有“小富即安”的心理，而且一定要去开发更多的新客户，不能在宝洁公司一棵树上吊死。IT 实话的关键在企业一把手，这时候 IT 规划和企业的目标实现了统一，建立先进的企业信息系统也就自然被提上了议程。

3. 提升

尽管资金非常紧张，宝供还是尽力建立了一套较为完整的信息系统，但是正式运行已经是半年以后的事情了。在领导的带动下，宝供储运对信息系统的应用水平提高得很快。而这些越来越高的应用水平也给宝供储运的信息系统挑出了不少毛病，不少员工在发现这个系统确实有用之后竟然“得寸进尺”地提出了许多的新要求。要知道业务人员的真正参与才是信息系统建设成功的关键。

在员工们提出的各种要求之中，有人提出现在的数据确实是很及时也很丰富，但是要查一个数据往往要经过很烦琐的程序，有时候单击六七下鼠标还找不到需要的信息。能不能想办法让这些数据可以从数据库里直接提取出来？按一两个键就会产生所要的表格？

这一想法和要求引出了宝供储运信息系统建设的第二阶段——报表自动生成，大家一致认为这将对客户服务大有好处。因为在宝供信息系统建立以后，客户是通过宝供在互联网上的一个网站来解决自己的货物信息的。每个客户都会被分配一个密码，客户在输入密码后就可以看到自己几个月来包括昨天的所有货运和仓储数据。而且有些客户由于一些原因不能上网查询，比如有的外资公司根本就不能上因特网，只是通过自己的聚聚网，甚至有自己的专线把各地分公司连起来，在这一点上宝供储运的想法就跟客户不一致了，虽然宝供储运把信息数据做出来了但是人家并没有真正使用，这些企业就成了宝供储运客户服务中的盲点。

1998年，宝供开始自己做这面的开发工作，由于可以把原来在异地终端上的数据转化成本地可查询的表格，不但内部查询起来比较方便，更关键的是把这套系统提供给客户还可以把客户需要的信息数据集成在表格之中，客户不仅可以在网上查询，宝供储运还可以把自己手机的数据用电子邮件发送过去。这就比原来让客户自己上网查询更进一步了，使上不了因特网的客户也可以坐着享受宝供储运的服务了。自动报表系统完成后，受到了业务、质管、市场等部门的一致好评，这套系统作为一个新的卖点，成了宝供储运市场推广的重点方向。

目前，宝供储运的客户80%都是外资企业，显然，企业管理规范程度的差异和对物流的理解差距会是主要的问题。但是宝供避开了低层次的价格竞争战场，通过信息系统的建设把优势集中到客户服务和减少流通环节这一方面，虽然宝供储运的做法对国内企业的效果实在有限。因此，在以后的一段时间里，宝供储运向客户灌输现代物观念和帮助他们规范管理流程将是一项艰巨的任务。

宝供储运做到今天，已经从只有宝洁一个客户变成了拥有45个客户，从4个分公司变成了在全国31个城市都设有运作点的公司。先不说信息系统对它的发展起了多大的作用，但从现在公司的业务管理来看，没有1998年开始的思想革命就不可能正常运转。

从营运管理部统计的数字显示：目前宝供储运在运营指标方面也有了一定的提升。例如，从广州运到北京以前要15天，现在只需要10天；在时间可靠性方面，原来能到90%就不错了，可现在铁路运输已经提高到了95%，公路甚至可以达到99%以上。目前，主要的操作全部由分公司完成，总公司业务部的12个人只负责监控。这在以前是不可想象的事情。

宝供储运近年来又在信息系统建设上投入大量资金，目前总部基本上是人手一台计算机，每位经理也都配备了笔记本电脑。经理们开会的时候人人都拎着笔记本电脑，使得许多客户的物流部门都自叹不如。不过关键的是，宝供储运的上上下下是真的在用计算机工作而不是拿计算机做摆设。

随着业务量的不断扩大，有一件事一直让宝供储运非常头疼。由于在储运的过程中环节众多，所以它在运营成本上出现很多不定因素，往往做完一份单子根本不知道自己能否赚钱。

对于储运企业来说，队伍成本的控制和成本的核算是运作精良的首要条件。如果不知道这份单子到底要投入多少成本，又怎样向客户开出合理的价格呢？宝供储运已决定利用自己的信息系统，从各个环节提取、汇总相应的成本信息，以做到对每张单子的成本有一个准确的了解。这样宝供储运内部形成的新的单据——成本流程模式：受单→初步报价→估算成本→统计成本→再报价。

这一流程不但可以使大家知道这张单子是赚了还是赔了，而且知道每个环节的成本状况，这对总体的成本控制有着很大的帮助。这就是把宝供的信息化建设推向第3个阶段，把信息系统的应用从原来的信息收集层次进一步推到了企业的经营层次，其中第一个要实现的，就是把财务模块放到信息系统中去，管理物流业务中与费用相关的各种数据。实际上这里最重要的目的就是解决成本和利润的核算问题。

（资料来源：http://www.yibool.com/thread-21485-1-1.html，有改动）

课后练习

一、选择题

1. 企业利用第三方物流可使企业专注于提高（　　）。

A. 经济效益　　B. 核心竞争力　　C. 竞争力　　D. 社会效益

2. 下列关于第三方物流的说法正确的是（　　）。

A. 第三方物流是与一体化治理相对立的一种物流治理方式

B. 第三方物流可以提高企业物流的技术效率

C. 第三方物流交易信息具有透明性、合同执行结果的可预见性

D. 第三方物流是物流发展的最佳形式

3. 关于外包物流，下列说法错误的是（　　）。

A. 第三方物流通常称为契约物流，或合同物流，也可称为外包物流

B. 生产企业为了提高自身的核心竞争力，应尽量将物流业务外包

C. 物流对企业成功很重要，企业处理物流的能力相对较低，此时应选择外包物流服务

D. 与外包物流相比，企业如果自己动作物流，要面临两大风险，一是投资的风险，二是存货的风险

4. 关于第三方物流，下列说法正确的是（　　）。

A. 我国的第三方物流企业仍以运输、仓储等基本物流业务为主，加工、配送、定制服务等增值服务功能处在发展完善阶段

B. 第三方物流是相对而言的，它既不属于第一方，也不属于第二方，而是通过与第一方或第二方的合作来提供专业化服务的物流服务

C. 第三方物流企业一定要有物流作业能力，也就是说必须拥有物流设施和运输工具，直接从事运输、保管等作业活动

D. 虽然第三方物流服务企业不参与商品的买卖活动，但它拥有商品

5. 现代意义上的第三方物流兴起于20世纪80年代，在1988年美国物流管理委员会的一项顾客服务调查中首次提到了（　　）的概念。

A. 第三方物流　　B. 第三方物流提供者　　C. 第三方服务提供者　　D. 第三方企业

二、判断题

1. 第三方物流简称为TPL。（　　）

2. 现代物流的主要标志是第三方物流。（　　）

3. 第三方物流的概念是 20 世纪 80 年代中期由日本率先提出的。(　　)

4. 社会化的运输服务都能归结为第三方物流的范畴。(　　)

5. 现代企业为了增加核心竞争力往往采用以职能专业化为基础的运作模式。(　　)

三、简答题

1. 我国对第三方物流的定义是什么？

2. 物流一体化主要包括哪些方面的内容？

3. 第三方物流的特点是什么？

实训项目

关于物流企业状况的调查

一、实训目的

通过本次实训，使学生能了解物流企业一般的组织结构和岗位设置规范，熟悉每一个岗位的具体岗位职责，并要求能对岗位的技能掌握相应的就业能力。

二、实训成果

物流企业的种类很多，有大小之分、业务不同之分、擅长客户之分，通过对多种物流企业的调研，弄清岗位要求和职责分工。

在完成以上步骤后，将收集到的资料和自拟的报告总结成文，形成完整的实训报告，可以加附照片、单据模板、企业规章制度等，并获取企业相关部门的签章和企业调查效果评语，及时上交。

三、实训步骤

第一步，5 ～ 6 人组成调查小组，选定一个企业作为调查对象。

第二步，联系企业相关负责人，获得对企业进行调查的许可。

第三步，调查企业的基本概况，书写企业基本情况调查表，格式如下表。

企业基本情况调查表	
企业名称：	
公司规模：	企业固定员工数量：
公司性质：	
主营业务介绍：	
绘制公司组织构架图：	
调查小组成员签名： 公司负责人签章：	

第四步，调查企业物流部门的设置、岗位设置。

企业物流部门及下设岗位情况调查表

部门名称	下设岗位及福利待遇				
例如：仓储部	仓储经理	仓储主管	库管员	……	
	3 000 元 / 月	2 000 元 / 月	1 500 元 / 月	……	

调查小组成员签名：
企业相关负责人签章：

第五步，物流部门软硬件设施调查。

物流部门软硬件设施调查

仓 有□ 库 无□	面积			
	区域分化情况			
	属于何种仓库			
	仓储技术			
	仓库储存情况	产品种类		
		产品总数		
		周转率		
		堆放规则		
		盘点周期		
	运用何种信息技术			
搬运工具的使用	搬运工具名称		型 号	数 量
	……			
运输工具的使用	运输工具名称		型 号	数 量
	……			

第六步，了解该企业的主要物流活动。

例：了解企业的入库流程。

(1) 了解并模拟出入库时需要填写的所有单据，形成表格。

(2) 了解入库时交接的步骤和人员的分工。

(3) 完成整个入库程序的模拟，并形成文字。

第七步，了解某项物流管理的规章制度。

例：了解企业的配送操作守则。

(1) 向相关主管部门获取成文的配送操作守则。

(2) 仔细研究守则每一条目，理清逻辑关系和操作规范。

(3) 分析总结操作守则相对于企业的可实施性与合理性，根据自己实习过程中发现的问题对操作守则中存在的不足提出改进方案。

第八步，了解企业物流成本概况。

(1) 收集企业过往物流成本财务报告。

(2) 研究物流成本占企业总运营成本的比例和变化趋势。

(3) 提出降低企业物流成本的可行方案。

第九步，了解企业物流方案中最不合理的方面，提出解决方案。

(1) 与企业相关负责人交谈，了解现存的企业物流方案中的不合理因素，制作报告。

(2) 针对不合理因素提出解决方案，并按实际情况做出成本预算。

(3) 拟规划企业在物流管理方面的努力方向。

四、问题思考

(1) 物流企业组织结构的决定因素是什么？

(2) 大小型物流企业组织结构的主要区别是什么？

(3) 物流企业岗位设计的一般原则是什么？

(4) 不同物流企业的岗位区别是什么？

教学互动

根据以下材料说明从传统物流向现代物流发展的变革重点。

1. 宝供是如何开展第三方物流服务

(1) 物流策划。包括物流规划与模式设计，按客户的需求进行个案分析，为客户度身量体设计出独特而适宜的物流规划方案，从而支持和满足客户持续发展的需要。

(2) 物流运作管理。包括运输、仓储、装卸、包装、分拣和理货等管理，以规范化的业务运作管理系统，规范业务部门的运作标准，明确规定业务运作管理机构的设置及职能、操作岗位及职责、作业分类及运作流程、各项作业的标准操作程序 (Seandard Operation Procedure, SOP) 及各项作业的考核办法。

(3) 物流信息。包括信息系统规划、信息技术支持、信息管理，为公司和客户双方监控物流过程提供实时、准确的信息服务。

第三方物流服务，能够向客户提供专业化、规范化和更经济的物流运作管理服务，使客户放心地将原材料采购、运输、仓储和产成品加工、配送等物流服务业务交由宝供第三方物流企业去运作，有利于客户专注于主业的发展，增强企业的市场竞争能力。为推动中国现代物流实现跨越性的发展，全面提升中国现代物流的管理水平和运作水平，进一步满足市场发展的需要，提升企业的物流服务水平。

2. 宝供提供第三方物流服务的发展过程

随着客户分销网络的拓展，宝供集团逐渐建立起覆盖全国的分支机构体系，并向境外延伸，形成了国内第一个覆盖全国、提供物流全过程服务的物流运作网络，业务蒸蒸日上，声誉不断提高。在为客户提供服务的过程中，宝供集团始终秉承“为客户创造价值”的经营理念，不断优化客户服务模式、提高服务质量、降低物流成本。至今，宝供已先后完成客户的物流系统整合优化，使客户分销中心数量、库存水平明显降低，服务质量也得到了很大改善，创造了巨大的整合价值。宝供在为飞利浦公司提供的两年多的服务时间里，通过信息技术的运用和运作模式的改变，使其从几十万台的电视机库存下降到几万台，利润直线上升。

1997 年，宝供集团建成国内第一个 INTERNET（国际互联网络）/INTRANET（企业内部互联网络）的物流信息系统，在与客户进行电子数据交换方面取得重大突破，并在此基础上，实现了企业间物流、资金流、信息流的流程整合，优化了客户供应链，标志着第三方物流服务供应链体系的形成。

3. 宝供提供第三方物流服务可借鉴的经验

(1) 不断创新经营理念，促进物流经营的现代化现代物流业是一门新兴产业，现代物流不同于传统意义上的仓库、运输，而是集各种现代高科技手段、网络信息通信技术以满足客户的需要建立起来的供应链一体化物流服务。

(2) 宝供集团自成立之日起，就不断汲取国外先进物流理念，大胆探索和创新。集团成立初期，基于对市场的敏锐观察和分析，率先打破传统的分块经营、多头负责的储运模式，建立门对门的物流服务方式。

(3) 充分发挥第三方物流服务的优势，增强企业的市场竞争力所谓第三方物流服务，是指相对于生产、消费的“第三方”为生产和消费双方提供的专业化的物流服务。宝供集团第三方物流经营模式，是以市场需求为导向，物流系统优化为基础，信息技术和管理技术为手段，推动资源的合理配置和社会优势资源的整合，构筑完整的综合价值链，为客户提供一体化、专业化、全过程的物流服务。

项目2

物流市场开发

项目描述

本项目主要是对物流市场开发、物流市场需求分析、市场开发途径和策略进行讲解。通过本项目的学习，了解物流企业的市场开发战略，理解物流市场开发的作用，能够寻找集中物流市场开发的途径，明确市场开发的策略和方法，能进行物流需求调研。

教学方案

<table>
<tr><td>教学内容</td><td colspan="2">识别客户需求、市场开发策略、市场开发途径</td><td>计划学时</td><td>12</td></tr>
<tr><td rowspan="2">教学目的</td><td>知　识</td><td colspan="2">技　能</td><td>态　度</td></tr>
<tr><td>(1) 客户需求的分类
(2) 企业物流的状况
(3) 物流需求的构成、特征
(4) 市场开发的概念、种类
(5) 物流市场开发运作流程
(6) 物流企业市场定位</td><td colspan="2">(1) 了解市场开发策略种类
(2) 能选择合适的市场开发策略
(3) 能比较不同市场开发途径的优、缺点
(4) 掌握不同开发途径的要领</td><td>(1) 认真态度
(2) 合作精神
(3) 实事求是</td></tr>
<tr><td>教学重点与难点</td><td colspan="4">不同客户的不同需求、市场开发策略选择、市场开发途径选择</td></tr>
<tr><td>教学资源</td><td colspan="4">(1) 电子一体化教室
(2) 影音效果展示设备
(3) 相关合作企业提供教学条件</td></tr>
</table>

能力评价

学习目标	评价项目
物流需求分析	对客户企业的物流需求是否具有明确的判断
掌握市场开发策略	针对一个企业能提出的市场开发策略种类
掌握市场开发的途径	针对一个企业能提出的市场开发途径种类
市场的网络开发能力	网络营销实训的实训报告

实施步骤

步　骤	内　容	课　时
1	物流需求调研	2
2	物流需求分析	2
3	物流市场开发策略选择	2
4	物流市场开发方法	2
5	网络营销实训	2
6	网络营销实战	2

案例导入

顺丰速运精准市场定位

1. 市场细分

1) 地理区域

客户所处的地理位置不同，不同地理区域的经济规模、地理环境、需求程度和要求等差异很大，使进行快递活动的快递成本、快递技术、物流管理、快递信息等方面会存在较大的差异。不同区域的客户对快递公司的要求也各有特色，快递公司必须根据不同区域的快递需求制定不同的营销方案。按此标准，一般可以将快递市场分为区域快递和跨区域快递。显然，顺丰速运经历了由区域经营到跨区域经营直至跨国经营的发展。

2) 客户行业

同一行业的客户，其产品的构成差异不大，对快递的需求也具有一定的相似性。不同行业的客户，其产品的构成存在很大差异，对快递需求各不相同。按客户行业不同，一般可以将市场细分为农业、工业、商业和服务业等细分市场。顺丰速运专注于商业和服务业市场。

3) 客户业务规模

按照客户对快递需求的规模细分市场，可以将客户分为大客户、中等客户、小客户。顺丰快递致力于服务大客户、中等客户和中高端小客户。

4) 物品属性

快递公司在进行快递活动过程中，由于物品属性的差异，使得企业快递作业的差别也很大。顺丰速运一直定位于“小件快递”，不做大件。

5) 服务方式

根据客户所需快递服务功能的实施和管理的要求不同而细分市场，按服务方式可将快递市场分为综合方式服务和单一方式服务。顺丰速运针对不同的客户需求提供相应的服务方式，既有单一的，也有综合的。

6) 外包动因

按客户选择第三方快递公司的动因进行细分，可将市场细分为关注成本型、关注能力型、关注资金型和复合关注型。选择顺丰速运的客户，一般都是“关注能力型”。

2. 目标顾客

我国快递行业发展迅速、竞争激烈，要想脱颖而出，必须准确地细分市场，并且要在细分市场中找到适合自己的目标市场。准确的目标市场就是市场规模足可以满足持续的公司盈利，客户极高的关注度，并且自己有持续的，具有竞争力的细分市场。顺丰选择高价值的“小众市场”作为目标市场，最终成为整个行业的游戏规则制定者。顺丰的目标客户锁定在月结客户，对象主要是企业、白领或者是金领、国外快递客户。

目标客户被锁定，所有的营销，运营，服务策略都要以目标客户的利益点进行。什么是目标客户最关心的利益点？顺丰对此进行了细致的调研与分析。企业客户利益点：便利、安全、快速、全国性网络、经济成本、优质服务。白领或者是金领：便利、安全、准确、优质服务；国外客户：准确、安全、经济、便利。最终顺丰准确定位点为快速、准确、安全、经济、便利、优质服务。顺丰所有的市场营销策略，运营，资源整合，产品和服务都是围绕定位点展开。在这个目标市场了顺丰不仅发挥了竞争优势，而且打造了持续的竞争力。

3. 产品定位

在诸多的快递业务中，顺丰选择小件快递作为属性定位，并专注于此，形成了产品的差异化。顺丰把“快速、准确、安全、经济、便利、优质服务”作为利益定位点，并在快速方面做到出色，远远超出其他竞争对手，在准确和安全方面非常优秀，高于行业水平；而且，在便利、经济和优质服务方面不低于行业平均水平。

4. 营销策略 4Ps 分析

1）产品策略 (Product)

按照客户细分设计产品价格体系，不做与四大国际快递重叠的高端，锁定中端客户，坚持只做快递，只做小件，不做重货，同时用提高价格来控制发展速度。

提高设备和系统的科技含量，大力推行工作流程的标准化，不断调整策略，缩短贸易周期，例如，开始租下扬子江快运的全货机，是国内第一家使用全货运专机承运自己的快件的民营速递企业；又如成立顺丰航空有限公司，自购飞机为顺丰速运提供国内、国际航空货邮运输业务及相关服务业务，此举也开创了民营速递企业的先河。

速度是快递市场竞争的决定性因素，也是顺丰的核心竞争能力。顺丰有着自己的专运货机。这无论从配货的机动性上还是从输送快件的时效性上来看，富有相当的主动性。据了解，无论是同城快递还是城际快递，民营快递企业都比 EMS 快约 50%，而顺丰，则依然比其他民营快递快约 20%。

2）渠道策略 (Place)

顺丰自有庞大的服务网络，具有服务标准统一、服务质量稳定、安全性能高等显著优点，能在最大程度上保障客户利益。

顺丰已建有 2 200 多个营业网点，建立网点和转运中心两级中转。全天候不间断提供亲切和即时的领先服务。从客户预约下单到顺丰收派员上门收取快件，1h 内完成；快件到达顺丰营业网点至收派员上门为客户派送，2h 内完成。顺丰不断提高快递速度，尽量缩短客户的贸易周期，降低经营成本，提高客户的市场竞争力。

3) 价格策略 (Price)

顺丰的目标客户群体对于价格敏感度不高，但对于快递的要求是快速、准确、安全、经济、便利和优质服务。因此，顺丰的价格策略要满足目标客户的特性。目前，顺丰的价格与其他家快递公司相比较高。

4) 促销策略 (Promotion)

顺丰速运的促销策略运用在国内物流企业中首屈一指。手段多样、形式多变的促销策略为顺丰吸引大量的潜在客户，也为老客户随时关注顺丰动态提供方便。

顺丰速运的促销策略不仅仅是为了宣传产品，提高企业的知名度，更重要的是为了给客户提供获取物流服务的便利性，以及方便与客户沟通，并通过互动、沟通等方式，把客户和企业双方的利益无形地整合在一起。

(1) 传统营销策略。顺丰通过电视、报纸、广告牌等进行品牌定位和产品及服务特色宣传，让新老客户及时快捷地了解到企业动态，以及新的产品及服务的研发情况和特色；通过统一规格的运输车辆、统一的快件包装对品牌及企业文化进行推广。

(2) 网络营销策略。在网络技术飞速发展的今天，基于电子商务的物流企业在进行营销策略研究时，网络营销策略十分重要。国内物流企业中，顺丰速运的网络营销无疑最为出色。

① 顺丰速运建立有完善的官网，并在新浪、搜狐、网易等多家搜索引擎进行网站推广。

② 顺丰速运在淘宝、当当等电子商务网站对产品及服务特色进行广告宣传。

③ 顺丰速运与多家需要快递服务的企业进行联合，共同宣传，增强企业的知名度和信誉度。

（资料来源：根据 http://wenku.baidu.com/view/bfc094ea0975f46527d3e159.html 内容改编）

问题

(1) 顺丰速运的市场定位的优势和劣势分别是什么？为什么？

(2) 如果你是一家民营快递公司的市场部主管，将如何组织部门人员开发业务？

2.1 第三方物流市场开发的战略分析

第三方物流企业的市场开发是物流企业为了确立目标市场或客户群体对物流服务进行设计，创造出独特的顾客价值，以驱使客户长期购买和合作的活动过程。它涉及物流市场细分、目标客户群体选择及目标市场定位等方面内容，是物流企业服务实体定位和消费者心理定位的有机结合。无论采用何种营销策略，都要求第三方物流服务企业全面关注客户的需求和利益，全面考虑客户的价值取向和消费偏好，强调对于客户的服务承诺和服务质量的保障等。这是事关第三方物流企业生存和发展的重大问题。

物流为第三方利润源已是不争的事实，许多物流企业如雨后春笋般纷纷成立，大家都想做大“物流”这块蛋糕，并从中分一杯羹。因此，如何做好物流市场营销就成为最重要的问题被摆在物流企业家的案头，而物流市场营销必须服从于第三方物流企业的长期发展战略。

战略可以影响企业长期目标的决策，具体可以理解为明确企业的使命、方向、目标，并为既定目标的实现提供行动方案和资源配置。

2.1.1 在企业宏观层面上确定物流企业的使命、方向和目标

企业的存在是为了要完成某种使命，也就是对企业自身的定位，主要包括物流业务面向何种行业、何种产品、何种区域、何种方式。首先，企业的发展方向具体表现为企业的目前正在从事和将来准备进入的业务范围和领域，包括企业目前的经营业务是什么？客户是谁？企业的资源情况、企业的核心竞争力、企业周围环境的发展变化、企业未来希望拓展的领域，等等。然后，根据物流企业使命和方向的要求确定发展目标，企业使命和基本任务就通过企业目标来实现。例如，中远物流的经营目标是"做最强的物流服务商，做最好的船务代理人"，目标应包括社会效益目标、业务目标、营销目标和企业效益目标。

2.1.2 在具体业务层面上确定物流企业的市场竞争战略

物流企业市场竞争战略主要有3种选择，即总成本领先战略、差异化战略、目标集聚战略。这些竞争战略的核心在于加强企业的核心竞争力，在激烈的市场竞争中获得取胜的条件。

1. 总成本领先战略

当企业与其竞争者提供相同或相似的产品和服务时，只有想办法做到产品和服务的总成本长期低于竞争对手，才能在市场竞争中最终取胜。在生产制造行业，往往通过推行标准化生产、扩大生产规模来摊薄管理成本和资本投入，以获得成本上的竞争优势。而在第三方物流领域，则必须通过建立一个高效的物流操作平台来分摊管理和信息系统成本。在一个高效的物流操作平台上，当加入一个相同需求的客户时，其对固定成本的影响几乎可以忽略不计，自然具有成本竞争优势。成本领先战略适合于实力强大的物流企业。一般来说，选择成本领先战略的企业需要发展相当规模的客户群来保障稳定的业务量，同时应具备先进的物流信息系统和覆盖整个业务区域的物流服务网络。值得说明的是，先进的物流信息系统指的不仅仅是高费用的投资，还强调系统的实用性和满足特殊需求的开发潜力。

2. 差异化战略

差异化战略是指通过创新手段为顾客提供独特的产品或服务，树立起一些在全行业范围中具有独特性的东西，把自己和竞争者对手的产品、服务及替代产品明显区分开来，从而造成足以吸引顾客的特殊性并取得竞争优势的营销策略。采取这一战略的前提是具有特殊需求的客户能够形成足够的市场容量。起步晚的物流企业最好选择差异化战略。

在物流企业差异化战略的选择中，定位差异化和服务差异化是可供参考的两种基本思路。

(1) 服务差异化是为顾客提供与行业竞争对手不同的物流服务，强调与竞争对手不同，通过对服务内容、方式、质量等方面的改进和提高，第三方物流企业为顾客提供有创新性的物流服务。例如，在现有运输、仓储、装卸等物理服务主体功能的基础上再增加一些分包、联运、分销等增值服务就属于服务创新的范畴，而通过开展企业形象识别、提供独特的服务内容和服务质量等方法获得更多的客户和业务也属于服务差异化的范畴。通过顾客需求和企

业能力的匹配来确定企业定位，如医药行业对物流环节GMP标准（药品生产质量管理规范）的要求，化工行业危险品对物流的特殊要求，VMI（Vendor Managed Inventory，即供应商管理库存）管理带来的生产配送物流需求，都给了物流企业差异化服务一个空间。

(2) 定位差异化针对不同层次的顾客提供不同的服务，强调顾客的不同。在买方占市场主导的今天，不同地域、收入水平、消费习惯的顾客面对同一种购买需求所做出的购买决策会有很大差别。顾客定位就是企业根据自身的产品和服务特点，有选择的吸引、接触、维护特定的顾客群体，既顺应了企业资源有限性，但不可能满足所有顾客所有要求的客观现实，又树立了差异化的营销模式，能较好地实现预期效益。

选择差异化战略要注意几个问题：首先，要仔细分析自己提供的特殊物流服务是不是在市场上有相应的一批数量较大的特殊客户群体；其次，在维护战略目标实现的同时，要清醒地避免由此带来的各种风险。差异化战略可能引起服务价格的提高从而带来客户数量减少，因此，要注意以独特服务来优势降低客户的价格敏感性，以差异化独特性的深化来阻挡替代产品的威胁以维护顾客的忠诚，并通过差异化品牌的创建来集中和壮大顾客群，在企业效益提高的同时，可以实现单位服务成本的下降。

阅读材料

电商物流成竞争焦点

近年来，随着电子商务的蓬勃发展，电商物流成为我国物流市场发展最快的细分领域。差异化已成为当下电商物流竞争的焦点。

“送装一体化”服务成电商服务新的标杆。例如，日日顺物流充分发挥“四网融合”（虚网、营销网、物流网和服务网）的优势，提出为用户提供24h限时达、送装同步等差异化物流服务方案，实现送货、安装同步上门服务，解决了家电等大件商品电子商务“最后一公里”的难题，大大提升了客户的购物体验，专业化服务能力成为企业重要竞争优势。

不仅如此，各电商物流企业的包裹自提业务正在加速布点。据了解，京东2014年部署数千个自提柜，进一步减少配送员、降低物流成本，并最大化地满足消费者对时间自由度的需求，提升购物体验。自2013年年底在北京、上海等64个城市签约1万多个服务站后，菜鸟网络又在香港特别行政区将自提业务往深度延伸，为海外消费者提供便捷取货方式，香港邮政、7-11、顺丰速运、中通快递、递四方速递这五大合作伙伴总共提供超过200个自提点，方便淘宝买家弹性领取货物。接下来，菜鸟网络还会陆续在新加坡等地推出自提服务。

随着电商渠道下沉，物流服务网络向三、四线城市扩张。一、二线城市市场日趋饱和，三、四线城市和中西部地区成为电商发展新市场。京东2014年大力将渠道向三到六级的小县城渗透，目前已覆盖全国90%以上的县城区域。菜鸟网络联合日日顺物流，在全国2 800多个县建立了物流配送站，布局了17 000多家服务商，解决了三、四级市场的配送难题。

（资料来源：http://finance.china.com.cn/roll/20140910/2666798.shtml，有改动）

3. 目标集聚战略

目标集聚战略就是把企业的注意力和资源集中在一个有限的领域，在这个领域里有针对性地采用成本领先战略或差异化战略。第三方物流企业应该认真分析自身的优势所在及所处的外部环境确定一个或几个重点领域，集中企业资源，打开业务突破口。例如，在物流行业中不难发现，伯灵顿全球有限公司、英国英运物流集团等企业在高科技产品物流方面比较强，而马士基物流和美集物流则集中于出口物流，国内的中远物流则集中在家电、汽车及项目物流等方面。集中化战略也体现出，在国内企业对第三方物流实施战略不仅仅指企业业务拓展方向的集中，更需要企业在人力资源的招募和培训、组织架构的建立、相关运作资源的取得方向的集中；否则，简单的集中只会造成市场机遇的错过和资源的浪费。

看一看

迈克尔·波特竞争理论重点主要是：五力模型、三大一般性战略、价值链、钻石体系、产业集群（产业集群是指在特定区域中，具有竞争与合作关系，且在地理上集中有交互关联性的企业、专业化供应商、服务供应商、金融机构、相关产业的厂商及其他相关机构等组成的群体）。其中竞争五力是：新加入者的威胁、客户的议价能力、替代品或服务的威胁、供货商的议价能力及既有竞争者。三大一般性战略是指：总成本领先战略、差异化战略及专一化战略。

2.2 第三方物流市场营销策略

营销的目的是提高企业的竞争力，提高企业的利润率和客户忠诚度。对于第三方物流服务企业而言，现阶段我国的第三方物流服务市场还处于创造需求和引导客户消费的阶段。在这一阶段中，第三方物流服务企业只有使用恰当的营销策略，才能够赢得顾客认同并形成竞争优势，真正实现销售和营业推广。

物流企业市场营销前期工作主要是进行物流企业面临的环境分析、顾客分析和竞争者分析等，然后进行市场细分和定位，进而制定具体的物流企业市场营销对策。

2.2.1 对物流市场环境的调查与分析

对于物流企业而言，其市场营销环境一般可分为宏观环境与微观环境。宏观环境是指那些给物流企业造成市场机会和环境威胁的主要社会力量，包括政治法律环境、经济环境、社会文化环境、科技环境和自然环境等。宏观环境的变化非物流企业所能控制，它常常给企业带来机遇和挑战，因此，物流企业的一切活动都必须适应环境的变化。微观环境是物流企业在目标市场上开展营销活动的因素，包括物流企业、供应商、营销中介、竞争者、顾客、社会公众等。这些因素与物流企业紧密相连，直接影响物流企业为顾客服务的能力。

物流企业市场营销人员的主要职责之一是观察企业所处的环境，从中寻找新的机会，并设法避免或减少环境变化给企业造成新的威胁。

市场机会就是企业获利的机会，即市场上有未满足的需要就是涉足的机会。物流企业市场营销人员对市场进行调查、分析、评估后，选取对企业市场营销活动有吸引力、企业拥有竞争优势和获得差别利益的环境机会。但其能否成为某个物流企业的营销机会，则取决于是否适合物流企业的目标和现有资源，是否能使企业取长补短、发挥优势、获得差别利益。

环境威胁是不利于物流企业发展的趋势，如果物流企业不及时采取果断的市场营销行为，这种不利趋势将会影响到企业的市场地位，所以要为可能性大、后果严重的威胁制订应变计划以避免遭受损失。

2.2.2 对物流市场客户需求的调查与分析

对于第三方物流企业而言，有效的以客户需求为导向的物流市场开发就是根据客户的特殊需求来相应调整自己的经营行为，提高企业竞争力，增加顾客的满意度。它需要全面了解顾客的业务，理解顾客的需求和期望，测定顾客对支付服务的愿望。例如，一批货物要从甲地运往乙地，而其中经过多种运输方式和多种物流功能，对于顾客来说，他关心的是从甲地运往乙地这一业务的质量、时间和价格等，至于怎么运输，需要哪些环节，顾客更希望物流公司能提供一体化的解决物流服务的方案，提供快捷、优质的物流服务。

了解客户需求的最直接而有效的操作方法是走访调查，提出一些定性的、开放型的问题，使顾客能灵活、准确地表达他们真正的需求，大致包括以下几点：

(1) 什么对你最重要？

(2) 哪些服务会在你的购买过程中起作用？你如何优先考虑这些方面？

(3) 什么构成明显的高级和低级行为？

(4) 什么层次的行为能促使你增加购买？有什么评价标准？什么层次的服务问题能减少你的购买或排除某个供应商？

(5) 当前的业务是什么？

(6) 本公司能满足你的要求吗？本公司的竞争对手呢？

(7) 本公司怎样才能简化当前的作业？

(8) 本公司做了什么不该做的事情？又有什么该做的事情没有做？

(9) 本公司如何才能创造价值？

(10) 本公司正在做什么你喜欢或重视的事情？本公司的竞争者呢？本公司如何更好地工作来满足你的需要？

随着物流服务市场竞争的加剧，顾客的要求也会不断变化和提高，供应商必须预期这些改变，并对此做出积极反应，不断改变业务目标。

2.2.3 物流市场的细分及目标市场的选择

进行物流市场的细分和目标市场的选择，其作用主要有以下两个方面：

(1) 任何企业的资源是有限的，如何对有限的资源进行有效组合关系到物流企业经营的成败。通过市场细分，物流企业可以认识到每个细分市场上物流需求的差异、物流需求被满足的程度及物流市场竞争状况。物流市场在我国的发展方兴未艾，需要整合和完善的问题还很多，那些未得到满足或满足程度较低、竞争者未进入或竞争对手很少的市场部分便是客观存在市场机会。抓住这样的市场机会，结合企业资源状况，从中形成并确立适宜自身发展和壮大的目标市场，并以此为出发点设计相应的营销组合策略，就可以夺取竞争优势，在市场占有较大的份额，为下一步的发展打下良好的基础。

(2) 物流企业通过市场细分选择一个或多个物流细分市场作为目标市场，就有可能深入细致地分析研究物流市场的特点，集中人力、物力、财力，有针对性地生产经营适销对路的物流服务，更好地满足目标市场的物流需要；此外，面对某一个或少数几个细分市场，可以及时捕捉需求信息，根据物流需求的变化随时调整市场营销战略和策略。需要说明的是，市场细分只是作为一种策略，蕴含着这样一种思路：物流企业并非一味追求在所有市场上都占有一席之地，而是追求在较小的细分市场上占有较大的市场份额。这种价值取向不仅对大中型企业开发市场具有重要意义，对小型企业的生存与发展也至关重要。

1. 物流市场细分

物流市场细分是指根据物流需求者的不同需求和特点，将物流市场分割成若干个不同的小市场的分类过程。通过细分，物流市场将区分为不同的子市场，每个子市场的物流需求者都有类似的消费需求、消费模式等，而不同子市场的需求者则存在着需求和特点的明显差异。

(1) 物流市场细分的观念。物流市场细分在物流服务营销中拥有极其重要的地位，它要求物流企业通过对市场需求调查的基础上对市场进行细分，选择目标市场并确定市场定位。它是企业了解物流市场全貌及其竞争结构的基础，也是企业进行市场决策的前提。如果不能正确地细分市场，物流企业就无法选择目标用户，也无法制定有效的市场决策和选择明确的市场定位。当物流市场竞争由广泛覆盖区域与行业物流的一般竞争向供应链物流、精细物流需求结构纵深竞争发展时，物流市场将从有形细分向无形细分即目标市场抽象化转化，物流需求也从同质化到差异化发展，因此，运用科学的市场研究方法来正确地细分市场显得尤其重要。特别是物流市场竞争进入短兵相接、寸土必争的白热化状态后，多家物流企业共同竞标同一物流项目的情况频繁发生，此时通过市场细分对于物流市场容量、市场竞争结构的正确理解将成为战胜竞争对手的关键。

(2) 物流细分市场的标准。细分市场的衡量要素主要有区域内经济、产业状况、市场的发展前景、人口统计学及社会经济、心理、地理位置、客户利益、客户促销反应、服务。

(3) 物流细分市场的主要步骤。主要包括以下几点：

① 确定该区域适合物流的哪一项服务？需求规模有多大？服务对象是谁？

② 选择作为细分市场的标准。

③ 突出该区域对物流的特殊需求作为细分标准。

④ 了解进入细分市场的新变量，使企业不断适应市场的发展变化。决定市场细分的大小及市场群的潜力，从中选择使企业获得有利机会的目标市场。

2. 物流目标市场选择策略

物流目标市场就是企业所选定的作为客户营销服务对象的一个、若干或全部细分市场。

(1) 物流目标市场的选择策略。选择所有市场还是细分市场其实是一个成本、收益和风险的平衡问题，一般有 3 种选择策略：无差别性市场策略、差别性市场策略、集中性市场策略。

(2) 物流目标市场的定位。通过市场细分只是确定所要进入的目标市场，然而究竟如何进入该市场，还需要对市场上的竞争状况作进一步的分析，以确定企业自身的市场位置。这就是物流服务市场定位常见的问题。

(3) 市场定位过程。这个过程主要是确定市场定位的步骤，确定市场定位策略，定位战略的执行。

想一想

无差别性市场策略、差别性市场策略和集中性市场策略如何在物流企业中有效灵活应用？

2.2.4 进行精准的物流市场定位

市场越来越复杂，客户的需求越来越广泛，差别越来越大，特别是物流服务市场，服务的形式、服务的内容越来越丰富，试图以一种服务去占领所以市场很显然是不现实的，也是不可能的。企业与其在所有市场上或者在整个地区内进行较量，不如把自己的资源集中到一个部分上，首先要进行市场细分，即进行精准的物流市场定位，找准物流客户，只有做到有的放矢，才能有效地开拓物流客户。

1. 行业定位策略

不同的行业，行业的特性不同，对物流需求的特性就不同。例如，IT 物流要求供货周期短，库存周期快，全程信息跟踪，售后、退货与维修零配件服务多；汽车物流要求零部件供应准确及时、能实现合理数量的搭配组合，汽车销售要求库存周期短，备件供应时间合理；快消品物流要求在相对较低的成本上满足基本的物流运作需求，并没有鲜明的特殊要求；钢铁、煤炭等大宗货物物流要求符合国家的经济社会发展需求，并且尽可能低的降低成本；食品、饮料等行业的物流需要有完善的冷链物流和绿色环保条件。每个要服务的行业特性都不同，需求差异性都很大，物流企业必须首先将自己要服务的行业的需求特性分析清楚。在此基础上，物流企业还要分析自身的资源状况，找到自己的优势和擅长做的，以确定自己要服务的行业范围。

2. 区域定位策略

第三方物流企业的区域定位，即物流企业要选择自己物流业务的地理区域覆盖范围，在此区域范围内运用自己的物流网络为客户提供物流服务。该主导区域可以是一个地区、一个国家或全球范围。与此相应，物流企业的区域定位策略可以是提供区域性、全国性、国际性或者全球性物流服务。在物流企业发展历程中，也要遵循企业发展的客观规律，总是从小到大，由弱到强，有大企业，也有小企业，这就给中小型物流企业的发展提供了客观条件。大型物流企业着眼于全国甚至全球的网络布局，而区域物流组织能力或者城市的终端配送能力就显得力不从心，或者没有这么多资源和中国邮政一样能够覆盖到乡镇一级。小型物流企业可以在区域物流作业中给大型物流企业以有力的补充，这就是中小物流企业的生存之道。

目前，我国的第三方物流企业特别是中小型物流企业大多存在投资能力不足、管理机制不健全、运营能力薄弱等问题，因此在区域定位时，不可盲目贪大求全，而要根据自身实际条件，结合客户的物流服务需求状况，将业务比较多的区域设定为自己的主导服务区域。

阅读材料

新加坡的区域优势

世界地图上的新加坡只不过是个“小红点”，但新加坡所处的地理位置却是世界的十字路口之一，得天独厚的地理条件使之发展成为一个主要的商业、运输、通信、旅游中心。靠水吃水，一直以来，新加坡凭借自己独特的地理位置大力发展现代物流业。目前，物流业已经成为新加坡的支柱产业，新加坡也已经成为亚太地区领先的物流和供应链管理中心。

新加坡的樟宜机场是世界第四大货运机场，每周 4 000 趟航班连接 57 个国家的 182 个城市。机场内设有樟宜航空货运中心（也称物流园），面积达 47 公顷，是一个 24h 运作的自由贸易区。这个一站式的服务中心，提供了装卸航空货物所需的设备和服务，从飞机卸下的货物送到收货人手里，前后只需 1h。新加坡民航局不时研讨制定樟宜机场的发展规划，以确保机场有足够的能力应付亚太地区航空交通的强劲增长。

新加坡利用其优良的深水港，兴建了 4 个集装箱码头。新加坡港务集团每年可装卸超过 1 500 万个集装箱，是世界最大的单一箱运码头经营机构。在新加坡，200 家船务公司把新加坡与 123 个国家的 600 个港口连接起来。这一切都使新加坡毋庸置疑地成为亚太地区领先的物流和供应链管理中心。

正因为新加坡拥有强大的海上和空中网络连接亚洲和世界各地，所以有超过 9 000 家的物流企业利用新加坡作为区域转运及配运中心，包括位列全球业界前茅的 17 家第三方物流公司中的 10 家在新加坡设立亚洲总部。这里也是许多正在进入亚洲市场的跨国公司的亚洲总部。据一项调查显示，新加坡工业及商业企业运用物流组织管理技术和运用专业化的 3PL 服务非常普遍，约 60% 的新加坡企业使用 3PL 服务，其中有 83% 已经是 3 年以上的 3PL 服务客户。超过 90% 的使用者认为，3PL 的服务能帮助他们降低成本，并对 3PL 提供的物流服务十分满意，这是新加坡 3PL 服务产业化发展的重要基础。

（资料来源：http://singapore.xdf.cn/201204/1203544_2.html，有改动）

3. 客户定位策略

不同类型的客户对物流服务在质量、功能、价格等方面存在不同的需求特征，对物流企业的服务能力也有不同的要求。物流企业需要根据自身技术、资金、服务能力等条件，根据客户的需求及行业竞争状况等因素，选择自己的核心客户群体。物流企业可以在一定的行业和区域内为所有潜在客户提供普遍物流服务，也可以为特定的客户群体提供定制化、综合性现代物流服务。一般来说，第三方物流企业不可能为所有的客户提供深度物流服务，为了体现自己的服务优势，都会选择一定的核心客户群体并为其提供满意的物流服务。例如，宝供物流为全球 500 强中 50 多家大型跨国企业及国内一批大型制造企业提供供应链一体化综合物流服务，并与国内外近百家著名企业结成战略联盟，其中包括宝洁、通用电器、三星、壳牌、丰田、雀巢、纳爱斯、格力电器等。又如，德利得物流有限公司，定位于外资与合资企业客户，提供高端物流运作服务，通过不断的服务创新和内容创新，连续多年实现了高速增长。

第三方物流企业可以根据一定标准将客户划分为不同种类，并从中选出适合自己的客户类型。例如，可以根据客户物流业务的规模，将其分为大、中、小型客户。在进行客户定位时，并非客户业务规模越大越好。第三方物流企业与大客户进行合作虽然能够有利于建立物流企业的市场形象和增加品牌价值，但是服务于这类企业需要较高的运作和管理水平，对资金的需求较大，合作风险较大，而利润空间却较小。因此，对于大多数第三方物流企业来说，定位于大客户未必是一种理想的选择；相反，定位于中小客户却常常会获得较高的利润率，而资金需求、运作管理要求、合作风险等却较低。第三方物流企业也可以根据客户企业的所有制性质，将它们分为外资、国有、私营及其他类型的企业，并从中确定适当的目标客户。

想一想

客户定位策略可以把客户分成几类？其需求有何不同？

4. 服务定位策略

物流市场需求具有明显的多层次性，加之物流产品供给的可分离性，为从低端的基本功能性物流服务到高端的增值整合性物流服务多样化细分市场提供了可能。然而，随着社会经济的发展，客户的物流服务需求日益呈现出多样化和个性化的特点。物流企业必须走差异化物流服务之路，在客户群体中树立起自己的特色物流服务形象，努力为客户提供个性化定制服务，方能在激烈的市场竞争中获得一席之地。

物流服务产品定位及产品特色的突出可以从服务内容的深化程度来体现。根据物流服务内容的深化程度，可以将其大致分为基本服务和增值服务。其中，前者是为客户所提供的运输、仓储等传统、低端的基本功能性物流服务，物流企业本身并不涉及客户企业内部的物流管理和控制活动，只是根据客户的要求，整合自己及社会物流资源完成特定功能的物流服务；后者则是在基本物流服务的基础上，根据客户的实际需要所主动提供的、能够为客户带来价值增值的特色延伸物流服务，主要包括物流方案设计、存货管理、订货处理、物流加工、售后服务等一系列附加的创新性物流服务项目，它属于比较高端的系统整合性物流服务。一般来说，基本服务具有很强的可替代性，很难获得超额利润，在定价时只能按照行业标准获得适度利润；而增值服务是建立在对客户物流需求有着深入了解基础上为客户“量身定做”的物流服务，具有鲜明的创新性和个性化特点，能够为物流服务供求双方创造超额价值。

2.2.5　开展多样的物流促销活动

在进行市场定位之后，开发物流客户最具有实质性的途径是开展多样的物流促销活动，以此来吸引更多的物流客户，因为物流客户所需要的服务和有形商品一样，也需要促销，通过沟通、宣传、说服使客户了解并接受服务产品。这种促销活动往往能起到立竿见影的作用，但它们只具有短期的效益，真正达到长期的效益还必须和前面介绍的各种途径相结合，才能相得益彰。

1. 4Ps 促销组合概念

市场的变化使企业将营销重点放在如何吸引客户，如何使他们购买相关服务，如何让他们向其他人推荐物流企业的服务，所有的一切最终落实到如何提高客户的满意度与忠诚度。以客户忠诚度为标志的市场份额的质量规模成为企业的首要目标，“客户永远是对的”这一哲学被“客户不全是忠诚的”思想所取代。

市场营销中最常见的4Ps促销组合包括以下4个部分：

(1) 产品（Product）。服务产品所必须考虑的是提供服务的范围、服务质量和服务水准，同时还应该注意到服务的品牌、保证后续服务等。在服务产品中，这些要素的组合变数相当大。

(2) 地点（Place）。提供服务的地点及其区域的可达性在服务营销上都是重要因素。

(3) 价格（Price）。定价是具有重要意义的决策，需要审慎从事。这决策包括估量客户的需求和分析成本，以便选定一种吸引客户、实现市场营销组合的价格。

(4) 促销（Promotion）。促销包括广告、人员推销、销售促进或其他宣传形式的各种市场沟通方式，还有一些间接的沟通方式。

2. 科学合理的物流营销策略

在市场竞争日益激烈的今天，企业不能缺少促销。在促销方面，物流服务与有形商品存在差异，有形商品可以被显示出来，而服务不能存在于货架上，只能被描述出来，对复杂的服务的描述就受到很大的限制。因此，物流服务需要采取更积极的促销策略，以此来开拓更多的客户。

(1) 保证高质量的物流服务水平。现代物流活动的作用不仅在于为企业节约了消耗，降低了成本或增加了利润，更在于通过提供高水平的物流服务从而提高了客户的竞争能力。物流企业以其整体物流服务能力和水平来拓展市场。国内企业外购物流服务时，一般是先将运输、仓储等基本功能外包，在取得预期效果后，才考虑将更多的物流功能外包。可以说，物流服务水平的高低是物流企业赢得客户的关键。

第三方物流企业提供服务的三要素，是衡量其物流服务质量的标准，是体现差异化的重要指标。

① 时间的迅速性。客户不满的程度与延误客户服务时间成正比。

② 技术的准确性。泛指客户服务活动的技术，包括采用的方法、措施、策略等，可以提高效率、有的放矢、事半功倍。

③ 承诺的可靠性。这也是衡量企业管理水平的指标，与企业的信誉和形象联系在一起。因此，企业的承诺要不惜代价实现。

(2) 构建有效的服务营销渠道。服务营销渠道策略是指第三方物流企业选择采用何种营销渠道去销售现代物流服务的策略，具体有以下3个方面：

① 自行建立直销服务网络的策略。这是第三方物流公司通过自己的电子商务网络或人员推销网络将现代物流服务直接销售给客户的营销策略。据调查研究，我国的第三方物流服务企业现在首选的营销渠道应该是自行建立直销服务网络的策略，因为我国的现代物流产业刚刚起步，许多客户对于如何购买和使用第三方物流服务尚知之不多，有许多客户对于这种服务的信赖程度还很低。在这种市场环境下，第三方物流企业只有通过采用人员上门直接推销或电子商务网站直接推销的方式，采用由近及远策略，才能使第三方物流服务获得销售和推广，最终实现开展全国和全球物流服务的目标。

② 用他人服务营销网络的策略。这是通过他人代理去销售自己的物流服务的策略。

③ 营销战略联盟策略。通过与同业或其他行业的企业建立战略伙伴关系，共同推销双

方的商品或服务，建立营销战略联盟，联合拓展市场，如第三方物流企业和工商企业互相介绍客户。

(3) 制定合理的服务价格。服务定价方法很多，每一种定价决策都必须考虑企业的现状、成本、竞争、服务产品的特征及市场上的地位等。物流企业的服务价格确定常用以下方法：

① 成本导向定价法。企业通过成本账户将内部成本直接分摊到具体的服务项目中去，依据提供服务的成本，加上一定的利润率形成的服务价格。

② 竞争导向定价法。依据同一市场或类似市场上领先者的服务价格或直接的竞争者的收费情况来制定自己的价格。

③ 需求导向定价法。根据市场需求波动来确定服务的价格。

④ 利润最大化定价法。定价高于成本，保证出售的服务能获得足够的收益。

⑤ 折扣定价法。商品定好基本价后，可采取折扣方法进行调整，主要方法有现金折扣、数量折扣、季节折扣。

⑥ 招徕定价法。店铺为了招徕顾客，将部分商品或服务价格降为市场最低价甚至低于成本以扩大销售。顾客多了，不仅卖出了低价商品或服务，而且带动和扩大了其他高价商品或服务的销售。

(4) 确定有效的物流促销组合。任何促销的目标都在于通过沟通、说服和提醒等方式，最大限度地增加服务的销售。

① 人员推销服务策略。服务促销和有形商品促销不同，服务销售人员极其重要，企业的声誉主要建立在他们的服务态度和技术水平上。

服务推销的原则、程序和方法与制造业大致相似，但执行手段则有相当的差异。服务人员在推销时应该注意：采取专业导向；与客户建立和发展个人关系；利用好间接销售；建立并维护有利的个人和企业形象。

② 服务广告策略。广告是借助一定的宣传媒体将企业服务的信息传递给客户的一种促销方式。相对于人员促销，广告的宣传面广，渗透力强，通过精心设计，可以使企业产品、价值观与企业文化深入客户心中。对无形的服务产品做广告与对有形物品做广告不同，要根据物流服务的特点采取策略。

a．使用明确的信息。

b．强调服务利益。

c．只能承诺企业可提供和客户能得到的。不要过度承诺，以免客户产生过度期望企业又无力兑现，避免给员工造成不当压力。

d．广告应具有连续性。

③ 公关宣传策略。公关宣传是指企业以非付款方式通过第三者在报刊、电台、电视、会议、信函等传播媒体上发表有关企业产品的有利报告、展示或表演，刺激人们对商品、服务的需求。物流企业在运用公关宣传策略进行服务促销时应把握其特点，采取相应的手段进行促销。

企业运用公关宣传手段也要开支一定的费用，但这与广告或其他促销工具相比较要低得多。公共宣传的独有性质决定了在企业促销活动中，如果将一个恰当的公共宣传活动同其他促销方式协调起来，可以取得极大的效果。

2.3 第三方物流市场开发方法与途径

2.3.1 广告营销

广告是为了某种特定的需要，通过一定形式的媒体，公开而广泛地向公众传递信息的宣传手段，有报纸、杂志等平面广告，也有电视、电影等立体广告，还有POP、车体等户外广告。

广告即确定的组织或个人为了一定的目的，依靠付出费用，在规定的时间内按照要求，由指定的媒体将真实信息传播出去的一种交流活动。广告的本质有两个，一个是广告的传播学方面（广告是广告业主达到受众群体的一个传播手段和技巧），另一个是广告本身的作用（商品的利销）。总体来说，广告是面向大众的一种传播，而艺术的高雅性决定了它的受众群体只能是小众，而不是绝大多数人。成功的广告是让大众都接受的一种广告文化，而不是所谓的脱离实际的高雅艺术。广告的效果从某种程度上决定了它究竟是不是成功的。

一般商业广告有以下一些特点：

(1) 以营利为目的。

(2) 传播商业信息。

(3) 需要支付广告费用。

(4) 通过一定的媒介和形式。

(5) 商品面向的对象不同形势上有很大的区别。

2.3.2 电话营销

电话营销是一个较新的概念，通过使用电话来实现有计划、有组织并且高效率地扩大顾客群、提高顾客满意度、维护顾客等市场行为的手法。成功的电话营销应该使电话双方都能体会到电话营销的价值。

电话营销是目前最常用的销售方式。销售关键的一步就是准确找到需要你的产品或服务的人，然后有目的、有针对性地与目标客户进行沟通，下面是电话营销的一些通常做法。

(1) 在打电话前准备一个名单。事先选定目标客户的行业，通过网页、网络筛选客户，准备一份可以供一个月使用的人员名单，这样可以大大提高工作效率，否则大部分销售时间将不得不用来寻找所需要的名字，在有效时间内打不上几个电话。

(2) 给自己规定工作量。首先规定打电话的时间，比如上午和下午各2h，在规定时间内要打100个电话，无论如何要完成这个任务，而且还要尽可能多地打电话。

(3) 寻找最有效的电话营销时间。通常来说，人们拨打销售电话的时间是在早上9点到下午5点之间，所以一般每天也可以在这个时段腾出时间来做电话推销。

如果这种传统销售时段不奏效，就应将销售时间改到非电话高峰时间，或在非高峰时间增加销售时间，最好安排在上午8:00—9:00、中午12:00—13:00和下午17:00—18:30销售。大家都有一种习惯性行为，客户也一样。很可能在每周一的10:00都要参加会议，如果不能够在这个时间接通他们，从中就要汲取教训，在该日其他的时间或改在别的日子给他电话，会得到出乎预料的成果。

(4) 开始之前先要预见结果。打电话前要事先准备与客户沟通的内容，并猜想客户的种种回应，以提高应变力，做到有问必答，达成良好的电话沟通效果。

(5) 电话要简短。打电话做销售拜访的目标是获得一个约会。电话做销售应该持续大约3min，而且应该专注于介绍销售者自己，销售者的产品，大概了解一下对方的需求，以便给出一个很好的理由让对方愿意花费宝贵的时间进行交谈，最重要的是别忘了约定与对方见面。

(6) 定期跟进客户。整理有效的客户资源，定期跟进，跟客户保持联系，等待业务机会。一旦时机来了，客户第一个想到的就是你。

(7) 坚持不懈。毅力是销售成功的重要因素之一。大多数销售人员则在第一次电话后就停下来了，然而大多数的销售都是在第5次电话谈话之后才进行成交的，所以一定要坚持不懈，不要气馁。

(8) 应有先进的电话营销系统。好的电话营销系统必然带来事半功倍的效果。如专业的电话营销呼叫中心平台，当然前期投入大，大的保险公司均有应用；适合中小型企业的电话营销系统投入小，正常运行的电话营销系统也可以应用。

2.3.3 网络营销

网络营销就是以国际互联网络为基础，利用数字化的信息和网络媒体的交互性来辅助营销目标实现的一种新型的市场营销方式。简单地说，网络营销就是以互联网为主要手段进行的，为达到一定营销目的的营销活动。网络营销产生和发展的背景主要有3个方面，即网络信息技术发展、消费者价值观改变、激烈的商业竞争。

网络营销具有传统营销根本不具备的许多独特的、十分鲜明的特点。

(1) 鲜明的理论性。网络营销是在众多新的营销理念的积淀、新的实践和探索的基础上发展起来的。网络营销理念吸纳了众多新的营销理念的精髓，但又不同于任何一种营销理念。计算机科学、网络技术、通信技术、密码技术、信息安全技术、应用数学、信息学等多学科的综合技术，给予了网络营销以沉重的技术铺垫；近半个世纪以来多种营销理念的积极探索，给了网络营销以丰富的学术内涵；近十年来电子商务和网络营销的多种开拓和实践，给了网络营销以冷静的思索和理性升华的机遇和可能。

(2) 市场的全球性。网络的连通性，决定了网络营销的跨国性；网络的开放性，决定了网络营销市场的全球性。在此以前，任何一种营销理念和营销方式，都是在一定的范围内去寻找目标客户。而网络营销，是在一种无国界的、开放的、全球的范围内去寻找目标客户。市场的广域性、文化的差异性、交易的安全性、价格的变动性、需求的民族性、信息价值跨区域的不同增值性及网上顾客的可选择性不仅都给网络经济理论和网络营销理论研究，提供了广阔的发展空间和无尽的研究课题，而且这种市场的全球性带来的是更大范围成交的可能性，更广域的价格和质量的可比性。越是可比性强，市场竞争越发激烈。

(3) 资源的整合性。在网络营销的过程中，将对多种资源进行整合，将对多种营销手段和营销方法进行整合；将对有形资产和无形资产的交叉运作和交叉延伸进行整合。这种整合的复杂性、多样性、包容性、变动性和增值性具有丰富的理论内涵，需要人们下功夫，花力气进行深入的研究。

(4) 市场的冲击性。网络的进击能力是独有的。网络营销的这种冲击性及由此带来的市场穿透能力，明显的挑战了 4P 和 4C 理论。网络营销在进击时是主动的、清醒的、自觉的，什么也没有忘记，无论是在信息搜索中的进击，还是在发布后的进击，都是在创造一种竞争优势，在争取一批现实客户，在获取一些显现商机，在扩大着既有优势的范围。

(5) 极强的实践性。网络营销是一门实践性很强的学问，它的理论根底深深扎在网络营销实践的沃土中。网络营销的每一步发展，都呼唤着网络经济理论研究的深入。但是，这种呼唤，只有在网络营销的实践中攀登和开拓的人，才可以听到，才可以感受到、体验到。

企业在运用网络营销方法时，基本上应遵循以下 3 个步骤：

第一步，将自己的企业全面快速地搬到互联网。企业在建立自己的网络营销方案的时候，首先要考虑到自己的网站是属于营销型的网站。

第二步，通过多种网络营销工具和方法来推广和维护自己的企业网站。大家在互联网做的任何宣传和推广活动时，都必须以企业的网站为核心。

第三步，网站流量监控与管理。通常采用流量监控与分析系统和在线客服系统来实现。营销型网站需要一套功能齐聚的在线客服系统，以此来帮助大家实时主动发出洽谈，能够及时将有效的流量（潜在客户或意向客户）转换为网上销售。

网络营销职能的实现需要通过一种或多种网络营销手段，常用的网络营销方法除了搜索引擎注册之外，还有关键词搜索、网络广告、交换链接、信息发布、整合营销、博客营销、邮件列表、许可 E-mail 营销、个性化营销、会员制营销、病毒性营销等。

2.3.4 展会营销

展会营销是通过展会的形式向顾客及同行业展示自己的最新产品及成果，一方面可以增加公司的业绩，另一方面可以提高公司的品牌影响力。根据目前国内会展业的状况，组织企业对某个展览会的销售额不满意，展会营销没有发挥应有作用的原因主要集中在以下几个方面：

(1) 缺乏科学有效的营销工作规划。面对名目繁多的展会，没能选对其中适时、适度与企业营销计划相匹配的展会，盲目参展。

(2) 缺乏战略性的规划。仅仅将展会营销的工作作为一种事务性工作对待，为了参展而参展。参展的最终目的是什么？展会上要向谁传播哪些信息？如何吸引目标观众？如何胜出对手的传播？均未曾深入去考虑。

(3) 在组织策划展会的过程中，企业内部决策管理层与执行层之间、企业与外协单位之间缺乏良好沟通，造成各自对展会策划组织方式、目的存在理解上的偏差。例如，企业欲推广产品、品牌文化，与展台搭建的风格、活动组织的方式脱节。

(4) 在制定预算的同时高估了展会效果的回报，造成展会投入与产出比例的不协调。例如，近年来国内展会出现了一种倾向——展台搭建、活动组织一味求大、求豪华，而忽略展会活动本身的表现效果。

为发挥展会的作用，一般会首先采取以下措施：

(1) 加大广告宣传力度，使更多的参展商对展览会产生兴趣，以扩大潜在市场的规模。

(2) 通过严格控制成本和开展规模经营，降低展览会的报价，以增加有效市场购买者的数量。

(3) 对展览会进行适当调整，以降低对潜在购买者的资格要求。

(4) 制定更有竞争力的营销组合方案，力图在目标会展市场中占更大的份额。

而展会营销工作做得比较出色的企业，总有以下一些共性存在：

(1) 根据公司的发展规划及营销目标，对企业的优势资源（产品、信息、技术、服务）或需求进行分析，再遴选出适时对路的展会推广，最后再从策划的角度考虑如何出奇制胜。

(2) 制订的展会计划、实施组织工作要有弹性，包括对未来变化与竞争的思考，有必要的反馈与调整机制。

(3) 展会组织应有严格的流程与职责分工并有专人负责项目，强调企业内部的协调、企业与外协单位的协调作业。经常听到一些企业主这样抱怨：本来的想法是这样的，可外包公司做给本企业的展位及活动方案却与品牌及产品脱节，而更改方案则由于时间的紧迫而变得不可能，让业主感到沮丧。部分企业内部组织很松散，以致展会上该收集的信息没有收集，该做的推广没有做好。

展会营销是一项较为复杂的工程，必须经过周密且对路的计划、出奇制胜的推广模式、科学的分工、严谨的执行，方能使展会营销真正发挥作用。

2.3.5 品牌营销

品牌营销是指企业通过利用消费者的品牌需求，创造品牌价值，最终形成品牌效益的营销策略和过程，是通过市场营销运用各种营销策略使目标客户形成对企业品牌和产品、服务的认知过程。品牌营销从高层次上就是把企业的形象、知名度、良好的信誉等展示给消费者或者顾客，从而在顾客和消费者的心目中形成对企业的产品或者服务品牌形象，这就是品牌营销。

品牌营销的策略包括 4 个：品牌个性、品牌传播、品牌销售、品牌管理。

(1) 品牌个性。简称 BP，包括品牌命名、包装设计、产品价格、品牌概念、品牌代言人、形象风格、品牌适用对象等。

(2) 品牌传播。简称 BC，包括广告风格、传播对象、媒体策略、广告活动、公关活动、口碑形象、终端展示等。

(3) 品牌销售。简称 BS，包括通路策略、人员推销、店员促销、广告促销、事件行销、优惠酬宾等。

(4) 品牌管理。简称 BM，包括队伍建设、营销制度、品牌维护、终端建设、士气激励、渠道管理、经销商管理等。

要做好品牌营销，需要注意以下 5 个方面：

(1) 质量第一。任何产品恒久、旺盛的生命力无不来自稳定、可靠的质量。

(2) 诚信至上。人无信不立，同理，品牌失去诚信，终将行之不远。

(3) 定位准确。著名的营销大师菲利普 · 科特勒曾经说过，市场定位是整个市场营销的灵魂。的确，成功的品牌都有一个特征，就是以始终如一的形式将品牌的功能与消费者的心理需要连接起来，并能将品牌定位的信息准确传达给消费者。市场定位并不是对产品本身采取什么行动，而是针对现有产品的创造性思维活动，是对潜在消费者的心理采取行动。因此，提炼对目标人群最有吸引力的优势竞争点，并通过一定的手段传达给消费者，然后转化为消费者的心理认识，是品牌营销的一个关键环节。

(4) 个性鲜明。个性十足、鲜明独特的诉求较容易得到消费者的认同，品牌形象也伴随着这些朗朗上口的广告语而迅速建立。

(5) 巧妙传播。有整合营销传播先驱之称的唐•舒尔茨（美国西北大学教授）说，在同质化的市场竞争中，唯有传播能够创造出差异化的品牌竞争优势。

2.3.6 战略联盟

战略联盟就是两个或两个以上的企业或跨国公司为了达到共同的战略目标而采取的相互合作、共担风险、共享利益的联合行动。有的观点认为，战略联盟一般为巨型跨国公司采用，但这决不仅限于跨国公司，作为一种企业经营战略，它同样适用于小规模经营的企业。当然，由于产品的特点、行业的性质、竞争的程度、企业的目标和自身优势等因素的差异，企业间采取的战略联盟形式自然也呈现出多样性。

战略联盟成功的 4 大关键在于：订立联盟策略；选择合适对象；建立联盟结构与管理制度；订立终止联盟计划。任何企业都有各自的长处和短处，不同的阶段，不同的时间，不同的地点，都应有自己的发展重点，采取不同的策略。

战略联盟具有非常显著的优势，如快速性、互补性、低成本、成效大等，是一个相对比较容易实施的策略。当然，有以下几点需要把握：

(1) 订立联盟策略。在合适的时候发现自己的企业在哪些方面缺乏竞争优势，在哪些方面有竞争优势，进而制定策略。

(2) 选择合作伙伴。合作伙伴的选择要适合本企业的情况，有时候并不是越大的伙伴越好，而是适合自己的伙伴越好。

(3) 建立联盟结构与管理制度。同自己的策略联盟伙伴制定一个相互之间权利和义务的协定及出现问题的协商制度，这对于战略联盟合约的履行是至关重要的。

(4) 订立终止联盟计划。在开始的时候就应该考虑如何善始善终。

注意：上面讲到的 6 种方法各有优势，它们在成本、时效性、针对性和传播性方面各有千秋，见表 2-1。在不同的时候都会有合适的方法，在选择方法时应以下几个方面考虑。

表 2-1　6 种不同市场开发方法的比较

开发途径	成　本	时效性	针对性	内　容	适应性	易接受性	传播特点
广告	高	较快	一般	丰富	提高知名度	强	点对面
电话	低	快	强	单调	快速占市场	弱	点对点
网络	较高	慢	一般	丰富	提高知名度	较强	点对面
展会	高	慢	较强	—	提高知名度	—	点对面
品牌	低	快	较强	丰富	快速占市场	强	点对面
联盟	低	—	强	—	物流延伸	—	—

阅读材料

成都市某物流企业营销策划书

1. 公司介绍

本公司位于四川省成都市，主要经营与物流企业相关的各项业务，如装卸、包装、运输、配送等。由于自身实力有限加上金融危机的影响，企业的营业额不断下降，实力与竞争力大不如前。为扭亏为盈，本企业通过对市场的调查及市场环境的分析，制定营销策划书，对企业资源进行重新整合与规划，重新出发，争取在市场中占有一席之地。

2. 营销环境分析

物流企业要客观地认识企业所处宏观环境和微观环境，并预测和识别环境变化带来的机会和威胁，适时做出反应，抓住机遇，迎接挑战。

1) 国内环境分析

近年来，“物流”变得越来越炙手可热。由于物流被广为宣传，被认为是降低成本的“第三利润源”，是提高服务水平的利器，所以开始受到了政府和企业前所未有的关注。作为物流专业化集中表现的第三方物流，更首当其冲倍受推崇，迅速升温。

我国的现代物流需求虽然存在，但还未达到由需求拉动产业发展的程度。不少企业不太了解我国物流市场需求状况就急于进入物流市场，势必会给物流企业带来巨大风险，使企业利益受损，同时也不利于中国物流产业的良性发展。

2) 成都市物流现状及发展思路与目标

(1) 现状。四川人口众多，市场巨大，而成都作为四川的省会，是中国西南地区的科技中心、商贸中心、金融中心和交通、通信枢纽，对西南地区乃至整个西部地区的经济发展具有很强的辐射作用和带动作用。成都地处繁忙的亚欧航线的中点，是中国东部地区、港澳台地区和东南亚各国通往欧洲的理想经停地点。成都双流国际机场拥有3个航空货运站，总面积达到10.7万平方米，每年可以处理多达150万吨的货邮运输，是中国中西部最大的综合货运站，并且能够提供全天候通关服务。UPS、FedEx、DHL、顺丰速运均在成都开通了定期货运航线。从成都双流国际机场出发的航空运输，已经成为成都电子制造业的最主要物流通道。

成都是中国西部最大的市场和物资集散地，全省消费品零售总额居中西部地区前列，是中西部最富吸引力的投资开发区，德国汉沙公司已有在成都机场建设空运中心的意向，联邦快递、德国REWICO和UPS都已在成都设立物流分拨中心。市政府成立了专门的“现代物流领导小组”即“市物流办”来加强统筹规划，指导物流业的发展。

(2) 成都物流发展的思路与目标。针对目前成都物流发展的现状，应坚持“统筹规划、政府引导、市场运作”的原则，依托西部产业基地和消费市场，以提高物流效率和降低社会物流成本为中心，以公路、铁路、航空枢纽为基础，以信息技术为手段，重点建设物流集中发展区和扶持第三方物流企业，整合物流资源，实现物流的社会化、专业化、规模化、信息化，把成都建设成为西部重要的现代物流中心。发展区域型综合物流基地、专业配送中心，保税物流中心，形成层次分明，运转有序的物流体系，培育成都物流业的品牌优势和核心竞争力，形成规模化、专业化的现代物流群体，使物流业成为成都经济的支持产业之一。同时，放宽物流市场准入政策，探索内陆城市发展物流的新模式，构建连接国际国内经济发达地区的物流快速通道，启动公共物流信息平台建设，提高综合物流效率。

成都市应结合成都及整个西南地区的交通运输体系，着力打造成为西南地区的物流业基地，从而推动成都市主导产业及其他产业的跨越式发展。依据宝成线、成昆线、成达线、成渝线4条铁路干线交汇于成都和以成都为中心的23条放射状的主干公路，以及成乐高速—乐山港、成渝高速—重庆港等水陆联运和包括国航西南公司、韩国韩亚航空公司等在内的数十家国内国际航空企业组成的陆空联运，形成一个以成都为中心的巨大的经济辐射圈，并推动相关的物流体系的发展。

目前，成都市物流业缺少大规模、高起点、现代化新型物流配送中心，一般的运输企业和传统的物流企业很难满足当今经济快速发展、流通的市场需求。

3. 公司的市场定位及目标

随着社会经济的发展，满足物流客户的个性化需求已经成为物流企业营销的重点。企业营销战略的制定要从客户开始，所以要进行市场细分，选择目标市场，确定公司的定位。

1）公司定位

通过对我国物流市场及成都物流市场的分析，公司定位于第三方与第四方相结合的物流企业，在第三方物流的基础上结合现代电子商务，充分发挥电子商务的信息化、自动化、网络化、智能化、柔性化特点与功能，集采购、包装、装卸、运输、储存保管、流通加工、配送、物流情报等功能要素于一体的物流企业，建立集物流、商流、资金流、信息流于一体的现代物流企业。

2）公司目标

公司的目标是：在传统物流的基础上，进一步推动现代物流的发展，以提高供应链管理水平为核心，以实现物流资源整合为出发点，引进信息技术，建立互联互通的信息网络平台，打造以仓储、配送、物流、加工、服务管理为一体的现代物流体系，并作为第四方物流为第一、二、三方物流服务。

同时，通过信息交换平台，公司将为传统企业提供丰富多样的贸易整合机会，并使企业的采购和销售成本大大降低。任何有物流需求的企业，都可通过此平台提交服务诉求，通过平台进行低成本营销，拓展业务和市场，借助网络媒体的互动性，实现网上宣传和网上营销的一体化。从而，最大限度地满足市场需要。

公司拟建立依托荷花池市场，逐步形成面向西部以及全国的集物流配送、仓储、贸易，既符合企业实际，又适应全国的现代物流管理体系。通过不断拓展业务，使荷花池市场从有形向无形市场迈进、从成都区域向二级及省外区域扩展，并以提供优质增值性服务取得最佳经济效益为公司发展目标。

4. 营销组合策略

市场营销组合是指企业针对目标市场，综合运用各种可能的市场营销策略和手段，组成一个系统化的整体策略，已达到企业的经营目标，并取得最佳的经济效益。它是由产品策略、定价策略、销售渠道策略及促销策略组成的，每个策略又有其独立的结构。企业在分析市场，选择自己的目标市场以后，就要针对目标市场的需求，有效利用本身的人力、物力、资源，趋利避害，扬长避短，设计企业的营销战略，制订最佳的综合营销方案，以便达到企业的预期目标。

1）产品策略

产品策略是指做出与企业向市场提供的产品有关的策划与决策。产品与服务是营销组合中至关重要的因素。

(1) 增设采购、仓储、物流信息供应等产品线，实现一体化的管理。

(2) 提供增值服务，如在仓储服务中，建立高层的自动化仓库，利用巷道式堆垛起重机和激光引导无人驾驶小车完成物流任务，吸引大型企业，满足其要求。

(3) 既要注重长途运输，又要发展短途运输、送货上门等低值的服务，吸引小企业。

(4) 增加仓库、汽车等的数量，加强人员素质的培养等，通过这种有形商品的合理使用，可以有效地吸引客户。

(5) 引进新技术，设计本企业的物流服务项目，实现物流服务的全面升级。

2）定价策略

价格是市场营销组合因素中十分敏感而又难以控制的因素，它直接关系着客户对物流服务的接受程度，影响市场需求和企业的利润。物流服务的定价策略对物流系统及其所提供的服务具有重要作用，定价策略正确与否将影响物流活动的广度、深度及其顺畅性。

(1) 由于本公司是在面临实力减弱的情况下进行的营销策划，所以在价格方面要尽量实施竞争导向定价法。产品服务的价格低于同行业的竞争者，增强价格优势，吸引更多的客户。

(2) 在企业推出的新产品方面，要在企业收回成本的前提下采用低价策略，扩大市场的占有率。

(3) 如果某一企业购买本公司的产品服务累积到一定价格或数量，可以享受价格折扣。

(4) 在销售的淡季采取低价出售的方式鼓励顾客消费，如冬天折扣大价格低，夏天的价格折扣低价格高。

3）分销渠道策略

在现代市场经济条件下，生产者与消费者之间在地点、时间、数量、品种、信息、产品估价和所有权等方面存在着差异与矛盾。企业生产出来的产品，只有通过一定的市场分销渠道，才能在适当的时间、地点、以恰当的价格供应给广大消费者和用户，从而克服生产者和消费者之间的差异和矛盾，满足市场需求，实现企业的市场营销目标。

(1) 采用广告、电话、电视直销等的直接渠道，并利用互联网加强网络营销。

(2) 寻找采购代理商。采购对于本企业来说是新建立的产品线，所以还不能够提供完善的采购服务，所以要寻找采购代理商进行代理。

(3) 经纪商。与其建立长期的合作合同，把企业洽谈业务的环节交由经纪商负责，集中企业的精力进行物流服务。

4）促销策略

物流企业的服务特性使其沟通与促销和产品的促销有一定的差别，因此，为了进行有效的促销管理，物流服务促销必须遵循其特有的原则，进行周密的安排与计划。物流企业常使用的沟通与促销的工具包括人员推销、广告、营销推广、公共关系等。伴随着信息技术的发展和服务理念的演进，物流企业的促销将不断推出新的策略与方法。

(1) 加强企业推销人员素质的培养，增强其销售手段的技能。推销人员要熟悉本企业的发展历史、经营理念、企业文化、交货地点、企业规模、经营目标、企业的优势及未来的发展等，取得客户的信任和支持；推销人员要向顾客详细介绍物流企业的服务项目、服务承诺、服务费用、交货方式、交货时间、交货地点、付款条件等，吸引采用本企业的服务；推销人员还要帮助企业收集和反馈市场信息，包括客户信息、市场供求信息和竞争对手的信息，从而使企业在竞争中立于不败之地。

(2) 在企业成本允许的情况下，加强广告方面的费用。通过在电台、电视广播等视听媒体做广告；通过报纸、期刊、印刷品等传递广告；在街头、建筑物、车站、码头、体育场、旅游点等公共场所，在允许的路牌、霓虹灯等地方张贴广告；通过邮政直接投递企业介绍、产品说明等函件等方式做广告使广大的企业了解本公司。

(3) 营销推广。对选择本公司服务的企业予以价格折扣、赠送与企业相关的小礼品并向其提供服务促销和展示促销；对与企业进行合作的中间商予以现金折扣、特许经销、代销、试销和联合促销等策略；对于企业的推销人员推出推销员竞赛、红利提成和特别推销金等方式调动起积极性。

(4) 公共关系。处理好与客户之间的关系，解决好产品的售后服务保护客户的利益；处理好与中间商的关系，实现互利互惠共同发展；处理好与新闻界的关系，真诚相待、主动联系、促进人际关系，理解尊重、积极配合新闻工作者的工作，虚心接受新闻界的批评；积极参与慈善事业捐献，提高社会声誉；处理好与竞争对手的关系，加强合作，促进物流业的发展。

5. 公司在其他方面进行营销管理

(1) 信息共享。通过信息平台的建设，了解各个仓库及供应商的货物状态，包括库存量的数据、销售量数据及货物的走势情况及企业的回馈信息，并使各个仓库了解各供应商的货物品类，价格情况以及新品的推出，及时了解第一手的产品信息。

(2) 建立企业自主的网站，将企业的各种产品服务的信息在网络上向顾客展示，让他们进一步了解产品服务，增大顾客使用该公司服务的欲望。同时，也可以扩大企业的知名度，也就是广告效应，从而扩大营业额。

(3) 通过信息网，使所有信息共享，提高了透明化程度，可以及时了解商品的各类信息，减少不必要的开支。

(4) 在信息平台的基础上使用条形码技术、GPS、物流采购管理和企业资源管理等物流管理软件，并对其实施无缝链接和有效整合，以充分满足客户日益增长的信息化需求。

(5) 通过信息管理平台和库存管理系统进行单品管理，及时了解货物的动态，如货物当前的状况、销售情况、库存情况和资金（货款）到位情况，方便做出有效的决策。

本企业在现代经济社会条件下，提出物流服务项目的营销，必将提升企业的竞争力，占据更大的市场份额，从而促进区域内物流企业的改革，促进各物流企业的发展，提升整个物流业的水平。

（资料来源：http://wenku.baidu.com/view/5cd15dea19e8b8f67c1cb95c.html，有改动）

2.4 第三方物流业务开发流程

在竞争激烈的市场中，能否通过有效的方法获取客户资源往往是企业成败的关键。业务开发工作是销售工作的第一步，通常来讲，业务人员通过市场调查初步了解市场和客户情况，和有实力和有意向的客户重点沟通，最终完成目标区域的客户开发计划。但以上只是一个企业客户开发工作的冰山一角，要成功做好企业的客户开发工作，企业需要从企业自身资源情况出发，了解竞争对手在客户方面的一些做法，制定适合企业的客户开发战略，再落实到销售一线人员客户开发执行。这是一个系统工程。

物流业务的开发流程如图 2.1 所示。

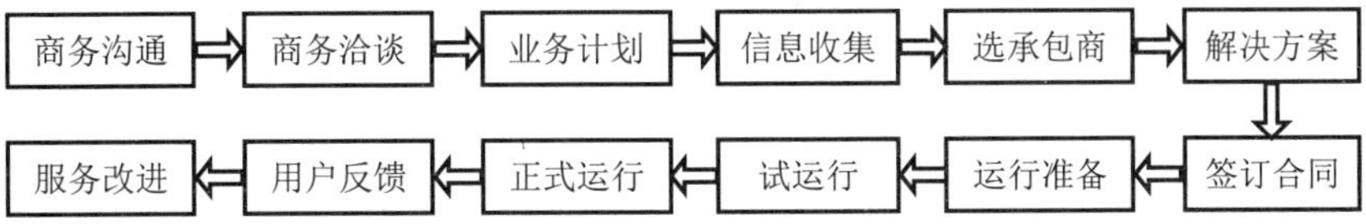

图 2.1　物流业务开发流程

1. 商务沟通

商务沟通是企业与潜在客户联系，获得商业机会的前提。商务沟通以企业主动沟通为主，也有客户主动的情况，具体方式有面谈、电话、传真、信件、电子邮件、快件等。工作人员应注意沟通语言、时间、频率。

2. 商务洽谈

(1) 时间、地点和人员选择——应体现出对客户的尊重。

(2) 准备必需的文件——向客户提供企业相关资料，有针对性地展示企业优势和能力。

(3) 记录和观察——记录谈话内容，分析客户心理和需求，并通过认真观察了解客户真实动机。

(4) 语言和行为——规范、礼貌、有涵养，给客户留下好印象。

3. 业务计划

通过洽谈，客户表示愿意接受企业提供的物流服务时，企业应向客户提供一个初步的物流业务计划书，内容包括公司简介、物流资源、技术条件、客户资源、业务设想、其他资料、费用方案。

4. 信息收集

物流企业应当掌握足够的服务代理商或承包商的资源信息和价格信息，建立物流资源数据库，以满足客户需求。同时，有必要收集竞争对手的信息，以在竞争中取得主权。

5. 选承包商

物流企业根据收集的物流资源信息确定承包商的备选方案，每个单项必须选择两个以上承包商作为备选。

6. 解决方案

在客户对业务计划书的内容表示认可的条件下，物流企业应当就服务的内容向客户提供更加详细的报告，也称为解决方案，包括业务物流、作业规则、网络建立、费用方案、成本分析、信息管理等内容。

7. 签订合同

物流合同包括与客户的合同和与代理商或承包商签订的合同。合同签订的步骤为：由业务部门草拟合同的主要内容→由法律部门或法律顾问审核，必要时对合同进行公证。

8. 运行准备

物流企业分别对客户和承包商进行实地考察和确认。

9. 试运行

物流企业要协调自身与客户和承包商的行为，并及时对出现的问题进行调整。

10. 正式运行（略）

11. 客户反馈

它包括记录客户日常反馈、通过电话方式征求客户的意见、登门拜访、会议交流。

12. 服务改进

它包括优化业务流程、改善作业规则、优化网络结构、优质承包商、改进技术装备。

课后练习

一、选择题

1. 第三方物流的概念起源于（　　）。

A. 传统的对外委托　　B. 企业业务的外包

C. 专业的运输、仓储业　　D. 信息技术的发展

2. 第三方物流发展的动力主要来自于（　　）。

A. 企业间的竞争力　　B. 第三方物流服务的供需双方

C. 企业信息化程度　　D. 新的物流管理理念

3. ISP 是（　　）的英文缩写。

A. 外包　　B. 公共运输业者

C. 契约运输业者　　D. 一体化服务提供商

4. 将物流职能交与第三方管理可以（　　）。

A. 增强企业对市场变化的应变能力　　B. 提高物流服务水平

C. 加速产品和服务投放市场的进程　　D. 降低经营成本

二、判断题

1. 我们称提供传统仓储服务的服务公司为“公共仓库”。（　　）

2. 一体化服务提供商在行业中通常被称为第三方企业。（　　）

3. 对于大部分货主而言，物流属于核心业务。（　　）

4. 信息系统的必要性来自于企业内部。（　　）

5. 第三方物流业者分为有资产族和无资产族。（　　）

三、简答题

1. 第三方物流主要有哪些类型？

2. 第三方物流的作用是什么？

3. 我国第三方物流发展存在的主要问题是什么？

实训项目

企业物流网络营销实训

一、实训时间

2 周。

二、实训地点

机房、某物流企业。

三、实训目的

通过该物流企业的网络营销实训，认识和了解物流企业的基本营运情况及日常运作，以及通过运用阿里巴巴平台从网络上开发客户、维系客户，使学生能够对物流营销有基础的认识。

四、实训内容

以小组为单位，每个小组 4 ～ 5 人，一个小组负责一部分市场的开发和维护（每个小组至少要有两台计算机）。实训内容包括以下几点：

(1) 认识和了解该物流企业。

(2) 学习该物流企业的基本营运流程和日常运作。

(3) 了解该物流企业各部门（如发货部、到货部、中转部门、仓储部门、销售部门等）的设置情况，包括岗位设置、对该岗位工作人员的要求（尤其是对应届毕业生的要求，应该具备的专业知识和其他综合素质等）、福利待遇等。

(4) 通过学习来掌握运用阿里巴巴和互联网来开发和维护客户的方法。

(5) 学习该物流企业的基本业务知识，包括营运路线、零担价卡、货物运单的填写、运输货物的类型等。

(6) 学习基础的物流营销知识，为客户提供物流运输服务。

五、考核办法

(1) 学生实习后，每组需取得该物流企业的盖章证明（企业内部章即可）。

(2) 学生完成企业实训后，以实训报告的形式（电子文档的形式上交），教师根据学生实习报告的具体情况考核。

奖励：如果在实训期间确实为该物流企业创造出产值的学生，在今后实习期间可以提供相应的实习平台及实习盖章证明。

教学互动

根据以下材料说明物流企业如何做好物流市场的细分及目标市场的选择。

任何企业的资源是有限的，如何使用有限的资源进行有效组合为客户提供服务关系到物流企业经营的成败。通过市场细分。物流企业可以认识到每个细分市场上物流需求的差异，物流需求被满是的程度以及物流市场竞争状况。物流市场在我国的发展，方兴未艾，需要整合和完善的问题还很多，那些未得到满足或满足程度较低，竞争者未进入或竞争对手很少的市场部分便是客观存在市场机会。抓住这样的市场机会，结合企业资源状况，从中形成并确立适宜自身发展和壮大的目标市场，并以此为出发点设计相应的营销组合策略，就可以夺取竞争优势，在市场占有较大的份额，为下一步的发展打下良好的基础。

物流企业通过市场细分选择一个或多个物流细分市场作为目标市场，就有可能深入细致地分析研究物流市场的特点，集中人力、物力、财力，有针对性地生产经营运销对路的物流服务，更好地满足目标市场的物流需要；此外，面对某一个或少数几个细分市场，可以及时捕捉需求信息，根据物流需求的变化随时调整市场营销战略和策略，需要说明的是，市场细分只是作为一种策略，蕴含着这样一种思路；物流企业并非一味追求在所有市场上都占有一席之地，而是追求在较小的细分市场上占有较大的市场份额。这种价值取向不反对大中型企业开发市场具有重要意义，对小型企业的生存与发展也至关重要。

项目3

物流方案设计

项目描述

本项目主要是对物流方案的设计方法、设计理念、物流方案的组成部分、设计要领及物流合同的注意内容与签订进行讲解。通过本项目的学习，了解第三方物流服务的内容，掌握进行客户分析的方法，熟悉第三方物流服务方案设计的步骤，并进行第三方物流服务方案的设计；了解物流合同的重要性，掌握合同书写的格式要求、主要内容与撰写方法。

教学方案

教学内容	物流方案设计、物流合同签订、物流沙盘模拟方案	计划学时	12
	知　识	技　能	态　度
教学目的	(1) 第三方物流的服务内容 (2) 客户物流需求分析 (3) 物流服务方案设计程序 (4) 物流服务合同的特点 (5) 合同的磋商 (6) 合同的订立与管理	(1) 能对客户进行准确的物流分析 (2) 能给客户企业设计一个合适的物流服务方案 (3) 能把握物流服务方案的成本 (4) 能执行物流合同的签订	(1) 认真态度 (2) 合作精神 (3) 实事求是
教学重点与难点	方案设计的步骤与内容、物流合同的条款解读		
教学资源	(1) 电子一体化教室 (2) 影音效果展示设备 (3) 相关合作企业提供教学条件		

能力评价

学习目标	评价项目
组建公司团队	团队建设的合理性、完整性、可行性
分析客户需求	客户需求分析的深度、准确度、完整度
撰写物流方案	物流方案撰写的完整性、可操作性、正确性

实施步骤

步　骤	内　容	课　时
1	组建公司简介、客户服务需求分析	2
2	物流服务总体方案、服务流程	2
3	服务质量承诺设计、服务价格计算	2
4	案例分析、烟草行业方案设计	2
5	课内实训：针对一个客户设计一套完整的方案	4

案例导入

世佳物流的管理系统设计

世佳物流公司借助世佳经贸集团在几年时间内建立了销售网络，形成了庞大的配送制度和配送手段。世佳物流公司在北京三环附近拥有面积2万多平方米的两个配送中心，近百辆配送车辆，配送能力可达百万元。起初，世佳物流公司以单一的物流配送为主要服务方式，配送服务形式可分为以下两种：

(1) B2B模式。世佳物流公司作为生产商、经销商、零售商之间的物流配送平台和世佳物流公司作为零售企业的物流配送平台。

(2) B2C模式。世佳物流公司作为电子商务物流配送平台受零售商场、网上商城的委托进行直送用户的配送服务。

世佳物流公司进行物流管理系统设计的背景主要基于以下4个因素：

(1) 居民消费的转变。近几年来，居民消费的个性化、多元化潮流逐渐改变了传统的仓储运输的物流概念，简单的物流配送逐渐趋向复杂物流管理，传统的物流概念面临变革。

(2) 业务模式的更新。为适应变化了的环境，世佳物流公司更新其业务模式，重新定位于为客户提供全方位物流服务的集枢纽化、社会化为一体的物流平台。全方位物流服务远远超出物流配送的范畴，世佳物流公司还需要向客户提供仓储保存、包装加工、分拣配送、市场推广、促销分销、电子结算、售后服务等多种服务形式。

(3) 全方位物流服务模式的需要。全方位的物流服务模式需要保持通畅的企业信息流和物流，而信息技术在物流领域的应用是物流公司增强专业服务能力的焦点。在一体化物流服务体系中，信息流是最关键的环节。正是信息的流通和共享商品、资金、交易和服务全部融合，在企业管理中形成一条敏捷的供应链，使企业能够保持快速市场反应能力。基于新的物流管理模式，世佳物流公司必须建立一个健全的物流管理系统，以便及时掌握动态的库存状态，合理调配运力、库房、人员等各种资源，有效监控和反馈订单执行情况，并且提供决策分析的相应数据统计和分析报表，以此制定物流服务的市场决策和调整管理机制。

(4) 启动物流管理信息系统项目。世佳物流公司与某软件技术公司合作，正式启动物流管理信息系统项目。根据事先的调查研究，该软件技术公司提出了一套第三方物流信息系统解决方案，该方案以世佳物流公司的业务整合和配送流程优化为主要目的。

（资料来源：http://www.yibool.com/thread-21315-1-1.html，有改动）

问题

(1) 你认为在物流管理系统设计中如何兼顾管理标准化与企业个性化？

(2) 为什么“在一体化物流服务体系中，信息流是最关键的环节”？

(3) 如何理解信息流与商流物流资金流之间的关系？

(4) “控制商品的流动成本是供应链管理的核心。”这句话很重要，你认为呢？

3.1 客户物流需求分析

在进行客户需求分析时，首先应当明确客户可能包括两类不同的主体：第一类是物流服务的需求方，即通常所说的制造企业或者商业企业；第二类是商品的需求方，也就是第三方物流服务商的客户，通常包括零售商和最终消费者。在明确了针对的客户之后，物流企业就当对具体客户的需求进行调查与分析，然后根据不同的客户需求来制定个性化的物流服务方案。

想一想

两类客户对物流的需求会有哪些不同呢?

3.1.1 物流服务的需求分析

现代化企业的经营管理离不开对未来的准确把握。甚至从某种意义上来说，需求预测的准确性影响着企业对未来市场的理解，决定着企业的经营决策，也在一定程度上决定了企业的经营绩效。对于物流服务需求的预测是也是第三方物流企业经营活动中一个非常重要的内容。

对于第三方物流服务商来说，它所提供的服务的一个最大特点就是个性化和定制化，几乎没有两个完全相同的物流服务方案。物流服务的个性化来源于物流服务对象及其需求的个性化，因此，开发第三方物流服务产品最关键的是对客户的物流需求进行分析。好的需求分析是物流服务成功的关键因素之一。

几乎每一个成功的物流企业都有自己独特的客户物流需求分析方法和技术，区别只是在于应用的前提和对象不同。这里给出一种层次分析方法，即在层次分析法中，将物流外包分为外包动因、外包层面、外包内容 3 个层次分别予以分析，需求分析的层面同定制的方案的层次相对应，两者的对应关系见表 3-1。

表 3-1　物流外包需求与服务方案的层次关系

物流外包需求分析		定制服务方案
外包动因	提升物流服务水平	物流服务整体提升方案
	降低物流运作成本	物流成本整体降低方案
	减少物流设施投资	物流资产整体配置方案
外包层面	物流战略联盟外包	供应链物流服务方案
	物流合同服务外包	物流合同运营方案
	物流作业交易外包	物流作业优化方案
外包内容	物流运输服务外包	物流运输服务方案
	物流仓储服务外包	物流仓储服务方案
	物流配送服务外包	物流配送服务方案
	物流信息技术外包	物流信息处理方案
	物流包装服务外包	物流包装服务方案
	流通加工服务外包	流通加工服务方案

1. 外包动因分析

第三方物流具有的一些优势，正是因为这些优势，工业和商业企业才选择将自己的物流业务外包出去，但是在决策的过程中，企业对这些优势往往各有侧重。正是出于对某一种或几种外包优势的倚重，企业才具体决定选择哪一个第三方物流提供商。因此，了解客户将物流业务外包的动因对于第三方物流企业正确地设计物流方案，确定物流方案的主导思想非常重要。只有正确地把握了客户为什么选择外包，以及客户为什么选择自己作为合作伙伴，第三方物流提供商才能真正从客户的角度出发，设计出符合客户需求、获得客户满意和信任的服务方案来。具体来说，客户选择第三方物流企业通常有以下几个方面关注的内容：

(1) 成本关注型。一般来说，所有的企业对物流成本都会有不同程度的关注。因为事实上企业经营的最终目标就是获取利润，成本当然是企业关注的首要问题之一。高水平的物流服务必然带来成本和收益的同时增加，如果利润的净增量为负数，显然任何一个理性的企业都不会选择购买这个服务。但是在企业经营的具体阶段，由于企业短期目标和发展战略的不同，企业对成本关注的程度也会有所差别。这里所说的关注成本型是相对于其他类型的企业来说的，它们正是出于对使用第三方物流所能带来的降低成本的预期才选择外包的，并且对它的实现程度最为关注。这类客户往往在市场上已经取得了一定的市场份额，其物流服务水平已经得到客户的认可，他们关注的并不是大幅度提高客户服务水平问题，而是在现有的客户服务水平上如何降低成本。因此，在进行方案总体规划时，一个总的原则就是要在维持现有客户服务水平的基础上实现成本的控制。

阅读材料

联合利华物流包给上海友谊

联合利华生产出来的产品下了生产线以后全部外包给上海友谊物流集团公司做，包括储运、盘点、货物的流通加工（如消毒、清洁、礼品和促销包装、贴标签、热塑封口等），它就可以集中精力来做新产品开发，扩大市场网络等工作。

友谊物流集团公司提供24h发货信息的联网服务，24h内随时可以上网查询货物现在所在的地点，友谊物流公司还与联合利华休息时间一致，保持全天候储运。顾客的需求就是工作的出发点，顾客的满意就是工作的终结点。

友谊物流集团公司为了降低运输的成本采用了一种公交车服务的方式，就是用户可以随时装货和卸货，这样可以降低整个物流成本。这种公交车服务方式能够提高满载率，按照客户的分布对物流的路线进行策划。

（资料来源：全国物流信息网）

(2) 服务关注型。相对于前一类客户而言，成本的控制对于这类客户并不是现阶段最为迫切的任务，它们关注更多的是如何通过第三方物流服务商的专业化知识和技能提高自己的客户服务水平。高价值的产品和新开发的产品往往会出现这种情况。对于高价值的产品，由于其自身的价值高，所以对服务的追加价值的负担能力就比较强。而对于刚刚进入市场的产品，由于处于介绍期，它们最重要的任务就是开拓市场，这个时候企业往往需要用高水平的服务来吸引客户，所以它们最关注的就是客户服务水平的提高。例如，一般的IT类产品往往通过空运的方式提高订单的响应速度，提高客户满意度。对于能力关注型的客户，在定制物流方案时最重要的不是如何降低成本，而是在一定的成本下如何提高物流服务水平，提高客户满意度。

阅读材料

珠宝物流创新珠宝配送新模式

黄金、钻石、铂金皆为贵重材料，体积小，价值高，而且易交换，所以一直以来珠宝首饰配送不同于普通商品物流托运，它更类似于银行钞票押运，要特别注重安全。针对珠宝首饰配送和托运的特殊需要，“专业珠宝物流”正在业界悄然兴起。

深圳水贝是国内主要的黄金珠宝首饰产品生产批发基地，每天都有大量的珠宝首饰产品从这里发往全国各地。按常规，大批量的货一般由采购商自己带走，或者厂家派业务员取货，如果量少则通过快递公司发货。配送货品产生的费用一般由采购商承担但无论由谁承担，其配送费用是计入采购成本之中的，而且是采购成本中重要的一块支出费用。如果将配送货品这项工作交给一个专业的珠宝物流公司，将会大大降低其采购成本。那么，“专业珠宝物流”是如何解决珠宝首饰配送问题的呢？

置身于水贝珠宝交易中心的深圳市领先达物流公司就是全国唯一一家专门从事珠宝配送服务的物流公司。据了解，这家物流公司与水贝珠宝交易中心同一时间成立，一直服务于深圳珠宝批发商的珠宝配送业务，目前其网点已经覆盖北京、成都、郑州等多个城市。

珠宝物流与普通物流相比，更强调其安全性和快捷性。珠宝首饰为贵重产品，运送中遭遇失窃与抢劫的可能性比一般商品都大，因此，要更注重其安全性。黄金、铂金、钻石等珠宝材质价格波动频繁，配送时间越长，商家承担的价格风险也越大。此外，珠宝首饰业是资金高密度产业，配送时间越短，越能提高商家的资金周转率。

针对专业珠宝物流的特殊性，深圳市领先达物流公司有一套特殊的机制和流程，以确保珠宝产品在运送过程中安全和快捷。

(1) 人员招聘全部采用内招的方式。公司不对外招聘，工作人员必须是通过熟人介绍和担保，无任何犯罪记录、个人档案清晰才能进入公司。这样操作降低了内部作案的可能性，即使发生特殊事件，案情调查也相对简单。

(2) 严谨而且环环相扣的工作流程形成了安全保障。在客户发货之前，领先达公司会将取货员的个人档案发给客户，客户验证取货员身份后才会将货提给取货员。接着，取货员将货物在指定的服务中心进行二次打包。二次打包与普通物流公司不同，他们采用木箱重新包装，并用一次性螺钉封装，确保货物到达目的地之前原封不动。

货品发往机场途中，司机和押送员必须按照指定的路线将货物运往机场，并且他们不知道押运车上的取货密码。只有当车到达机场后，驻机场交接员才会收到密码，凭密码开启货柜，取出货品，这样保证了运往机场途中不发生意外。

领先达公司和机场达成了协定，机场为领先达公司开辟了一条专门的货运通道，即无须经过烦琐的安全检查程序，可直接装箱上机，并为其设立了固定的货运仓位。货物到达目的地城市，当地工作人员在机场接收到货物，会在最短时间内联系收货方，并通过多重验证，让货主安全取到货品。

(3) 在装备上，领先达公司采用专业运钞车、全程的GPS定位导航，安全检查和防卫设施十分完善，接近银行武装押运的水平。

专业珠宝物流这一服务模式是结合珠宝首饰的特点而创造的新型物流模式，也是物流市场细分的一个趋势。

（资料来源：全国物流信息网）

(3) 资金关注型。关注资金型的客户一般为中小型企业，它们存在资金不足的问题，或者是比较关注资金的使用效率，它们不希望自己在物流方面投入过多的人力和物力，希望能够借助第三方物流公司的资金能力完成物流业务。面对这类客户，第三方物流公司应该充分展示自己在物流方面的能力和投资潜力。同时，能提供垫付货款或延长付款的物流服务项目将赢得客户的青睐。

阅读材料

众德冷链物流规划

在冷链物流越来越受到消费者重视的时候，越来越多的企业开始投资这片尚未开拓的蓝海。冷链物流基础设施的建设已经像雨后春笋一样发展起来。那么，在建设进行得热火朝天的时候，应该如何对冷链物流进行合理的规划?

站在食品安全和品质的角度讲，易腐食品物流必须采取冷链物流的模式。之所以很多企业采用非正规冷链物流方式（如冰块＋棉被等）配送易腐食品，不仅是因为有关部门缺乏有效监管，更重要的在于冷链物流的成本是普通物流模式的3～5倍，让企业不得不采用这种投机取巧的行为。“想更好地推广冷链物流的发展，必须要降低其运营成本。而有效降低成本的一个重要方法就是良好的冷链物流规划管理。”北京众德冷链物流有限公司总经理说。

农产品从生产到消费要经过七八个环节的流通过程，即便是现在流通环节最少的“农超对接”，也至少需要3个环节。而在现有的环节中，大部分还不具备冷链物流能力。按照今后的发展规划，这些环节都要改为冷链物流模式，这就需要大量的投资来改善其传统模式。要想使这些投资项目达到最优的效果，就必须做好前期规划。

在农产品冷链物流规划里，成本分为显性成本和隐性成本。显性成本包括土地使用、水电消耗、设备投资和物流运营费用等；隐性成本却不被大多数人所重视——其战略定位包括冷库地点的选择、冷库建筑模式、冷库规模和建筑布局等。而实际上，这部分隐性成本也是相当大的，毕竟前期投资是一次性的，长期的营运才是最大的开销。因此，冷库建设必须采用标准的规范流程，建设过程中一定要有行业专家参与，共同评估，比较不同的方案，采用适合企业自身投入和长期发展的策略。

值得一提的是，冷库选址在冷库建设中是非常关键的环节，既要着眼于现在的需求，还要考虑到企业未来的发展和城市建设的发展，又要有效协调库房与城市距离，以及配送成本之间的矛盾。“以北京为例，食品物流中心距离城市每超出10 km，配送成本就会增加4%～7%，所以这两者是必须协调的。”

（资料来源：全国物流信息网）

(4) 复合关注型。对于复合关注型的客户来说，它们选择第三方物流服务商的动因不止一个，是对可能获得的多种利益的综合考虑。严格来讲，大多数客户选择物流外包的动因都是复合的，而物流提供商定制的物流方案一般也都是综合考虑多个因素之后，根据客户对各个因素看重的程度制定一个折中方案。对外包动因的分析决定了第三方物流提供商设计物流方案的总的指导思想，同时也决定了在推介方案时要重点向客户展示的东西。在我国，大多数物流企业在开发物流业务时，没有对客户选择物流服务商的动因进行深入分析，而往往根据自己的理解和意愿来设计方案，在介绍自己的方案时又往往没有重点和层次，这样就很难吸引客户。

阅读材料

上海通用汽车物流外包给中远

上海通用汽车是我国目前最大的一个合资企业，是上海汽车集团公司与美国通用汽车公司合资的企业，生产线上基本上做到了零库存。他们是如何外包的？

外包要做到生产的零部件直送工位，准点供应。因为汽车制造行业比较特殊，它的零部件比较多，品种规格都比较复杂。如果自己去做采购物流，要费很多的时间。这种外包就是把原材料直接送到生产线上去的一种外包制度。中远按照通用汽车要求的时间准点供应。

门到门运输配送使零部件库存放于途中。运输的门到门有很大的优势：第一，包装的成本可以大幅度地下降，因为从供应商的仓库门到用户的仓库门，装一次卸一次就可以了，这比铁路运输要先进得多；第二，除了包装成本以外，库存可以放在运输途中，就是算好时间，货物就准时送到，货物在流通的过程中进行一些调控。

生产线的旁边设立“再配送中心”。货物到位后2 h以内就用掉了，那么它在这2 h里就起了一个缓冲的作用，就是传统所说的安全库存。如果没有再配送中心，货物在生产线上流动的时候就没有根据地，就会比较混乱，它能起到集中管理的作用。

每隔2 h“自动”补货到位/蓄水池活水。“自动”补货到位在时间上控制得非常严格，因为这是跟库存量有关系的，库存在流动的过程中加以掌控，动态的管理能够达到降低成本、提高效益的目的。所以再配送中心其实起一个蓄水池的作用，而且这个蓄水池里面的水一定是活水，就是这一头流进来那一头就流出去，一直在流。中远是很专业的第三方物流公司，通过这样一种强强联合，建立一个战略合作伙伴的关系。这种模式在国内的制造型企业，尤其是做零库存的生产企业是比较实用的。

（资料来源：物流天下网）

辩一辩

第三方物流企业的客户是否可以严格地区分为以上4种不同的关注类型？按照辩论的基本规则，请同学们自由组队，选择观点，寻找论据，陈述事实。

2. 外包层面分析

一个客户企业完整的物流体系可以分解为不同的层面，如决策规划层、管理层和运作层。

不同的层面解决的问题是不同的：决策规划层关注的是长期的对物流的绩效有重要影响的问题；管理层则侧重于物流过程的组织、计划和协调等；运作层关注的是具体物流活动的安排、执行和跟踪等问题。不同的层面可以分成3种不同的外包模式。

(1) 战略联盟模式。战略联盟模式是指由第三方物流企业完成全部物流服务的物流运作模式，它是物流专业化的一种形式。随着企业竞争的加剧，降低成本、提高利润往往是企业追求的首要目标。物流成本通常认为是企业经营活动中较高的成本之一，控制物流成本就差不多控制了总成本。第三方物流企业利用其专业的物流管理人才和物流运营技术，充分运转物流设施与设备，通过网络化的信息系统发挥专业化的物流运作管理经验能够实现降低成本、提升服务的效果。战略联盟模式的优、缺点见表3-2。

表3-2 战略联盟模式的优、缺点

优 点	缺 点
实现专业化管理，集中发展核心业务	对物流系统提出了更高的要求
减少投资，加快资本周转	专业化知识和人才的稀缺性
降低物流运营成本	物流服务选择成本较高
改善企业供应链协调性	客户对物流的控制力下降
增强客户服务的灵活性	有可能造成一定的企业信息外泄

(2) 合同物流模式。合同物流模式就是指两个或两个以上企业之间，为了实现自己的物流战略目标，通过各种合同协议、契约而结成的优势互补、风险共担、利益共享的松散型网络组织。其实质是物流供应商借助现代信息技术，在约定的时间、空间位置按约定的价格向物流消费者提供约定的个性化、专业化、系列化的物流服务。合同物流模式的优、缺点见表3-3。

表3-3 合同物流模式的优、缺点

优 点	缺 点
实现专业化管理，集中发展核心业务	对物流系统提出了更高的要求
减少投资，加快资本周转	专业化知识和人才的稀缺性
降低物流运营成本	物流服务选择成本较高
改善企业供应链协调性	客户对物流的控制力下降
增强客户服务的灵活性	有可能造成一定的企业信息外泄

(3) 交易物流模式。交易物流模式是指企业将某项具体的物流业务（如运输、仓储、配送、包装等）外包给公共承运人、公共仓库等外部物流企业的物流运营模式。这种外包关系是建立在一次交易或一系列独立交易的基础上的，是一种低层次的外包。一般来讲，很难存在绝对的物流自营，企业或多或少地都会将它们的部分物流作业外包出去，因此，交易物流在我国普遍存在。特别是在当前物流环境之下，大部分企业都会采取交易物流的形式进行物流外包。交易物流模式的优、缺点见表3-4。

表 3-4　交易物流模式的优、缺点

优　点	缺　点
减少资金投入	增加包装成本
有效使用外部物流资源	客户对物流的控制力下降
经营更加灵活	沟通信息不够顺畅
有效解决管理困难	客户关系不够稳固

3. 外包内容分析

外包内容指决定物流服务方案中所涉及的具体环节和活动的操作问题。关于可能的外包内容，一般上物流系统的七大子系统（运输、仓储、配送、包装、信息处理、流通加工和装卸搬运）都可以成为企业物流外包的内容，视其需要而定，可以部分外包，也可以整体外包。

想一想

对当地有物流外包业务的工商企业进行调研，能否得到不同企业外包内容和比例都不同的结果？（提示：选择行业不同、企业规模不同，外包比例肯定会存在较大的差距。）

获取客户外包内容的途径一般有两种：一种情况是客户将自己的物流需求列出来，对于物流管理比较健全的公司一般采用这种形式；另一种情况就是客户对自己的物流需求没有明确的定义，则需要第三方通过调研获得。在调研客户物流需求时，一般应事先准备好问题，这样在调研过程中就可以比较全面地了解和记录客户的物流需求。

3.1.2　物流服务需求分析的步骤和方法

1. 需求预测的步骤

需求预测一般可以遵循以下 5 个步骤进行，如图 3.1 所示。

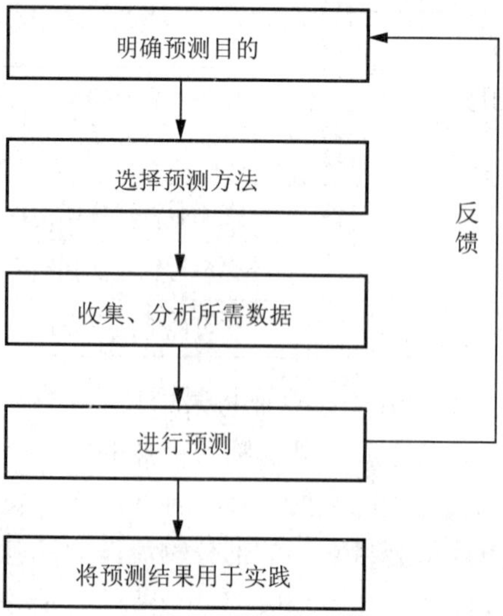

图 3.1　需求预测流程

第一步，明确预测目的。预测的目的是为决策系统提供制定决策所必需的未来信息，其包括预测结果的用途、预测的时间跨度等，据此可以确定预测所用的方法、信息及需要的投入。

第二步，选择预测方法。能够用于进行科学预测的规律称为预测方法，这里要充分考虑预测的目的、时间的跨度、需求的特征等因素，合理选择定性预测法、约束外推预测法、计量模型预测法等方法。

第三步，收集、分析所需数据。所有的预测方法都需要一定数量准确客观的数据作为依据，如果数据错误，必然导致预测结果的错误，这是预测过程中非常重要的一环。

第四步，进行预测。在选定预测方法和获取相应的原始数据之后就可以进行实际的预测，以得到相应的结论。

第五步，将预测结果用于实践。最后还需要用预测的结论进行实际的应用，采取相应的措施。

在预测的整个过程中还要注意对预测的全过程进行监控，以便对预测结果进行恰当评估，必要的时候还要对某些环节做出调整后重新预测。

2. 需求预测的方法

(1) 定性法。定性预测就是借助个人的主观判断、直觉和意见调查对未来做出趋势性的估计，预测者通常依靠熟悉业务知识、具有丰富经验和综合分析能力的人员与专家，根据已掌握的历史资料和直观材料来进行预测。从本质上来看，它属于主观性预测，精度较差，很难标准化。由于缺乏量化，定性分析经常用于预测一般商业趋势，或长时期内对某类产品或服务的潜在需求，主要为高层管理者决策时使用，如决定是否开发新产品等。一般的定性预测方法有：德尔菲法、销售人员意见法、市场调查法等。

① 德尔菲法 (Delphi Method)。这种方法利用一系列问卷对一组专家提问，征求专家的意见；为使结果更加真实，问卷采用不记名的形式；意见的征求分几轮进行，对每一轮收集的意见都要汇总、整理，再作为参考资料匿名反馈给各专家，供他们分析，以便做出进一步的判断；多次反复后逐步趋同的意见将作为预测的结果以供决策。德尔菲法的优点在于以下几点：

a. 可以加快预测速度和节约预测费用。

b. 可以获得各种不同但有价值的观点和意见。

c. 适用于长期预测和对新产品的预测，在历史资料不足或不可测因素较多时尤为适用。

② 销售人员意见法。这种方法认为销售贴近市场，对需求的了解也就更加深入。在具体的实施中，第三方物流服务商可以针对不同的人员设计不同的调查问卷，如客服企业的销售人员、零售商场或超市的销售人员及第三方物流公司负责配送的人员等，然后综合他们对需求的估计做出预测。

③ 市场调查法。这种方法就是对客户或潜在的客户进行市场调研。市场调研法可以帮助企业了解市场对物流管理的具体要求，确定相应的客户服务目标。

(2) 定量法。定量预测方法主要有两种，即因果分析法、时间序列法。

① 因果分析法。本质上说，因果分析法并不局限于定量预测，因果分析的前提条件是预测变量是由其他相关变量决定的。常见的回归和相关因素分析法就属于这种方法，它假定

解释变量与预测变量之间存在某种函数关系，并根据历史数据建立回归模型，从而进行预测。如果变量在理论上的关系选择恰当，因果分析法可以帮助企业做出精确的预测，但在现实生活中这种关系并不经常存在，即使变量之间有一定关系，也很难建立正确严谨的函数，而且也很难判断在企业要求的时间段内这种因果关系是否发生作用，所以预测误差在所难免。

② 时间序列法。使用这种方法做定量分析时，第三方物流服务商首先要与客户企业的相关部门合作，取得足够的历史数据以供分析。这些历史数据通常呈现出较为稳定的趋势或者是周期性的特征，理论上假定历史数据所呈现出的趋势和周期性特征将持续到未来，也就是说，未来的数据也会具有同样或类似的模式。根据这一原理进行预测的方法很多，如指数平滑法、平均平滑法、趋势外推法、季节变动预测法和马尔科夫时序预测法等。

知识拓展

指数平滑法

指数平滑法是一种非常流行的需求预测方法，使用起来比较简单。预测中使用前期的预测值和观测值，再确定参数 α，就可以完成预测。该理论假定过去的预测值是过去所做的对未来期需求的最佳预测，考虑了过去所掌握的所有相关信息，该预测值再借助得到的实际观测值，加入最新信息或对旧信息适当更新就可以得到对未来期的准确预测。指数平滑法的基本公式如下：

$$新一期预测值=前一期预测值+\alpha\times(前一期观测值-前一期预测值)$$

指数平滑法的预测结果受 α（平滑系数）的影响很大，直接关系到预测的精度。α 大，则当期需求波动对下一期的预计销售额的影响就大；反之，α 小，则表明过去的信息比较重要，当前期的最新信息对预测结果的影响就小。因此，确定合理的参数值就成为预测的关键，通常可以对比历史数据和预测数据，选择使预测误差最小的平滑系数。

做一做

请以小组形式，用指数平滑法预测下一年度当地的物流需求量。前几年的物流需求量请查阅相关年鉴或者有关部门的统计数据。

3.2 物流服务方案的设计与编制

物流服务方案是针对企业物流和社会物流需求做出的物流服务承诺、方法、措施及建议，既是计划书又是可行性报告，更是作业指导书。因此，物流方案具有目的性、时间性、团队性、协调性、专业性和先进性。

在筹划物流服务方案的整个过程中，定制客户物流方案相当于具体的产品设计与研发，它是所有环节的中心，也是第三方物流服务中最体现管理素质、策划能力和技术水平的环节，更是赢得客户的关键所在。越来越多的第三方物流企业已经意识到具备物流服务方案设计能力的重要性，许多物流服务项目都是在物流方案设计的基础上进行的。

3.2.1 物流服务方案的分类

物流解决方案是物流企业或物流咨询公司根据客户物流需求或需要解决的物流问题，向客户提供的可实施的个性化物流方案。

(1) 物流解决方案按客户需求可分为物流信息系统解决方案、物流配送解决方案、物流管理解决方案、全程的物流解决方案（一体化物流）等。

(2) 物流解决方案按物流对象所属行业可分为家电物流解决方案、汽车物流解决方案、零售业物流解决方案、会展物流解决方案、化工品物流解决方案等。

(3) 第三方物流企业应形成独特的商业模式，开发出一系列针对客户需求的个性化物流解决方案模型，例如，中国远洋物流有限公司在一体化物流服务的基础上向客户提供个性化全程物流解决方案。

3.2.2 第三方物流服务方案的设计程序

物流方案的设计是对物流方案的理念、物流方案达到目标、物流服务承诺、实现目标的条件和资质、物流服务价格、物流方案各环节的标准化作业流程、方案实施的时间计划表和工程、技术等方面的条件和情况进行详细、全面的研究论证，而且对组织结构、管理制度、人员培训、岗位设立和企业文化等方面做出具体的规划和实施规划的方法措施，使其成为一个具有强操作性的方案。

在设计物流服务方案时，有许多要考虑的因素，包括物流中心的数量及位置、物流中心的最佳库存与服务水平、运输设备的类型与数量、运输线路、物流管理的技术等。这些问题所涉及的数据以及相互间的关系都非常复杂，一般可以有多个备选方案。不同的企业对物流有着不同程度和层次的需求，没有一个物流服务方案可以适用于所有企业，因此，必须结合实际情况来设计物流方案。

第三方物流方案的设计过程如图 3.2 所示。

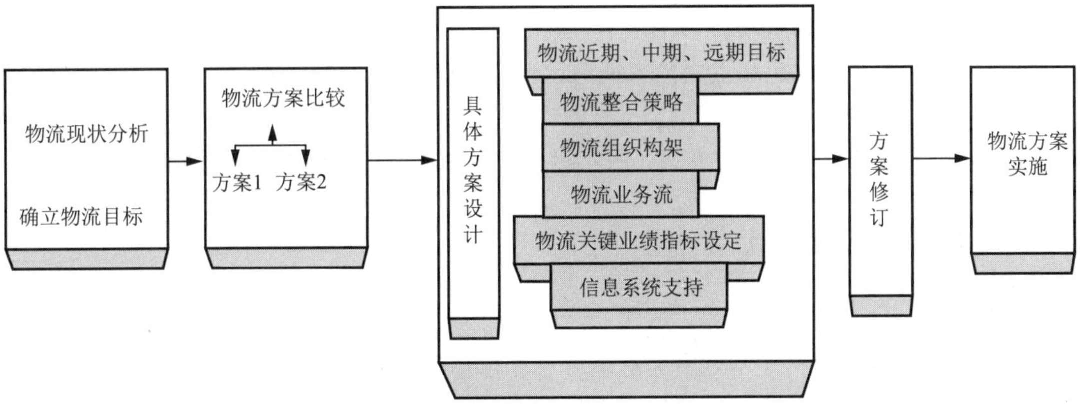

图 3.2　第三方物流方案的设计过程

下面以某第三方物流公司（L 公司）与某制造企业（Q 公司）洽谈物流服务合同的过程为例，说明物流服务方案的一般设计过程。

看一看

(1) Q公司与L公司达成物流项目目标。

(2) Q公司与L公司共同为物流设计提供基础信息。包括制造数据、零部件数据、包装信息、生产数据、成本数据、其他。

(3) Q公司与L公司确认数据，并对用于设计过程的特殊变量达成共识。

(4) L公司的管理层根据上述信息与数据，用L公司的资源设计出几套方案。

(5) Q公司与L公司审阅并根据下列要求修改设计。包括收货路线、收货顺序、时间计划、运费和运行距离、装货规则、货物堆放规则、现场外的存储需要、排序与计量、托盘回收、其他。

(6) L公司做出下列系统报告。包括物流作业目标、线路计划、设备使用表、其他。

(7) Q公司与L公司对最初可选的物流设计进行评估，在生产控制、物流和采购等方面得到认可。

(8) L公司投入资源进行物流设计。包括拖挂车、栏杆、司机安排、人员安排、购买服务。

(9) L公司做出详细作业计划。包括每一条线路计划、交接计划、原材料物流与销售物流货运中心，标准工作程序。

(10) L公司提供各种方案的价格比较，包括资金需求。

(11) L公司获得Q公司的最后认可，做出实施时间表。

(12) L公司通知所有参与物流系统实施的部门，组成工作小组，实施计划。

3.2.3 物流方案的编制准备

一个完整而规范的物流方案对物流企业和客户同样是重要的。作为第三方物流企业，应做好下列方案的编制准备工作：

⑴ 与客户进行初步的接触和谈判，基本掌握客户的生产、销售及物流现状等相关数据和信息，特别是了解货物物理性质和化学性质、货物价值、货物包装方式、货物市场季节供应等情况，进行物流货源分析。

⑵ 就方案的基本思想和主要内容征询运营部、财务部、信息技术部和客户服务部等部门的意见。

⑶ 明确方案的编制部门和人员、版本级别、保密等级、存档部门、发放范围等。

3.2.4 物流方案主要条款

1. 封面设计

封面设计的内容包括注明方案名称、客户名称及客户IC标志；注明该物流方案的版本等级、保密等级；右上角用方框注明“仅供××公司（客户名称）使用”；加盖物流方案专用章。

2. 扉页

以物流企业市场总监的名义，给客户相关负责人发简短的致函，内容包括表明物流公司的合作意向、正式向客户提交的物流方案、落款为物流企业总经理或市场总监的亲笔签名。

3. 公司简介

其内容包括物流公司基本情况介绍，如物质资源、人力资源、经营理念、策略等；物流公司资质介绍，如各种营运许可证、质量认证等；物流公司的主要业绩，如主要物流客户、客户评价等；物流公司的核心能力。

4. 客户物流方案设计

其内容包括客户物流现状及存在的主要问题分析；物流公司拟建议的物流方案；物流公司具备的运作保证体系，如有效的资源整合方式、高科技的物流信息管理系统、服务内容和质量、成本控制、投诉处理反馈、客户回访制度等；运作效果分析，重点论述物流公司物流建议方案的可行性和优越性，如可能应提供相关效益测算数据。

5. 方案报价

其内容包括先期明确报价的形式和内容，如按客户销售额一定比例报价、按分项的物流业务报价，或按总体承包形式报价；详细注明报价的计算基础和测算依据及相关的后备数据；以表格形式详细列数报价细目；附加报价应以另行格式注明，如保险价、自然损失价格等；必要的解释和说明。

6. 工作进度安排

在工作进度安排中，主要明确物流公司对执行该方案的时间安排建议（以表格形式为好）；落实每一步骤及相关责任人。

7. 有关项目双方联络小组的建立

明确而详细地告诉客户物流公司对此项目的负责部门、负责人、联系人、联系方式（以表格形式为好）。

8. 附件——物流合同范本

提交物流公司草拟的物流服务合同范本，可以是综合物流合同，也可以是分项的运输或仓储合同（提交的合同范本应是公司认同，并经过公司律师顾问审查的）。

9. 其他

其他内容包括方案包装及统一；物流方案与公司种类文件包装及形式应统一；参照国际流行编排形式，注重细节和外观；方案不同部分均应独立成页，整体设计整齐、规范。

3.3 物流合同管理

无论第三方物流企业承接的是运输项目还是保管项目，或者是配送项目，购买物流资源与出售物流资源的双方应该签订经济合同。对这些经济合同必须进行科学管理，因为合同管理的成效如何直接关系到企业的经营管理业务。

3.3.1 第三方物流服务合同的特点

(1) 双务合同。现代物流服务合同的双方均负有义务，享有权利。服务商有完成规定服务的义务和收取相应费用的权利；用户方有支付费用的义务，并接受完善服务，一旦出现服务瑕疵（如在运输过程中出现货物损害），有向服务商索赔的权利。

(2) 有偿的合同。物流服务商以完成全部服务为代价取得收取报酬的权利，而用户方有享受完善服务的权利并以支付费用为代价。

(3) 要式的合同。物流单据是物流服务合同的证明，其本身不是服务合同。

(4) 有约束第三者的性质。物流服务合同的双方是服务商与用户方，而收货方有时并没有参加合同签订，但服务商应向作为第三者的收货方交付货物，收货方可直接取得合同规定的利益，并自动受合同的约束。

另外，现代物流服务合同有时包括转委托、提供其他服务业务。

3.3.2 第三方物流合同的操作流程

1. 合同建立

物流服务需求企业与第三方物流供应商经过协商后，签订一份购买物流服务与销售物流服务的合同，在双方认可的情况下，此合同作为正式文件。合同中应包含的内容有：购买物流服务的需求方和销售物流服务方的公司名称、物流服务内容、物流服务时间（合同起止时间）、涉及物品数量、服务收费、付款方法及时间、服务要求（质量、包装、验收方法等）、服务方法（工具、交货方式）、违约经济责任及处理。这些基本内容必须详细而具体。如果一家公司想从外包中获得最大程度的利益，恰当的合同结构和措辞是至关重要的。调查表明，7% 的被调查者认为措辞拙劣的合同是物流外包问题产生的主要原因。

2. 合同修改与中止

合同签订之后，在执行期间，由于各种因素的影响，有可能需要修改或者中止，签约双方可以根据实际需要及理由通过协商进行修改或中止。一宗成功的外包交易，服务提供商与消费者之间的关系范围必须要反映交易中的实际情况，因为起初设计的服务需求可能和 3 年之后消费者的要求截然不同，考虑到对合同灵活性的要求，所以为发展中的关系提供一个有效体质的结构框架是必要的，但不限定合同的服务范围和如何提供服务也是同等重要的，这样可以防止一家公司得到全部的关系利益。另外，一个长期的外包合同本身就具有自身的不确定性，因为它旨在确定一个长期的关系，这种关系会随着消费者的服务需求变化而不可避免地发展和变化。合同需要适应这样的不确定性，但是在不确定性发生之前，消费者和提供商必须保证他们都理解合同中涉及的目标和目的。这种共同的理解取决于一种伙伴关系的形成，而这种关系的形成是建立在风险和报酬之间的良好平衡基础上的。

3. 合同执行与跟踪

在合同执行过程中，必须注意对合同执行情况进行跟踪，以便随时掌握合同执行是否顺利，遇到哪些困难，已执行的有哪些，尚未执行的又有哪些，在时间进度上是否符合要求，付款情况如何……做到发现问题及时解决，更好地为客户服务。

如果用计算机来处理合同信息，将会对合同管理有很大的帮助。将一份合同信息录入计算机之后，就建立了一份合同档案，当需要修改或中止合同时，只需要将合同档案调出，录入修改或中止内容的合同版本即可，以备查询。计算机处理合同执行及跟踪业务内容更是简便，它可以按合同号或客户的各种信息查找合同，显示合同执行步骤及进度。

3.3.3 国外第三方物流的合同范本解释

下面的合同范本是以美国物流服务环境为背景的，是在第三方物流发展过程中，在物流服务提供者与使用者经常遇到的一些问题的基础上总结发展而得出的一个经验性总结。因此，它对物流公司在签订合同时具有参考价值，尤其是对外资企业在谈判物流服务合作时，将会起到一定的参考与借鉴作用。

一般来说，物流公司可以结合当地的法律与竞争环境、顾客的要求等因素，提供物流服务的种类，并在实际签订合同时参考应用有关条款。范本中的有关条款也可以相应地结合到物流公司的商务原则中去，形成物流公司的标准做法。

工商企业与第三方物流服务提供者建立合作关系的动因一般包括资产利用率、资金问题、长期业务增长、市场全球化及其他与物流提供者分享有关的利益。有时，当企业外协其物流过程时，要求第三方物流公司购买资产、雇佣长期劳动力、承担设备租赁等。第三方物流提供者的服务承诺常常要付出很高的代价，可能对其财务平衡产生很大的影响，因此，物流服务提供者一般坚持要求签订长期合同，以规避风险；相反，要求外协物流过程的企业需要确保在第三方物流提供者不能提供它所期望的服务标准时，合同可以被终止，以便选择别的第三方物流提供者。因此，每项物流合同的签订都具有以下两条对立的原则：

(1) 物流服务提供者的投资摊提与回收。

(2) 客户（物流服务的使用者）选择是否中断物流服务关系。

物流服务使用者希望必要时能够立即中止合同与物流服务提供者希望投资能够得到摊提与回收是互相对立的，下面的合同范本将这两个对立面进行了融合。这个范本是实际中常用的合同，合同的重点是与仓储有关的服务，根据实际情况可以加入与删除相应内容。使用下面的合同格式可以大大地减少达成合同的时间与费用。

物流合同范本主体内容

本协议在________物流公司（在此称为第三方）与________公司（在此称为顾客）之间于____年__月__日在____地生效。

顾客要求第三方进行物流与存货管理服务；顾客要求第三方以下列条款和条件提供这些服务。因此，双方达成以下协定：

(1) 服务、支付和期限。第三方将履行在“工作范围”所定义的服务，费用支付如果在合同下提供的物流服务的货币价值（在其中任何一个月内）比确定的每月最小额要少，顾客需支付不小于最小额的费用，不能再少。除了物流服务外，顾客将在________合同条款付给第三方物流公司一个月的仓储服务费 ($____)。除非任何一方根据第 (8) 条之①款提出书面终止通知。合同期限自__日（起始条款）起 3 年，然后自动延期 1 年（续订条款）。合同的起始条款与续订条款终止日期前的 60 天，双方将重新洽谈下一个延期合同的物流、仓储费。

说明：这一部分的主要内容是“工作范围”。许多第三方关系忽视了这一内容的重要性。物流服务的使用者和提供者在第一次合作时，这个“范围”特别重要，没有它，物流服务提供者对要求干什么就没有明确的定义，而物流服务的使用者也不清楚支付的是什么服务费用。尽管如此，“工作范围”还是双方关系最容易被忽视的部分。“工作范围”详细描述了有关货物的物理特征、所有装卸搬运和运输需要、运输方式、信息流和物流过程中的每一个细节。这一“范围”应由物流服务的使用者和提供者及双方功能领域的代表共同研究。例如，关于包装方面，使用者和提供者应让包装专家研究。具体履行目标则是“工作范围”内的另一个例子。

(2) 运送。

① 货物运送以第三方作为指定收货人。顾客同意不以第三方作为指定收货人来运送货物。第三方有权利、自由地拒绝或接收以第三方作为指定收货人的货物。如果第三方接收以第三方作为指定收货人的货物，顾客在得到第三方通知后，应立即书面通知承运人，将副本一份送给第三方，说明第三方对上述财产没有受益权或利益关系。

② 不符合规定的货物。顾客同意不把不符合下列条件的货物运送到第三方：与货物清单中规定的不一致；与每一批货物的包装条上描述的不一致。第三方有权利自由地拒绝或接收任何不符合规定的货物。如果第三方接收了这种货物，顾客应支付规定的费用，若对此没有规定，则支付合理的费用。第三方已收到这些不符合规定的货物，将尽力快速通知顾客，以获得有关指令，第三方不负责由于口头传递所造成的失误。

说明：在用户和提供者之间的成功合作期间，用户公司的其他人常常可能开始以设计阶段未考虑的方式使用第三方关系。但是“工作范围”应该考虑这种不测之事，也应该提出对没有预料到的货物的处理建议。第三方提供者一般应具有接收或拒绝“工作范围”内没有提到的货物的能力，但这可能对物流服务产生影响。例如，接收不在计划内的危险物料对任何一个物流中心或运输渠道的业务都可能造成很大的破坏。

(3) 仓储的提供。由第三方配送的所有货物都必须恰当地标记和包装，然后送到仓库以便配送。双方同意，顾客在送货前准备好符合“工作范围”的货单。双方同意第三方以相互同意的价格，储存和搬运其他货物，这以达成书面协议为前提。“工作范围”内所列货单和将来可能加入到货单中的其他物品，在这里被称为“货物清单”。所有送到第三方的货物都必须是清单中所列的货物。

(4) 送货要求。

① 没有顾客明确的书面的指示，第三方不运送或转移货物。当然也可以根据电话发送货物，但是第三方不承担口头传递信息而造成失误的责任。

说明：试图达成协议的双方之间的一个很麻烦而又必须解决的问题是缺少第三方责任。一般向第三方物流发展的公司传递信息已经习惯于口头这种方式。但是通过 EDI 或书面的形式处理这些信息更好，更具有法律效力。当口头交流成为普遍接受的做法时，必须事先洽谈准确接收指令和按指令行事的责任。

② 当顾客从仓库中订购货物时，必须给第三方合理的时间执行指令。如果因为天灾、战争、公敌、罢工、扣押、骚乱等，或者其他第三方不能控制的任何原因，或者因为不由

第三方责任而造成货物的损失或损坏，或者因为法律所提供的任何其他理由，那么第三方不承担这种过失的责任。如果执行过程中发生了某一事件或困难，顾客与第三方应同意适当地延期。

(5) 额外服务（特殊服务）。

① 不属于通常物流服务（即“工作范围”内）的服务所需的第三方劳动力，按第三方的通常费用标准收取额外的合理费用。

② 为顾客提供材料、包装材料或其他特殊材料，按第三方的通常费用标准承担额外的合理费用。

③ 由于事先安排，不在正常商业时间内收到或运送货物，按第三方通常费用标准承担合理的额外费用。

④ 包括邮资、电传、电报或电话的通信费用，如果这些方面的服务超过通常的服务标准，或者在顾客的要求下这些通信不采用邮政的正常方式，那么上述费用向顾客收取。

⑤ 必须认识到，有时第三方在没有顾客书面同意的情况下造成一些“非常”费用是必需的，顾客因此同意支付第三方由此而产生的合理适当的费用。然而只要可能，第三方在造成这些费用前，应从顾客那里获得许可。这种许可可以是口头的，但第三方对口头传递信息所造成的失误不负责任。

说明：在上面这一部分中，要明确的是，第三方物流提供者有必要提供额外服务，或者即使服务时条件不利，第三方物流提供者也有必要代表顾客的利益执行协议。在许多情况下，这一做法成为收取额外费用的理由。有时，有些协议会提出额外服务限制或通知的期限。

(6) 责任和损失限制。

① 损失责任。作为委托人的顾客把私有财产送到作为受托人的第三方，第三方在下列条件下同意接收上述财产：第三方对储存货物的丢失或损坏不负责任，除非这种丢失或损坏是由于第三方照管不当而造成的，对收据中的所有财产，第三方不为顾客投保火灾险或其他意外事故险，顾客因火灾或其他事故对财产所造成的损失，同意第三方无法律责任。

② 保险。对任何原因所造成的货物损失不由第三方负责保险，但第三方同意当前的保险单继续生效。该保险单阐述：在协议的期限操守丢失、毁坏或损坏，作为受托人的被保险人，由于法律上所规定的义务必须赔偿，但这些赔偿金额（在其保险范围内）由保险公司代表第三方物流公司来支付。该保险单在协议期限，包括延期内，应全部生效（除去一些除外条款）。顾客如需要的话，可以提供该保险单的副本。

说明：在洽谈第三方物流合同时，讨论谁是保险的提供者是必不可少的一个环节。用户一般已通过公司或根据推断的内容保单，通过物流渠道为货物处理获得保险。因此，供应商购买在仓储环节的内容保险或运输环节的在途保险会产生重复保险与重复开支。如果要求第三方物流公司按所提供的服务来保险，用户有时可能为所得到的服务而付出更多。仓储环境下一个很有成本效益的方法就是坚持提供者提供仓储所有人的法律责任保险。这个保险允许用户的保险公司在供应商疏忽时，取代提供者。这样，当存货得到第三方提供者的保管和监护时，就可避免支付双重保险费。

③ 损失计算。如果第三方对顾客货物的丢失或损坏负责，那么为了计算这种损失，货物将按它的构成成本来估算。

④ 装卸。第三方对由于进货卸货或出货装货的延误而造成的滞期费负责。第三方应接近权利提供及时的服务。

⑤ 随后损失。不是由于第三方的任何行为或疏忽而造成的随后损失，第三方不负责任。

说明：随后损失有时成为不可保险的风险，有时成为潜在的交易风险。从用户的观点来看，导致销售损失的一个事件，或者迫使生产线停产、工厂停工的送货失误，将付出较大的代价，为此，用户想从供给商那里搜集损失情况是合理的。相反，供给者可能对这样的偶发事件不保险，或者不负担此类保险费。把这种额外费用加到第三方交易费用中，可能导致对保险的成本抑制关系，即当没有第三方关系存在时，如果事件发生，用户将承担主要责任。

(7) 义务。第三方将负责监督、人员配备、看门服务、物流设备、办公家具、正常安全（包括下班后锁门和启动电子安全系统）、包装材料、捆绑和房屋的包养。

(8) 风险分担。有关方都认识到第三方物流公司为提供服务将做出承诺并投资。因此，双方同意下列条款：

① 中止。尽管与以上的协议相反，无须任何理由。任何一方在 90 天前以书面形式通知另一方可中止该协议。该书面通知应有中止日期。无论什么原因的中止、无论是顾客或第三方或法律等作用提出中止，顾客同意补偿第三方全部的未摊提或租金____。所有由第三方购买和租赁的与协议有关的资产，包括房屋租赁资产的改造，在此称为“资产”，顾客同意一旦中止，无论何种原因，顾客应确保____（出租人）和第三方作为承租人于____年__月__日，开始于____年__月__日，为租赁这些协议中的房屋，顾客将完全负责在租约下的承租人的责任，包括并不仅限于支付租金或其他费用。

说明：这部分的意图是由法规或其他理由引起的由任何方中止的协议，第三方应全部得到补偿，第三方不遭受任何由于中止合同而引起的财务损失，第三方与银行、其他贷款人、个人财产或不动产出租人或其他方的责任无关。中止也许是合同中最为重要的部分，当双方进入第三方合同，其中的一方（供应方）将很可能要做出显著的投资，另一方（使用者）将关心如何处理潜在的控制力的失去和与表现标准的一致。处理这种问题的方法之一即是允许使用者在相对短的时间里以任何理由中止合同。如果使用者选择中止合同，则使用者同意支付未摊提的贷款和拥有的资产，并承担第三方项目的租赁。这就提供了使用者相应的信息，他（她）可以无故中止，而其行为的后果应有他（她）来承担。有了这个“安全阀”，供应者可以据此投入资金，如果中止发生，资产的支付根据预先计划已有安排。供应者应在一开始就记录所有的资产，并通知使用者在关系期所购买的所有资产。

除了在此提出的补偿条款，在中止协议时，应以下列方式确定资产的名称和所有权：

a. 如果第三方在 3 年的该协议起始条款下的任何时候中止该协议，在顾客满足所有的如第 (8) 款中的财务义务后，该资产的名称和所有权应归属于顾客。

b. 如果顾客在第一个 18 个月的任何时间中止该协议（或由法规作用与其他原因引起的中止），该资产的名称和所有权应归属于顾客。

c. 如果顾客在起始条款的以后的任何时间中止合同（或在第 18 个月后由法规作用与其他原因引起的中止），在顾客满足所有的如第 (8) 款中的财务义务后，可以有以下选择：

(a) 支付给第三方 $____，该资产的名称和所有权应归属于顾客。

(b) 如果顾客没有支付 $____给第三方，该资产的名称和所有权应归属于第三方。

顾客在不迟于中止日期前，应通知第三方自己的选择，即选择 (a) 或 (b)。

任何在此部分提供的由顾客给第三方的补偿支付不应迟于中止通知中指定的终止日期。

如果终止日期前，在这种补偿支付没有支付的情况下，顾客同意在最后的补偿支付之前及时支付所有的租赁机构和个人财产出租人原应由第三方支付的费用，以避免第三方借用或租用私人财物的名义受损失。双方进一步同意，上述租赁机构与出租人在上述租约下应对顾客具有要求支付费用的权利。为此，上述租赁机构或出租人应被认为是本协议的第三方受益人。如按第 (12) 条确定的，由顾客承担的支付费用责任，在发生中止时应不是第三方赔偿。

说明：在快速折旧计划或相对较短的合同情况下经常有这样的问题，"如果中止，谁得到资产？"解决这个难题的方法之一是让使用者在合同的前半期自动获得和拥有资产，如果供应者计算出了拥有资产的残余价值，作为服务定价的基础，在合同剩余的一半时间中止时，它可得到额外支付。

② 劳动力价格。双方承认在第 (1) 条中所提出的价格和物流存储服务的最低收费是基于一定的劳动力价格的，在实际的劳动力价格超过第三方的假设时，双方应调整支付给第三方的费用与最低月费用，结果是顾客应支付第三方额外的劳动力成本。

说明：在开始时，供应者经常要求提供以劳动力价格为基础的服务价格，然而，在报价请求和开始时间经常有半年到一年时间，如果当地的条件发生了变化，供应者可以要求一次劳动力价格的调整。

(9) 参与各方的地位。

① 参与各方达成共识。第三方不从事与出租货物的储存业务，于是不能被看作____州的法律中规定的"仓库所有人"，并且，第三方明确表示在任何时候都不提出索赔、特免、抵销的优惠权或类似的有关对合同中所规定第三方所处理的货物的权利，货物全部的、单一的、无疑问的权利仍属于客户。

② 以与合同中的任何条款不冲突为前提，据此同意：第三方对于合同中所规定的货物而言，他是一受托者，第三方与客户之间的关系是受托者——寄托人的关系。进一步又达成共识；第三方对于完成任务所需的方法和措施应有独立控制和自由处理的能力。他不是客户的代理或雇员。为了使第三方能完成作为该合同的受托者的任务，客户允许第三方按客户的利益，在任何适当的时间内能独立控制并进行对货物和房产的检查。

说明：通常情况下，按照大多数州的统一商业法规，"仓库所有人"的术语有一法律的定义，它可能允许供应商不付或其他理由情况下，将用户的货物作抵押。然而，受托这一寄托人关系限制了供应商自动进行任何抵押的可能性。应从法律顾问处获得更多的、完整的、合法的意见，搞清何种条款最符合第三方物流的情况。

(10) 索赔通知和诉讼。

① 以下所有的索赔必须在法庭宣判前，以书面形式提交。

② 只有当这些索赔用书面形式提交，并且是在事件发生后 1 年内提出索赔，客户或第三方才能做出反应。

(11) 口头交流。第 (2) 条第②款、第 (4) 条第①款和第 (5) 条第③款规定了由于与客户进行口头交流后所发生的误交流的责任。在与以上各节内容无冲突的条件下，客户应在同意用书面形式在发生口头交流 24 h 内，对这些口头交流内容进行确认。第三方收到这些书面确认后。再也无权依靠自己对口头交流的理解行事，而应按书面确认的情况为准。但是，在第三方收到口头交流确认前，第三方不必对根据口头交流内容而发生的行为负责。

(12) 仓库。房产与中止的结果：以下用于服务活动的仓库应为一定的房产，位于____，“房产”由第三方租赁，规定____年，自____年开始。当由于某些原因要中止该合同时，客户应承担该中止后的租赁，因而客户应单独承担租赁中承租人的法律责任，而第三方不应承担所有这些责任，即包括但不限于必须付的租金或其他任何款项。一旦合同中止，第三方应向客户移交其在所有租赁改进中所获得的利益。

(13) 转让。不得到客户书面同意，第三方不能转让、转送、抵押或让渡这一合同或合同的任何一部分，或与合同有关的任何权利。上述书面同意是不能随意收回的。

说明：在这一转让条款规定中，并不排除第三方向持有股份的或控股的公司或主要持股人转让利益，这些利益的转让或转送不需要客户同意。

(14) 授权。在合同上签名的工作人员、代理或雇员声明并保证完成所有必需的工作，他们有权使各自的组织受到法律保护。

(15) 违约。下列情况被认为是第三方违约。

① 如第三方在执行或遵守和合同条款时，有实质性的违约。

② 如果第三方向法院提出自愿破产的申请，或被法院宣布破产或资不抵债，或为债主的利益进行转让，寻求或同意对所有资产任命第三方的接收人或清算人。

如果第三方收到这一书面违约通知单后 30 天，违约还在继续，这种情况下，客户有权中止合同，它满足第 (8) 条第①款中所述的中止付费的规定。与前述无冲突的情况下，第三方在收到这一违约通知后有 30 天时间来消除、纠正他的违约行为。

说明：“允许供应商有多少时间来纠正他（她）的违约情况？”，这是双方谈判合同时通常争论的问题。用户希望他的货物能顺利到达其客户处，而供应方需要时间来纠正他（她）的违约状态。关键是时间和严密程度。在违约情况下，用户应派代表在现场监督事态的发展，但不能妨碍供应方纠正导致违约的情况。在合同样本中建议的 30 天的时间可能在一定条件下适用，在其他情况下不适用。无论如何，违约一旦发生，不及时纠正违约情况，只要符合合同中止条款和条件，就会导致合同中止，并中止付费。

(16) 继任者和受让人。该合同应对各方的继任者和受让人具有法律效应。

(17) 说明。在限定为条款的实际工作范围，说明仅供参考。

(18) 所适用的法律。该合同应根据美国____州的法律执行。

说明：两个较小的公司达成协议，可能会选取他们自己州的法律规定的协议，以减少可能的法律费用。原因是通常情况下，法律顾问大多只熟悉某一个州的法律条款。在不同的州裁定一个合同，可能会导致法律费用增加或需要聘请外州不熟悉该公司的法律顾问来处理。另外，大的公司通常在许多州都有法律代表，所以对这些公司而言，澄清外州法律就不成问题。

(19) 修改——最终完成合同。除了下面所述或各方签名的书面协议外，这一合同不能以口头或其他任何方式改变、修改、作废、丢弃或中止。书面意见包括完整的协议，是双方签署的，而不能由任何、代表，无论是书面还是口头的都不可以。

阅读材料

四川烟草项目物流解决方案

目录

第一章　前言

四川省烟草专卖局、中国烟草总公司四川省公司是全省烟草专卖行政管理机关，具有全省烟草市场专卖管理、卷烟销售以及烟叶产经营管理等职能。近年来，四川烟草商业企业卷烟量销售逐年递增，税利和利润的增长在全国名列前茅，为四川烟草商业企业加快跨越式发展奠定了坚实基础。近期，省烟草专卖局实施营销、物流、呼叫“三集中”的重大举措，将进一步营造良好的发展环境，加快企业发展步伐。

四川中邮物流有限责任公司一直致力于烟草、IT、医药、化妆品等高附加值产品的精益物流服务，为客户提供定制的专业化现代物流服务，在烟草业的物流服务上积累了丰富的经验，形成了一套科学、完善、先进的烟草物流运作体系。为配合省烟草专卖局实施“三集中”工作，四川中邮物流有限责任公司从长远战略考虑拟定为四川烟草商业企业提供干线运输、终端客户配送、信息处理、代收货款等一体化的物流服务。

四川中邮物流有限责任公司本着强强合作、互惠互利、共同发展、实现“双赢”的原则，秉承“至诚至信，精益求精”的企业文化，在为客户提供优质产品的同时，更重视双方“为客户提供优质服务”价值观的相互交融，为客户提供国内一流水平的物流服务理念、服务质量和服务人员，为四川烟草业的发展，作好物流保障工作。

第二章　四川中邮物流有限责任公司简介

中邮物流有限责任公司隶属于国家邮政局，是专业经营和管理邮政物流业务的大型国有企业。中邮物流公司在全国设有31个省级子公司，四川中邮物流有限责任公司是子公司之一。四川中邮物流公司是“四川省第三方物流试点单位”“四川省现代流通重点联系企业”。四川中邮物流公司下设22个市州级分公司，是一家集仓储、封装、加工、理货、运输、配送和信息服务于一体的现代化综合性物流企业，依托和发挥中国邮政两网三流的资源优势和百年邮政的良好信誉，坚持至诚至信，精益求精的经营理念，采用先进物流运作模式和技术手段，努力为客户提供个性化、量体裁衣的各类完善的物流解决方案。

1. 覆盖全国、遍布城乡的实物网络

四川中邮物流公司通过以成都为中心的西南物流集散网与中邮物流公司在全国设立的北方、南方、华东、华中和西北等物流集散中心实现互联互通，承担四川到全国各地的物流处理、仓储和配送等服务。同时，通过采用夜行昼止方式运作的四川省邮政物流集散网，开通由成都到全省21个市州的“中邮快货”专线，实现到全省二级城市的“次晨递”，到三级城市的“次日递”，到全省所有乡镇的运输及配送服务。

航空运输：中国邮航13架飞机开通了全夜航，在全国主要城市实现了“次日递”“次晨递”“当日递”的邮政物流运递服务。对有特殊需求的客户可以实行包机运输。

铁路运输：四川中邮物流实物运递网有火车邮厢16辆，开通和即将开通成都到北京、上海和广州等地的行邮专列。为客户提供迅捷、准确、安全和方便的物流运输。

公路运输：中国邮政具有国内最强的公路运输能力，遍布全国的运输网络。四川中邮物流拥有各式运输汽车2 507辆，开通了由成都到全省各市州的“中邮快货”专线。

配送网络：四川中邮物流有覆盖全省、遍布城乡的邮政物流配送网点5 565处，大型物流集散配送中心22个，开办了B2B、B2C为主要形式的物流业务。客户提供国内外、区域（同城）范围内的商品配送、回收、替换等“门到门”的服务，为VIP客户提供“门到桌”的物流配送服务。

2. 功能完善、安全便捷的信息平台

中邮物流采用先进ATM交换技术，覆盖全国31个省（区、市）236个城市的邮政信息网络广域网平台已经建设完成。该骨干网络系统可以实时提供数据、语音和图像信息的传输。其中，邮政金融子系统已经实现了全国范围内的异地存取业务，并与国家银联卡工程实现对接，成为全国最大的零售金融服务网。基于邮政综合信息网的电子邮政网络包括网上支付系统、认证系统以及网上超市等，实现了全网统一调度、全程跟踪、信息反馈以及客户的网上咨询、订货、查询和支付等功能，是先进的电子商务网。

四川中邮政物流公司以一体化精益物流、中邮快货、同城配送、货运代理、连锁配送五大板块为主要业务发展方向，依托和发挥中国邮政实物运送网、信息传递网及实物流、信息流、资金流“两网三流”的资源优势和“百年邮政”的良好信誉，坚持“至诚至信，精益求精”的经营理念，采用先进物流运作模式和技术手段，努力为客户提供个性化、量体裁衣的各类完善的物流服务。

第三章　省烟草专卖局物流服务需求

(1) 配送产品：四川省烟草商业企业的全部烟草产品及宣传品。

(2) 配送区域：全省各级城市、乡村。

(3) 配送深度：“门到门”。

(4) 服务时间：提供7×24h服务。

(5) 服务内容：点对点干线运输；终端客户（零售商）烟草配送；零售商要货信息收集、汇总、反馈；指定时间返单、查询；货物保险服务；代收货款；异地调货；返程物流。

(6) 物流服务质量：采用关键服务指标（KPI）考核；按照烟草企业的指令，将产品及时、准确、安全地送到指定仓库或客户。

(7) 保密：按照省烟草商业企业要求对客户的各类相关资料严格保密。

(8) 运输方式：在保证省烟草商业企业时限的要求下，采取灵活、有效的运输方式，确保运输配送时限。

第四章 物流服务总体方案

1. 项目组织与管理

1) 成立项目组

为了更好地配合好以及满足省烟草商业企业多层次的需求，四川中邮物流公司成立省烟草领导指挥部，由市场部和运营部主管烟草项目的项目经理以及省烟草专卖局相关人员组成，定期与客户沟通，检查全省烟草项目组的运营情况，解决突发事件，指定项目的改进措施。

四川中邮各市州（县）分公司专门成立项目组，直接与当地烟草专卖局对接，由客户经理与当地市州烟草专卖相关人员联络并提供相关的物流服务。

2) 项目组职责

项目组是该项目的控制中心，对发货指令、数据信息、配送路径、车辆选择、交接手续等进行全程管理，并由专人解决突发事件，制定突发事件的应急措施及方法，其组织构架如图 3.3 所示。

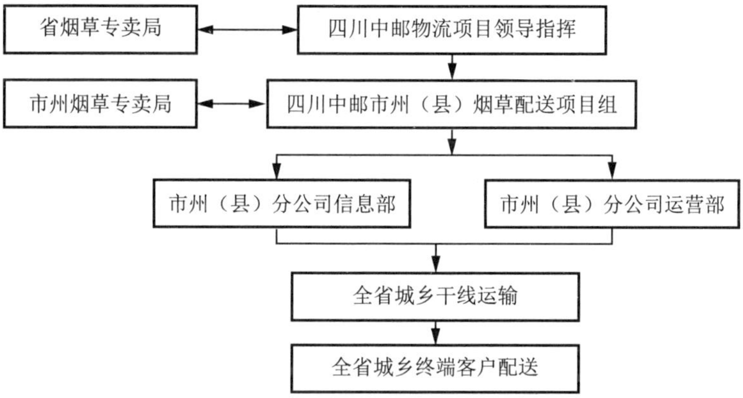

图 3.3 项目组织构架

2. 烟草物流业务流程

烟草物流业务流程如图 3.4 所示。

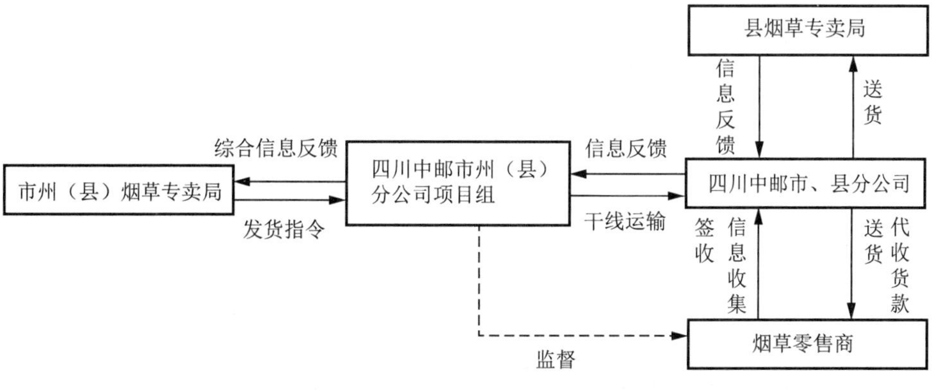

图 3.4 烟草物流业务流程图

(1) 接单：市州（县）分公司项目组接到市州烟草专卖局的预发货通知后，向车队调度下达发货指令，准备出货。

(2) 发货：车队调度接到发货通知后，应在规定时间内安排车辆到仓库接货，并与仓管人员共同确认货物数量、外包装情况及详细配送信息后，将货物运至四川中邮物流集散中心或区域配送中心，安排发运计划。

(3) 运输、配送：按照省（市、县）烟草专卖局的服务时限要求、经销网点布局、配送货量结构，结合物流成本费用等方面的因素，四川中邮物流将利用汽车、摩托车对全省城乡提供点对点、门到门的物流服务。

① 干线运输。根据客户的指令安排前期准备，调集邮政箱式专用车辆组织成都至全省21个市州、二级城市至三级城市以及三级城市至乡镇的点对点运输。实时监控运输车辆途中情况，并及时与客户进行联系，反馈运输信息。

② 配送。货物运达目的地后，依托中国邮政的网络优势，由当地市州、县分公司安排送货，送货人员与客户共同检查货物外表，按要求签收。签收内容包括包装是否完好、收货日期和时间、收货人签名或指定收货章、其他特殊情况和签注。

(4) 代收货款：邮政烟草配送人员在送货同时，按送货单及烟草专卖局要求向收件人收取烟草货款。

(5) 信息收集：邮政烟草配送人员负责烟草零售商的订单收集、市场信息收集和反馈等相关工作。

(6) 查询、追踪服务：烟草物流项目的运输、接货投递各个环节，四川中邮均由数字监控系统进行实时监控，可通过E-mail、电话、传真、回访等方式与客户联系。项目组对运输配送全程进行跟踪和查询：向客户提供所有运输过程中的数据信息，每单配送完毕的时间、数量、种类状况等的全面、详细、准确的信息。

3. 代办保险

按货品的0.3%代理保险业务。

4. 办理返程物流

根据省烟草专卖局需要办理异地调货及换货等返程物流。

第五章　服务质量承诺

1. KPI考核指标

基于为客户提供优质物流服务的标准量化服务指标，四川中邮物流公司一直采用KPI关键性能指标进行定量的控制和评估（其中包括准时送达率、正确送达率、破损率、诚信），追踪检查已实施的物流服务的效果，并定期向省烟草专卖局作物流服务报告。

四川中邮物流考核的KPI指标提供如下统计内容：

(1) 货物到达的时限。

(2) 货物正确送达率。

(3) 货物包装的完好（破损率）。

(4) 货物数量统计。

(5) 按货物种类、城市明细汇总。

(6) 单据汇总。

(7) 采用图表方式进行汇报。

2. 服务标准

(1) 四川中邮物流公司为省市县烟草专卖局提供 7×24h 服务。

(2) 配送准点率：一类城市 98.0% 以上，二类城市 95% 以上，三类城市 90% 以上。

(3) 信息反馈率：96.0% 以上。

(4) 货物完好率：99.5% 以上。

(5) 客户满意率：95.0% 以上。

以上为双方初期合作的比率，经过一定磨合后将会提高。

第六章 物流服务价格、时限

物流服务的价格、时限见表 3-5。

表 3-5 物流服务价格、时限

	运输配送范围	时 限	价 格	备 注
干线运输	成都至二级城市（甘孜、阿坝、凉山、攀枝花除外）	1 天	0.65 元 /（吨·千米）	
	成都至甘孜、阿坝、凉山、攀枝花等二级城市	3 天	0.68 元 /（吨·千米）	
	二级城市至三级城市	1 天	10 元 / 件	
配送	成都市同城	1 天	15 元 / 件	每票配送起票价 15 元 / 件
	二、三级城市同城	1 天	15 元 / 件	每票配送起票价 15 元 / 件
	县下配送	3 天	25 元 / 件	各乡镇 10 km 范围内的客户必须进行送货上门服务，10 km 以外的客户由客户自行上门取货

注：每件货品重量在 20 kg 以内。

第七章 中邮物流的优势

1. 品牌、信誉优势

经过百年的发展，中国邮政已成为一个具有极高价值的无形资产和具有重大影响的商业品牌，树立了政府满意、社会认可、群众信赖的企业形象。邮政常年为企业和民众提供运输服务，已在广大市民心中树立了“绿衣天使”的良好信誉形象，将货物托付给中国邮政就意味着安全、可靠和稳妥。这种信任是一种无形资产，同时也激励着邮政更加珍惜荣誉，完善服务。

2. 安全可靠的运输优势

作为专业邮政运输单位，四川中邮物流具有完善的物流流程，为确保在运输途中的货物安全，避免发生其他安全隐患，四川中邮物流制定了详细的、严格的交接手续：如验收完毕后，车厢上锁并贴封箱标记；严格运递交接，司机与接货人共同点货验收（种类、数量、重量、包装封条完好等参数），确保货物运输安全。

3. 提供各级城市门到门送达保障

1）网络保障

邮政实物运递网络具有点多、面广、线长、网大等特点，依托该网络，中国邮政物流能将客户的货物运递至全国各个省市，而且四川中邮物流构建了省内快速集散网络，为客户提供全面、优质、高效的公路运输服务，确保配送的及时性。

2）车辆保障

在地面服务方面，邮政车辆是特种车辆，且车型齐全，车况良好。四川中邮物流所有从事公路运输的车辆均标有“中国邮政”的统一标识，并备有3～10t的各种车型，均为特制全封闭箱式邮政货车，使货物在防雨、防水、防盗等安全方面得以全面保证。

3）人员保障

邮政拥有经验丰富的司机队伍，多年的长途运输经验是中国邮政物流无重大交通事故的根本保障；每辆运输车辆配有全球移动通信设备，使客户可以随时掌握货物信息。

4. 现代物流信息平台

邮政物流通过综合计算机网、客户服务中心、互联网站等多渠道、多手段、全方位的信息系统接入，满足不同客户对邮政物流提出的信息服务需求。同时积极启用和推广全国邮政统一的数码详情单和条形码等现代物流信息处理技术，减少了处理环节，加快了处理能力，提高了运行质量。

5. 资金结算

四川邮政已在全省21个市州开通了POS业务，可使用POS达到5 480台。邮政物流资金结算采用支付网关在线交易、无线POS现场支付、电子汇兑远程付款以及现金结算上门办理等多种手段，既方便了客户，加快了资金周转，又保证了资金安全，深受客户的欢迎。

6. 突发事件（或特殊时期）应变服务

四川中邮物流延续和强化了邮政多年以来的半军事化管理体系，强大的实力基础、纪律严明的职工队伍、完善的应急方案（各级邮政单位均备有应急预案）、政府的强有力支持是应对各种情况的坚强保证。事实证明，无论是地震灾害，还是今年洪水肆虐，都没有阻挡邮政通信的畅通。

第八章　合作展望

随着中国加入WTO，中国邮政做出了更大的调整，新的中国速递物流总公司已经成立，将为所有客户提供更完善、更方便、更快捷的现代物流服务。

四川中邮物流具有强大的综合物流能力，不仅可以提供包括烟草产品在内的物流服务，而且能够为客户提供原材料的物流服务，乃至其他供应链管理等方面的全程物流服务。

四川中邮物流真诚希望能与省烟草专卖局进行深入、广泛地合作，并建立长久、双赢的战略联盟关系。

课后练习

一、选择题

1.（　　）可以利用其强大的物流网络帮助客户在速度上实现竞争优势。

A. 第一方物流　　B. 第二方物流　　C. 第三方物流　　D. 第四方物流

2. 第三方物流的明显特征是（　　）。

A. 低成本　　B. 高效率

C. 信息系统的充实　　D. 市场应变能力强

3. 物流服务中的运输服务、仓储服务和其他功能的综合程度决定着（　　）。

A. 产品的增值程度　　B. 企业的市场应变能力

C. 企业的核心竞争力　　D. 产品的优化配置程度

4. 第三方物流企业可以依托（　　）企业，成为它们，特别是中小企业的物流代理商。

A. 生产　　B. 零售　　C. 批发　　D. IT 企业

5. 第三方物流企业、零售商、供应商利用先进的信息系统连接起来，实现信息共享，保证在要求的时间范围内完成（　　）。

A. 3W　　B. 3C　　C. 4P　　D. 5R

二、判断题

1. 大型的第三方物流业者是以资产族为主的。（　　）

2. 存在没有母体的独立的大型第三方物流业者。（　　）

3. 第三方物流业者的大部分投资都花在信息系统上。（　　）

4. 由于第三方物流业者代替货主在信息上的投资，从而减轻了货主的负担，这也是第三方物流业者自我推销的关键点。（　　）

5. 第三方物流企业想要取得成功其最重要的因素在于整合物流过程以实现其对客户的增值服务。（　　）

三、简答题

1. 物流企业发展战略的基本目标是什么？

2. 第三方物流战略的实施要点是什么？

3. 物流服务持续改进的保障措施有哪些？

实训项目一

设计并填写物流需求清单

客户物流需求分析的最终结果体现就是其物流需求清单，请按照小组形式（每组 6 人），自己选择一家工业企业，行业不限，要求企业规模不能太小，对其进行调研，设计物流需求清单的合理格式，并把选择企业的物流需求填入清单。

实训项目二

设计物流服务方案

一、实训目的

通过本实训项目，使学生掌握设计一份完整物流方案的整体步骤和流程，明白在设计方案的过程中应该注意的问题，能根据客户的具体情况详细分析，合理论证，真实了解目标客户的物流作业实际情况，将所学知识进一步运用到企业现实运作中。

二、实训纪律

(1) 实训时间：两周内提交设计方案。

(2) 按照学校课堂及实训规定。

三、实训内容

以小组为单位，每个小组 6 人，一个小组负责一个客户（根据实训项目一的结果）的物流方案设计（每个小组至少要有一台计算机）。实训内容包括以下几点：

(1) 团队组建与设计。

(2) 客户背景资料与物流需求分析。

(3) 物流组织运营与服务总体方案设计。

(4) 物流服务质量承诺与价格时限等。

(5) 合作预期与展望。

四、考核办法

(1) 根据小组的总体设计情况进行综合评分，小组成员的成绩一样。

(2) 根据每个部分的设计分工，对每组的设计情况进行分别打分。

教学互动

根据下列招标文件设计物流方案。

某公司投标文件

承包人决策要点：

(1) 物流质量（速度、正确性、安全）。

(2) 成本。

(3) 仓库 / 运输网络，即储运网络。

(4) 信息系统（仓库管理信息系统等）。

(5) 在中国的中期可能发展计划。

主体招标文件运输部分

1. 国内销售递送运输（从工厂到仓库）

(1) 工厂信息：深圳——复印机；珠海——数码相机；苏州——复印机；大连——打印机；天津——打印机。

(2) 接收仓库：北京、上海、广州。

(3) 递运方式：租车或者自有车、船运集装箱、空运。

(4) 公司提前1天提供递运信息，由工厂负责装车（天津除外）。

(5) 由仓库卸车，没有加班费。

(6) 国内销售递送运输投标内容。

(7) 通用指标：产品、体积、路线、车辆类型、照片。

2. 出库运输

(1) 运输公司负责库内拣货。

(2) 拣货1 h前仓库发送运输信息

(3) 信息包括订单数量、客户代号、运输号、体积、重量、运送方式。

(4) 运输公司应当去仓库办公室拿取数据，再和仓库工人去装卸台接收产品（最初的纸板箱不必计算在内，散装货物按件计算）。

(5) 装载工作：由仓库或者运输公司完成。

(6) 运输公司负责运输包装（或者要求仓库代替帮助运输公司完成包装工作）。

(7) 货运公司按照佳能的规定选择货车型号。

3. 市内配送的要求

(1) 早上11:00点之前的订单应当在下午17:30之前配送到门。

(2) 下午的订单应当在第二天中午12:00之前配送到门。

(3) 产品配送门到门，驾驶员应当带回签收单，并确认印章和签名。

(4) 任何破损或者丢失而导致的拒收，应当1天之内记录汇报。

(5) 配送日期为拣货日期，提前期为半天。

(6) 客户签收数据单应当准时返回仓库。

(7) 市内配送应当在1周之内返回；市外配送应当在1个月之内返回。

(8) 在配送期间造成的所有损坏和丢失都由运输公司负责：成本+17%的增值税。

(9) 在2个月之内完成赔偿。单位配送价格应当包括保险费。

(10) 运输公司应当有一个负责人和佳能沟通，并解决问题。不和二级承包商联系。

(11) 每天早上9:00之前，运输公司应当向佳能区域物流部门提交运送路线报告，信息应当包括所有早上以前拣货的订单。

(12) 任何延误信息应当通知我们，并且在运送路线报告上注明。

(13) 月度成本详情报告应当在次月5天之内提交给佳能。

(14) 春节期间不安排运送，其他的节日都按计划运送。有任何困难请提前报告。

(15) 除了国庆节之外，其他节日都没有加班费。

4. 附加投标内容

(1) 通用指标：产品、体积、路线。

(2) 运输公司的设备：拥有卡车的数量、类型、照片，转包商的数量、合作年数、路线、卡车类型、照片。

(3) 过去1年的有记录的配送事故。

(4) 有任何特殊情况，请说明清楚。

(5) 单位价格由运输次数决定。卡车：m^3；火车：kg；空运：kg。

(6) 包装费：卡车、火车、飞机。

(7) 包装费包括材料费，请详细说明包装方式和包装材料，如纸盒、托板、纸片等。

(8) 如果有任何特殊费用，如最低消费额、国庆节费用，请详细清楚说明。

仓储部分

1. 仓库设备

(1) 仓库可用面积：m^2。北京 / 上海：10 000；广州：8 000；成都：1 000；武汉 / 沈阳 / 西安：500。

(2) 防尘库所。

(3) 装卸站台：北京 / 上海 / 广州，至少有3辆卡车可同时装车，其中之一是升降站台。

(4) 站台雨篷。

(5) 安全监测系统。

(6) 综合业务数据网租用线，即宽带接入网。

(7) 高价值物品仓库或保护网。

(8) 条形码（39位码）扫描仪 / 记录机：北京 / 上海 / 广州——每个仓库5台，成都 / 武汉 / 沈阳 / 西安——每个仓库2台。

(9) 叉车：北京 / 上海 / 广州至少3台。

2. 仓库作业

(1) 作业时间：所有仓库都24 h作业。

(2) 由仓库系统来管理场地和物料控制，并实行先进先出。

(3) 公司系统操作。

(4) 接收货物：卸车和搬运处理。

(5) 仓库和我们预先安排，应当在15 min之内开始卸车作业。仓库没有和我们预先安排，应当在1 h之内开始卸车作业。

(6) 仓库应当在卸车完成后1h内完成系统接收。

(7) 接到新产品当天要测量体积和重量，并做简报。

(8) 接收到货物时保证做好条码，同时记录项目代码、名称和数字，再在出库前记录出库日期。

(9) 在仓库里完成赠品包装和运输包装。

(10) 简单的物品检查和挑选。

(11) 编码并上报，仓库应当在第二天完成上报。

(12) 在拣货清单打出 1h 内准备并发送运送信息。

(13) 拣货并及时和运输公司进行交接。

(14) 货物装车。

(15) 返回主要清单并送到佳能。

(16) 库存盘点：日盘、周盘、月盘，并做库存变动报告。

(17) 货物错误报告。

(18) 除了国庆节，没有加班费。

3. 投标内容

当前的仓库服务条件（要有照片）：客户、空间、运作内容、信息系统，根据我们的要求，仓库场所和条件的准备时间。

信息技术的相关说明

1. 信息人员的数量（略）

2. 正在运营的内容（略）

3. 仓库管理系统的内容（略）

4. 货物追踪系统（略）

5. 其他

(1) 电子标签的研究（射频技术）。

(2) 未来 3 年内的信息系统投资计划。

关于贵公司的信息

1. 贵公司当前的状况

(1) 在中国的营业额（物流部门和其他）。

(2) 雇员人数（物流部门和其他）。

(3) 合作伙伴。

(4) 在中国的主要客户。

(5) 在中国的运输营业执照。

2. 中长期计划

(1) 在中国的物流部署（仓库、卡车、分支机构、办公室等）。

(2) 在中国的投资计划和比例（自有仓库、卡车、信息系统等）。

项目4

物流组织运营

项目描述

本项目主要是对物流一体化、企业战略联盟、连锁经营与虚拟经营、物流企业组织与管理、供应链管理的组织问题和物流企业运营管理进行讲解。通过本项目的学习，了解物流运营组织结构和岗位职责，掌握物流运营核心流程，掌握物流运营关键指标；基本掌握运输、仓储、配送和信息处理等物流作业，了解物流服务项目的监控。

教学方案

教学内容	物流企业运作模式、物流企业组织结构、物流企业组织运营	计划学时	16
教学目的	知 识	技 能	态 度
	(1) 物流一体化 (2) 企业战略联盟 (3) 连锁经营与虚拟经营 (4) 物流企业组织与管理 (5) 供应链管理的组织问题 (6) 物流企业运营管理	(1) 比较不同运作模式的优缺点 (2) 选择合适的物流运作模式 (3) 选择合适的物流企业组织结构 (4) 确定合理的岗位职责 (5) 控制组织运营的成本 (6) 了解各项运营作业的关键流程	(1) 认真态度 (2) 合作精神 (3) 实事求是
教学重点与难点	给第三方物流选择运营模式、设计物流企业的组织结构、设计物流企业运营流程		
教学资源	(1) 电子一体化教室 (2) 影音效果展示设备 (3) 相关合作企业提供教学条件		

能力评价

学习目标	评价项目
设计组织结构	组织结构的完整性、合理性、匹配性
规范岗位职责	岗位职责的完整性、合理性、可行性、规范性
整合物流资源	企业内外资源整合的紧密度、广泛度、合理度

实施步骤

步 骤	内 容	课 时
1	物流企业运作模式	2
2	物流企业组织结构	2
3	课内实训：设计企业组织结构	2
4	课内实训：物流企业岗位职责规范	2
5	物流企业组织运营	2
6	物流企业资源整合	2
7	课内实训：物流企业运营组织整体设计	4

案例导入

“风先生”一年内激增百倍员工

一年前，郑某曾经预想过一年后的自己，“公司能有上千名员工，那该是一件挺不错的事情了。”当时，他所创办的同城急速配送公司“风先生”仅有百名员工，虽然已经与不少商家开展合作，但消费者真要在杭城街头看见那带着 LOGO 的黑色小车，并不容易。

一年后，近万名配送员的加盟，让“风先生”一下子成长为一家庞大的公司，并且还在扩张中，仅在杭城，专职配送员已超千人。

郑某盯上的是“最后 1km 配送”的市场机遇，尽管他可以做到一天仅睡五六个小时，但说起这一年的感受时，他直言“不容易”。

和其他立志于解决“最后 1km”难题的从业者一样，郑某也需面对“人的管理”，而显然，他要面对的规模，比一般企业大得多。

1. 如何管理好近万名配送员？

早在一年前，郑某管理的团队中，也有一些兼职人员存在，当这一切面临管理上的困难之时，他选择将其全部转换成全职人员。

“你能想象，一到下雨天，本应该是商家的订单高峰，结果却没人配送吗？”郑某坦言，当团队大多为兼职人员时，这一状况很难避免。

让他无法接受这一结果的原因，不仅仅从公司经营出发，也在于郑某自身是个军事爱好者，在他的眼中，纪律很重要。

这恰恰也成为如今他管理近万配送员这一支大队伍的“绝招”。

在“风先生”，自上往下共有 12 个级别。一般人很难想象，即使是在一个开会现场，当会议未宣布开始时，所有人都是站着的，一直到会议主持人说“坐下”的时候，所有人才能统一坐下，万一不齐还得重来。

“这是不是和互联网崇尚的自由有些违背？”郑某笑着反问。所以当很多新进员工观摩集训的时候，一看便怕了。

他印象很深，有一次新人培训观摩，现场约有 60 位配送员正在集训喊口号，气势很强大，当场就有人新人提出“受不了这样的压力，我不干了”。

“因为吓怕了而走的员工，大约有 20%。”郑某说，自己并不质疑这样的做法，“在配送的过程中，商家与配送员、消费者与配送员之间都需要建立信任，要让商家、消费者放心，就必须要有严格的规矩。”

在“风先生”的团队里，中坚力量是“80 后”，“90 后”也不在少数。郑某透露，公司也有专门的心理研究人员，“这么大一支队伍，不掌握员工的心理怎么行？”

2. 配送员干的是什么活？

在很多人眼中，配送是一个体力活，在郑某却不这样认为，“每一个配送员都等同于侦察兵，干的是脑力活。”

最后 1km 讲求的是“快”，在他看来，怎样把一件商品最快地从商家手中转移到消费者手中，是一门大学问。

“首先，你得对当地的路线非常熟悉，包括位于什么道路什么小区，更甚者细化到，位于小区的哪一栋楼、从哪一个门进去更方便等。”郑某说，这种路线的优化还真需要琢磨。

在“风先生”，一位配送员人均一天能配送40～50个订单。而这些配送员即使没有订单时，也会将别人的单子拿过来，考考自己“我能不能找到订单上的地址”，然后主动跑一个来回，以作“实战训练”。而一些配送员，也会主动把走过的路线画成图，争取铭记于心。

“这就是为何我们全部都招全职员工，只有给员工们包括物质在内的所有保障，他们才愿意做这些。”郑某说。

这支队伍还在不断扩大，就拿杭州市场来说，目前“风先生”共有上千名配送人员，而要想把市场做到全覆盖，预计得有 5 000 名员工。

3. 怎样提效率、降成本？

团队管理的问题寻到了解决对策，而郑某下一步要考虑的又是“最后 1km”的另一当头难题——如何提高配送效率、降低成本，在配送员能赚到钱的同时，商家能获得便利、公司还能获取微利？

在提升效率上，郑某想到的一件关键武器，就是运用“智能手表”，将配送员的双手解放。在手表上，配送员可以看到任务、经过的路线等，公司后台也方便对这些员工进行管理。目前，这一手表已经研发完毕，等待下一步的量产。

“我真正想要谋划的是一盘‘线上＋线下＋智能硬件’的棋。”郑某说，一些人也许觉得线下的配送微不足道、不够起眼，但它“够接地气”；也许配送是一门很传统的活，但传统市场很大，而互联网只是一种工具。

郑某还建议，“最后 1km”的市场很大，做大而全的配送或许并非上上策，但不少垂直单品的配送平台活得不错，值得探个究竟。

4. 相关背景

餐饮的“最后 1km 配送”同样不是个新鲜事物，踏足其中的除了像“风先生”这样针对商家提供配送服务的，还有针对消费者开放的平台公司。当然，也有一部分商家愿意自行承担这一任务，只是随着订单数量的增加，商家逐步青睐于让第三方公司介入配送。

这是一块比超市后 1km 更为广阔的市场，因为人们对其的消费频度挺高，但这同样也意味着更艰巨的任务——它对时间的苛求程度更高，再加上不少食品非标准化，对从业企业提出更高的要求。如果你在一家面馆下单定了一碗面，2 小时后才送到家，想必从此以后，你都会对它说“不”了。在杭州的餐饮最后 1km 配送市场上，竞争者很多，一波倒下，又有一波重新起来。

（资料来源：http://www.zj56.com.cn/newzj56/zjswuliujjzy.action?id，有改动）

问题

(1) 物流的最后 1km 运营中，涉及哪些作业？

(2) “风先生”的最后 1km 有何过人之处？

4.1 物流企业组织结构设计

企业组织结构是指企业及其分支机构所构成的企业网络。企业组织结构既包括企业组织网络也包括业务网络，是企业业务运作模式的基础和保障。广义的组织结构也可以扩展到与企业关系密切的合作伙伴。

物流企业组织结构主要有 3 种：职能式组织（Functional Organization）结构、事业部式组织（Divisional Organization）结构、矩阵式组织（Natrix Organization）结构。

4.1.1 职能式组织结构

1. 职能式组织结构的含义

职能式（又叫垂直式）组织结构是企业最常见的组织结构形态，其本质是将企业的全部任务分解成分任务，并交与相应部门完成，组织的目标在于内部的效率和技术专门化。在职能型组织中，纵向控制大于横向协调，总经理对董事会和股东会负责，各部门经理对总经理负责，业务主管对其部门经理负责，一般员工对其主管负责。正式的权力和影响来自于职能部门的高层管理者，是集权式管理组织结构。

职能制结构起源于 21 世纪初亨利 • 法约尔在其经营的煤矿公司担任总经理时所建立的组织结构形式，故又称“法约尔模型”。“法约尔模型”按职能来组织部门分工，即从企业高层到基层均把承担相同职能的管理业务及其人员组合在一起，设置相应的管理部门和管理职务。例如，把所有同销售有关的业务工作和人员都集中起来，成立销售部门，由分管市场营销的副经理领导全部销售工作。研究开发、生产制造、工程技术等部门同样如此。

2. 职能式结构的特点

(1) 各级管理机构和人员实行高度的专业化分工，各自履行一定的管理职能，因此，每一个职能部门所开展的业务活动将为整个组织服务。

(2) 实行直线——参谋制。整个管理系统划分为两大类机构和人员：一类是直线指挥机构和人员，对其直属下级有发号施令的权力；另一类是参谋机构和人员，其职责是为同级直线指挥人员出谋划策，对下级单位不能发号施令，而是起业务上的指导、监督和服务的作用。

(3) 企业管理权力高度集中。由于各个职能部门和人员都只负责某一个方面的职能工作，唯有最高领导层才能纵观企业全局，所以企业生产经营的决策权必然集中于最高领导层，主要在经理身上。

3. 职能式结构的优点

职能式结构的核心优势是专业化分工，部门和岗位的设置是以业务种类和技术水平来划分的。这样的组织结构、部门岗位名称非常稳定，很少变动，有利于专业能力和专一技术水平的提高，让一组人专注于仓储，而另一组人专注于运输的效率，比两者兼顾的效率要高很多。

(1) 由于按职能划分部门，其职责容易明确规定。

(2) 每一个管理人员都固定的归属于一个职能结构，专门从事某一项职能工作，在此基础上建立起来的部门间联系能够长期不变，这就使整个组织系统有较高的稳定性。

(3) 各部门和各类人员实行专业化分工，有利于管理人员注重并能熟练掌握本职工作的技能，有利于强化专业管理，提高工作效率。

(4) 管理权力高度集中，便于最高领导层对整个企业实施严格的控制。

4. 职能式结构的缺点

(1) 横向协调差。高度的专业化分工及稳定性使各职能部门的眼界比较狭窄，他们往往片面强调本部门工作的重要性，希望提高本部门在组织中的地位，十分重视维护本部门的利益，特别致力于提高本部门的工作效率。因此，这种组织结构容易产生本位主义、分散主义，造成许多摩擦和内耗，使职能部门之间的横向协调比较困难。

(2) 适应性差。由于人们主要关心自己狭窄的专业工作，这不仅使部门之间的横向协调困难，而且妨碍相互间的信息沟通，高层决策在执行中也往往被狭窄的部门观点和利益所曲解，或者受阻于部门隔阂而难以贯彻。这样，整个组织系统就不能对外部环境的变化及时做出反应，适应性差。

(3) 企业领导负担重。在职能制结构条件下，部门之间的横向协调只有企业高层领导才能解决，加之经营决策权又集中在他们手中，企业高层领导的工作负担就十分重，容易陷入行政事务之中，无暇深入研究和妥善解决生产经营的重大问题。

(4) 不利于培养素质全面的、能够经营整个企业的管理人才。由于各部门的主管人员属于专业职能人员，工作本身限制着他们扩展自己的知识、技能和经验，而且养成了注重部门工作与目标的思维方式和行为习惯，使得他们难以胜任也不适合担任对企业全面负责的高层领导工作。

5. 职能式结构的常见形式

职能式结构的常见形式如图 4.1 所示。

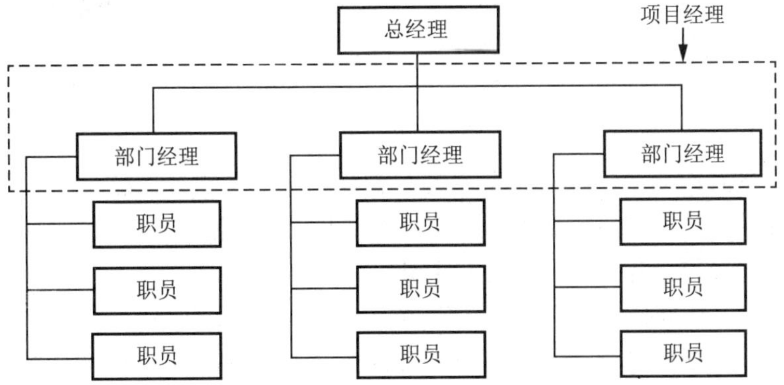

图 4.1　职能式结构的形式

想一想

职能式组织结构适用于哪些物流企业?

4.1.2　事业部式组织结构

美国现代管理学之父彼得•德鲁克认为：“世上没有放之四海而皆准的设计，每一个企业机构的设计，都必须以配合其使命和策略的主要业务为中心。”早在20世纪80年代，企业内外环境的变化，传统的等级森严的企业组织在网络经济时代显得臃肿、信息传递与决策缓慢、发展动力不足、对变化反应迟钝。欧美的物流企业纷纷实施战略转型，根据企业的业务运作来选择恰当的企业组织模式。物流企业将传统的以业务领域纵向划分的产业组织结构（如仓储、保管、运输和包装等）及时调整为横向的集约化水平的产业组织结构，实现资源和流程的优化组合。在当前，企业组织创新成为提高企业竞争力的重要措施之一。

1. 事业部式组织结构的含义

事业部式（又叫扁平式）组织结构将各业务环节以产品、地区或客户为中心重新组合，每个事业部都有独立的运输、仓储等职能，在事业部内部，跨职能的协调增强了。此外，因为每个单位变得更小，所以事业部式结构更能适应环境的变化，这是一种分权式管理组织结构。

不同于职能式结构，事业式结构中总部与各事业部的关系因企业的不同而不同，没有一个简单的模板可以照搬。两者关系主要体现在总部对事业部的战略决策控制及事业部的自主决策权力，有时还体现在总部的监控作用上。事业部式结构打破了职能式结构对资源的划分方式，将资源重新组合，其常见的组合方式有3种：按产品或服务组合、按客户组合和按地域组合。

2. 事业部式结构的特点

(1) 专业化管理部门。按企业的产出将业务活动组合起来，成立专业化的生产经营管理部门，即事业部。例如，产品品种较多时，每种产品都能形成各自市场的大企业，可按产品设置若干事业部，凡与该产品有关的设计、生产、技术、销售、服务等业务活动，均组织在这个产品事业部之中，由该事业部总管；在销售地区广、工厂分散的情况下，企业可按地区划分事业部；如果顾客类型和市场不同，还可按顾客（市场）成立事业部。这样，每个事业部都有自己的产品或服务的生产经营全过程，为企业贡献出一份利润。

(2) 集中政策，分散经营。在纵向关系上，按照“集中政策，分散经营”的原则，处理企业高层领导与事业部之间的关系，实行事业部制之间的关系。实行事业部制，企业最高领导层要摆脱日常的行政事务，集中力量研究和制定企业发展的各种经营战略和经营方针，而需要把最大限度的管理权限下放到各事业部，使它们能够依据企业的经营目标、政策和制度，完全自主经营，充分发挥各自的积极性和主动性。

(3) 利润中心，独立核算。在横向关系方面，各事业部均为利润中心，实行独立核算。这就是说，实行事业部制意味着把市场机制引入到企业内部，各事业部间的经济往来将遵循等价交换原则，结成商品货币关系。

(4) 职能制结构组织设计。企业高层和事业部内部，仍然按照职能制结构进行组织设计。从企业高层组织来说，为了实现集中控制下的分权，提高整个企业管理工作的经济性，要根据具体情况设置一些职能部门，如资金供应和管理、科研、法律咨询、公共关系、物资采购等部门。从事业部来说，为了经营自己的事业，也要建立管理机构。因事业部规模小，产品单一，故一般采用职能制结构。由此可见，事业部制与职能制结构相比，主要区别在于其企业最高层领导下的各第一级部门是按照事业部分设还是按照职能部分设。

3. 事业部式结构的优点

(1) 总公司领导可以摆脱日常事务，集中精力考虑全局问题。

(2) 事业部实行独立核算，更能发挥经营管理的积极性，更利于组织专业化生产和实现企业的内部协作。

(3) 各事业部之间有比较、有竞争，这种比较和竞争有利于企业的发展。

(4) 事业部内部的供、产、销之间容易协调，不像在直线职能制下需要高层管理部门过问。

(5) 事业部经理要从事业部整体来考虑问题，这有利于培养和训练管理人才。

4. 事业部式结构的缺点

(1) 公司与事业部的职能机构重叠，构成管理人员浪费。

(2) 事业部实行独立核算，各事业部只考虑自身的利益，影响事业部之间的协作，一些业务联系与沟通往往也被经济关系所替代，甚至连总部的职能机构为事业部提供决策咨询服务时，也要事业部支付咨询服务费。

(3) 集团总部对各事业部的控制和监督有所减弱，容易滋生各种不稳定现象。

5. 事业部式结构的常见形式

(1) 产品事业部。产品部门化主要是以企业所生产的产品为基础，将生产某一产品有关的活动完全置于同一产品部门内，再在产品部门内细分职能部门，进行生产该产品的工作。这种结构形态在设计中往往将一些共用的职能集中，由上级委派以辅导各产品部门，做到资源共享。其结构如图 4.2 所示。

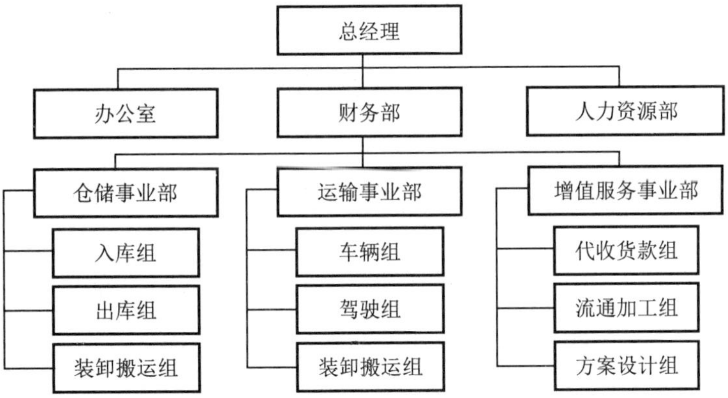

图 4.2 产品事业部制结构

产品事业部的优点有以下几点：

① 有利于采用专业化设备，并能使个人的技术和专业化知识得到最大限度的发挥。

② 每一个产品部都是一个利润中心，部门经理承担利润责任，这有利于总经理评价各部门的政绩。

③ 在同一产品部门内有关的职能活动协调比较容易，比完全采用职能部门管理来得更有弹性。

④ 容易适应企业的扩展与业务多元化要求。

产品部门化的缺点有以下几点：

① 需要更多的具有全面管理才能的人才，而这类人才往往不易得到。

② 每一个产品分部都有一定的独立权力，高层管理人员有时会难以控制。

③ 对总部的各职能部门，例如人事、财务等，产品分部往往不会善加利用，以至总部一些服务不能获得充分的利用。

(2) 区域事业部制。对于在地理上分散的企业来说，按地区划分部门是一种比较普遍的方法，其原则是把某个地区或区域内的业务工作集中起来，委派一位经理来主管其事。按地区划分部门，特别适用于规模大的公司，尤其是跨国公司。这种组织结构形态，在设计上往往设有中央服务部门，如采购、人事、财务、广告等，向各区域提供专业性的服务。其结构如图 4.3 所示。

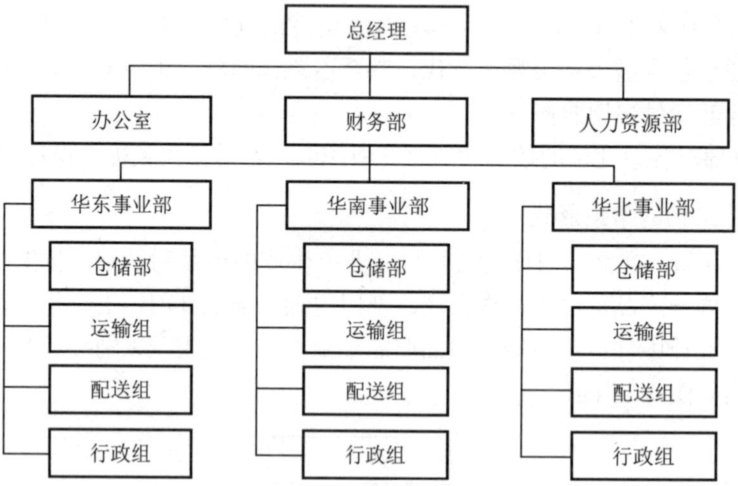

图 4.3　区域事业部制结构

区域事业部制的优点有以下几点：

① 责任到区域，每一个区域都是一个利润中心，每一区域部门的主管都要负责该地区的业务盈亏。

② 放权到区域，每一个区域有其特殊的市场需求与问题，总部放手让区域人员处理，会比较妥善、实际。

③ 有利于地区内部协调。

④ 对区域内顾客比较了解，有利于服务与沟通。

⑤ 每一个区域主管，都要担负一切管理职能的活动，这对培养通才管理人员大有好处。

区域事业部制的缺点有以下几点：

① 随着地区的增加，需要更多具有全面管理能力的人员，而这类人员往往不易得到。

② 每一个区域都是一个相对独立的单位，加上时间、空间上的限制，总部难以控制。

③ 由于总部与各区域是天各一方，难以维持集中的经济服务工作。

总体来说，事业部必须具备 3 个基本要素：相对独立的市场、相对独立的利益、相对独立的自主权。

阅读材料

事业部制是把双刃剑

事业部制是把双刃剑，也是管理过程中一个不甚完美的机制。在特定的环境下事业部制可能给企业带来生机，当环境发生变化之后，事业部也会增加组织的内部交易成本，甚至给企业带来灾难性的打击。历史事实证明，事业部制在企业发展到一定的规模下有着难以克服的弊病：企业的多样化导致事业部数目的不断增加，加重了总部的管理成本；事业部权力的不断增大导致不同事业部之间的各自为政，总部要花费大量的精力进行协调；事业部的产品分工不甚清晰，这种体制最终导致部门之间在产品开发时的重复现象；不同事业部里设置的功能部门，如财务处、人事部、销售部等，耗费了公司大量资源；产品或地区事业部规模的急剧膨胀，使事业部容易脱离公司总部的理念、宗旨和使命。

日本松下电器在事业部组织结构上巨大的变革是研究事业部利弊的一个绝好的案例。几十年来事业部的灵活机制为松下电器的高速发展奠定了基础。然而当松下电器的事业部的数目超过200多个时，事业部制的弊病自然而然地反映出来。众多的事业部之间在产品研发、资源共享、部门协调、市场敏感等方面出现不可解决的矛盾冲突。事业部之间的互相竞争互相渗透导致企业内部出现严重的内耗，大大地增加了企业的管理和组织成本，严重地妨碍了企业在市场上的竞争能力和反应速度，从而导致了松下在组织形态上的大变革。松下由事业部制向事业领域（产品＋地区）结构转变的意义深远，也是历史的必然。

实际上，美国众多大型跨国公司在过去的50年里不间断地在组织结构方面进行调整，从高度有效的集权功能组织结构转向权利下放的事业部制，再重新组建战略业务单位，收回产品事业部的某些权利，最终成立结合产品事业领域部门（大事业部）和地区事业领域为主体的矩阵式组织结构。通用电器早在十多年前就已经完成了今天松下收权的机构改革，成立了以核心产品或重点地区为重心的战略事业部门，公司总部根据产品的竞争能力和公司对某些地区发展的重点不断调整结构。

环境的变化影响企业的经营战略，而战略的变化又将决定组织结构的形式。没有一种组织结构（功能制，事业部制或矩阵结构）可以适应任何经营环境和战略，但并非所有的组织结构在任何环境下和不同的战略条件下都可以发挥出同样的作用。适者生存，只有那些在环境发生变化、企业经营战略进行调整之后对企业的组织形式迅速进行调整的企业才能在激烈的竞争中得以生存。

（资料来源：http://www.ceconline.com/strategy/ma/8800051784/01/?more_content，有改动）

4.1.3 矩阵式组织结构

1. 矩阵式组织结构的含义

矩阵式组织即“在一个机构之机能式组织形态下，为某种特别任务，另外成立专案小组负责，此专案小组与原组织配合，在形态上有行列交叉之式”。

在组织结构上，它是把职能划分的部门和按产品（项目）划分的小组结合起来组成一个矩阵，一名管理人员既同原职能部门保持组织与业务上的联系，又参加项目小组的工作。职能部门是固定的组织，项目小组是临时性组织，完成任务以后就自动解散，其成员回原部门工作。

矩阵式管理模式就是以产品线为纵轴，区域机构为横轴的交叉组织管理模式，是多产品线、跨区域或跨国企业经营的基本模式。矩阵式结构具有灵活、高效、便于资源共享和组织内部沟通等优势，可以适应多元化产品、分散市场及分权管理等复杂条件。在矩阵组织中，强调区域本地化及产品业务垂直化，各地分公司和产品线经理都可以更好地了解客户需求，提供差异化的产品及服务，赢得更多订单和市场。

现代企业管理提倡从金字塔模式走向扁平化模式，矩阵管理结构也随之逐渐壮大。在实际企业变革中，越来越多的大型企业不断地进行组织结构方面的调整，从高度集权的功能组织结构转向权力下放的事业部制，重新组建战略业务单元，最终成立结合产品事业部和地区机构的矩阵式组织结构。

2. 矩阵式结构的特点

矩阵制组织是为了改进直线职能制横向联系差，缺乏弹性的缺点而形成的一种组织形式。它的特点表现在围绕某项专门任务成立跨职能部门的专门机构上，例如组成一个专门的产品（项目）小组去从事新产品开发工作，在研究、设计、试验、制造各个不同阶段，由有关部门派人参加，力图做到条块结合，以协调有关部门的活动，保证任务的完成。这种组织结构形式是固定的，人员却是变动的，需要谁谁就来，任务完成后就可以离开。项目小组和负责人也是临时组织和委任的，任务完成后就解散，有关人员回原单位工作。因此，这种组织结构非常适用于横向协作和攻关项目。

3. 矩阵式结构的优点

(1) 将企业的横向与纵向关系相结合，有利于协作生产。

(2) 针对特定的任务进行人员配置有利于发挥个体优势，集众家之长，提高项目完成的质量，提高劳动生产率。

(3) 各部门人员的不定期组合有利于信息交流，增加互相学习机会，提高专业管理水平。

4. 矩阵式结构的缺点

(1) 项目负责人的责任大于权力，因为参加项目的人员都来自不同部门，隶属关系仍在原单位，只是为“会战”而来，所以项目负责人对他们管理困难，没有足够的激励手段与惩治手段，这种人员上的双重管理是矩阵结构的先天缺陷。

(2) 由于项目组成人员来自各个职能部门，当任务完成以后仍要回原单位，所以容易产生临时观念，对工作有一定影响。

(3) 由于项目一般涉及较多的专业，而项目负责人对项目的成败具有举足轻重的作用，所以要求项目负责人具有较高的协调能力和丰富的经验，但是优秀的项目负责人比较难找到。

5. 矩阵式结构的常见形式

矩阵式结构的常见形式如图 4.4 所示。

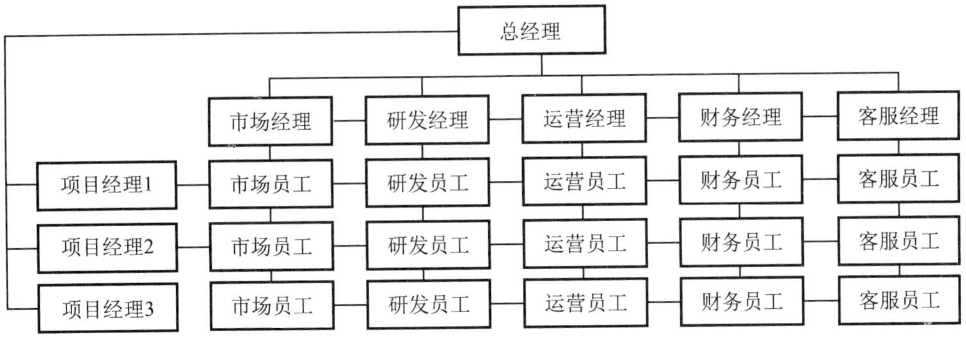

图 4.4 矩阵式结构的形式

采用这种体制的最大优势是公司资源集中管理，但需要员工有较高素质，团队意识强，同时对管理水平，特别是财务管理水平要求高。目前，世界大型物流公司大都采取总公司与分公司体制，总部采取集权式物流运作，按业务实行垂直管理。

注意：企业内部的组织结构、职能、目标、任务、层次、管理幅度、人员配备、权力协调和管理制度等问题，一直是管理学研究的主要问题。近年来，企业界和学术界逐渐推广着一个新的认识，即不可能建立一种“万能的”管理模式，也没有一种“最好”的管理模式，只有“最适宜”的管理模式。企业管理者需要根据不同情况选择、设计不同的组织模型，并根据经营管理的需要予以调整与完善。

4.2 第三方物流实体网络设计与构建

网络化是现代物流的一个重要特征。物流运作平台由两部分构成：一是相当规模的客户群和广泛覆盖业务区域的物流组织、设施构成的物流实体网络；二是稳定实用的物流信息系统网络。

4.2.1 物流线路与结点

全部物流活动是在线路和结点进行的。其中，在线路上进行的活动主要是运输，包括集货运输、干线运输、配送运输等。物流功能要素中的其他所有功能要素，如包装、装卸、保管、分货、配货、流通加工等，都是在结点上完成的。所以从这个意义来讲，物流结点是物流系统中非常重要的部分。实际上，物流线路上的活动也是靠结点组织和联系的，如果离了结点，物流线路上的运动必然陷入瘫痪。由此可知，物流网络构造有两个主要组成部分，即线路和结点。

1. 物流线路

物流线路广义的是指所有可以行驶的和航行的陆上、水上、空中路线；狭义的仅指已经开辟的，可以按规定进行物流运营的路线和航线。在物流管理领域，线路一般指后者。

物流线路有以下几种类型：

(1) 铁路线路。铁路线路对于物流的运作来讲，是有区别的，主要有以下几种类型：双轨线路、单轨线路；宽轨线路、标准轨线路、窄轨线路；普通线路、快运线路等。不同线路有不同的运营要求，所能够承担的物流服务要求和服务水平也不相同。

(2) 公路线路。公路线路的种类是线路里面最多、最复杂的，可以分成以下几类：国道、省道、城市道路；高速公路、快速公路、一般公路；货运线路、非货运线路；干线公路、支线公路、连接线公路等。不同公路能够提供的汽车运行条件不同，对车辆的通过能力和管理方式也不同。

(3) 海运线路。海运线路又分成远洋海运线路、近海海运线路和沿海海运线路 3 种，这 3 种线路航运条件不同、航运设备也不同，虽然都是海上的线路，但是它们的功能和作用是不同的。

(4) 空运线路。空运线路是指已经开辟的能够进行管制、导航、通信等管理的空中航线。

2. 物流结点

物流结点是物流网络中连接物流线路的结节之处，所以又称物流结点。物流结点的种类很多，在不同线路上结点的名称也各异，这是受物流学科形成之前，交通运输、外贸、商业等领域各自发展影响，而形成的行业性叫法。

在铁路运输领域，结点的称谓有货运站、专用线货站、货场、转运站、编组站等；在公路运输领域，结点的称谓有货场、车站、转运站、枢纽等；在航空运输领域，结点的称谓有货运机场、航空港等；在商贸领域，结点的称谓有流通仓库、储备仓库、转运仓库、配送中心、分货中心等。

物流结点是现代物流中具有较重要地位的组成部分，这是因为物流学形成初期，学者们和实业家都比较偏重于研究物流若干基本功能，如运输、储存、包装等，而对结点的作用认识不足。物流系统化的观念越是增强，就越强调总体的谐调、顺畅，强调总体的最优。而结点正是处在能联结系统的位置上，总体的水平往往通过结点体现，所以物流结点的研究是随现代物流的发展而发展的，也是现代物流学研究不同于以往之处。

3. 物流结点的功能

(1) 衔接功能。物流结点将各个物流线路联结成一个系统，使各个线路通过结点变得更为贯通而不是互不相干，这种作用称为衔接作用。

在物流未成系统化之前，不同线路的衔接有很大困难，例如轮船的大量输送线和短途汽车的小量输送线，两者输送形态、输送装备都不相同，再加上运量的巨大差异，所以往往只能在两者之间有长时间的中断后再逐渐实现转换，这就使两者不能贯通。物流结点利用各种技术的、管理的方法可以有效地起到衔接作用，将中断转化为通畅。

物流结点的衔接作用可以通过多种方法实现，主要有：通过转换运输方式衔接不同运输手段；通过加工衔接干线物流及配送物流；通过储存衔接不同时间的供应物流和需求物流；通过集装箱、托盘等集装处理衔接整个“门到门”运输，使之成为一体。

(2) 信息功能。物流结点是整个物流系统或与结点相接物流的信息传递、收集处理、发送的集中地，这种信息功能在现代物流系统中起着重要的作用，也是将复杂的物流诸单元能联结成有机整体的重要保证。

在现代物流系统中，每一个结点都是物流信息的一个点，若干个这种类型的信息点和物流系统的信息中心结合起来，就形成了指挥、管理调度整个物流系统的信息网络，这是一个物流系统建立的前提条件。

(3) 管理功能。物流系统的管理设施和指挥机构往往集中设置于物流结点之中，实际上，物流结点大都是集管理、指挥、调度、信息、衔接及货物处理为一体的物流综合设施。整个物流系统运转的有序化和正常化，效率和水平取决于物流结点的管理职能实现的情况。

4. 物流结点的种类

现代物流发展了若干类型的结点，在不同领域起着不同的作用。物流结点按其主要功能可以分类如下：

(1) 转运型结点。以联结不同运输方式为主要职能的结点，是处于运输线上的结点。铁道运输线上的货站、编组站、车站，不同运输方式之间的转运站、终点站，水运线上的港口、码头、空运中的空港等都属于此类结点。一般而言，由于这种结点处于运输线上，又以转运为主，所以货物在这种结点上停滞时间较短。

(2) 储存型结点。以存放货物为主要职能的结点，货物在这种结点上停滞时间较长。物流系统中，储备仓库、营业仓库、中转仓库、货栈等都是属于此种类型的结点。

尽管不少发达国家仓库职能在近代发生了大幅度的变化，一大部分仓库转化成不以储备为主要职能的流通仓库甚至流通中心，但是在现代世界上任何一个有一定经济规模的国家，为了保证国民经济的正常运行，保证企业经营的正常开展，保证市场的流转，以仓库为储备的形式仍是不可缺乏的，总还是有一大批仓库仍会以储备为主要职能。在我国，这种类型的仓库还占主要部分。虽然各种类型的物流结点中，仓库都是基本的设施，但是在储存型物流结点中，仓库几乎是唯一的设施。

(3) 流通型结点。以组织物流为主要职能的结点。现代物流中常提到的物流基地、物流中心、流通仓库、流通中心、配送中心就属于这类结点。

需要说明的是，各种以主要功能分类的结点都可以承担其他职能。例如，在转运型结点中，往往设置有储存货物的货场或站库，从而具有一定的储存功能，但是由于其所处的位置，其主要职能是转运，所以按其主要功能归入到转运型结点之中。

(4) 综合性结点。它是在物流系统中集中于一个结点全面实现两种以上主要功能，并且在结点中并非独立完成各自功能，而是将若干功能有机结合于一体，有完善设施、有效衔接和协调工艺的集约型结点。这种结点是适应物流大量化和复杂化，适应物流更为精密准确，在一个结点中实现多种转化而使物流系统简化、高效的要求出现的，是现代物流系统中结点发展的方向之一。

想一想

物流网络除了线路和结点的实体网络之外，还有哪种网络形式？

5. 物流结点的3个层次

一个完善的物流网络，只要这个网络覆盖的地域比较广泛，网络比较复杂，都需要由物流结点来联结各种不同地物流线路。物流结点在网络中的作用也不相同，有的影响到整个物流网络，有的只是在局部网络范围中起作用。完整的物流系统一般有3个层次的物流结点，即物流园区、物流中心、配送中心。

1）物流园区、物流中心和配送中心的概念界定

物流园区、物流中心和配送中心组成典型的结点网络。一般而言，物流园区是综合性的、大规模的结点，在物流园区之间进行快速、直达、大量干线运输，尤其是多式联运的干线运输；物流中心则是某一专业范畴的综合性大型物流结点，可以与干线运输相衔接，也可以从物流园区转运；配送中心则是面向最终用户末端运输的专业清晰、规模适应于需求的专业性物流结点。

物流园区、物流中心和配送中心在规模、综合程度、服务对象、功能和运作方式等方面都存在一些差异，见表 4-1。

表 4-1　物流园区、物流中心、配送中心的区别

对比项目	物流园区	物流中心	配送中心
定　义	也称物流基地，是位于大城市周边，靠近交通干线的具有一定规模和综合服务功能的特定区域	从事物流活动的场所或组织。应基本符合下列要求：主要面向社会服务；物流功能健全；完善的信息网络；辐射范围大；少品种、大批量；存储、吞吐能力强；物流业务统一经营、管理	从供应者手中接受多种大量的货物，进行倒装、分类、保管、流通加工和情报处理等作业，然后按照众多需要者的订货要求备齐货物，以令人满意的服务水平进行配送的设施
投资主体	一般是政府	企业投资	企业投资
规模大小	规模非常大	规模一般	规模较小
辐射范围	非常大	较大	较小
服务对象	中间客户为主，个别终端用户	中间客户为主，个别终端用户	终端用户
物品品种	品种多、批量大	品种较少、批量较大	品种多、批量小
经营方式	一般是政府提供投资，企业入驻独自经营	一般是投资主体统一经营	投资主体统一经营
说　明	由于配送中心是物流中心的一种重要形式，所以在实务中有时二者相互混用，不加区别，但它们与物流基地的区别是非常明显的		

2）3 种物流结点的配置

在城市和地区范围内，按照层次关系规划和配置物流园区、物流中心、配送中心。一般而言，大城市尤其是位于国土端部的大城市，在单向物流辐射方向需要配置一个物流园区；中心城市，则有可能在相对的方向配置两个或多个物流园区。考虑到城市的扩展和物流园区的寿命周期，如果物流园区离城市过近，近期的物流成本会大幅度降低，但是随着城市的扩展，物流园区的寿命周期会比较短，鉴于物流园区的规模很大、投资很高，过短的寿命周期也是不适宜的。

一般而言，超大规模的物流园区，应该按照 50 年左右的寿命周期来确定位置。而物流中心则需要考虑有 20 年以上的寿命周期，配送中心规模较小，如果运营得当，效益较高，比较效益不亚于其他产业，因此，城市的扩展对其寿命不形成制约。但是，由于配送中心的特殊运作方式，在经济发展到一定高度以后，配送中心需要大量实现“日配”，而这项工作

一般都需要在深夜或凌晨进行，存在扰民问题和交通问题。就城市而言，配送中心一般规划非居民稠密区较为适宜。

阅读材料

天津三大物流园区

为贯彻落实京津冀协同发展重大国家战略，更好地承接首都高端快递物流功能溢出，2014年天津建设三大快递物流园区。这三大快递物流园区分别是：依托天津机场建设的航空快递物流园区；在东疆保税港区，建设以快件海淘保税仓为主导的快递物流园区；在武清电子商务产业园区内，搭建以服务电商为主导的快递物流园区。

航空快递物流园区定位于吸引规模以上的有飞机的快递物流大型核心企业入驻，建设集中的集散中心和向上游延伸电子商务以及向下游延伸的仓储服务平台。园区规划面积7.5平方公里，正在开展招商引资工作。截至2014年6月底，已有顺丰、圆通、中通、韵达、京东、苏宁等12家快递企业决定入驻天津航空快递物流园区，总投资额预计在20亿～30亿元。

当下，海淘代购正成为国内跨境网购的一种趋势，天津借助东疆港保税区的海运优势，正打造跨境电子商务的“海外仓”平台。未来，市民从网上购买外国商品，可直接从东疆港的快件海淘保税仓发货，不仅大大降低商品价格，也能提高配送时效。因此，在东疆港保税区建设以“保税仓”模式为主导的快递物流园区，定位于吸引规模以上大型快递企业落户园区，建设境外商品到境内的集散仓储，实现海外购物在天津本土的仓配。

据了解，依托武清区的电子商务园区，将搭建以服务电商为主导的快递物流园区，实现电子商务快件的仓配集散。目前，阿里巴巴、凡客诚品、当当、苏宁易购、唯品会、京东商城等60多家电商龙头企业已经进驻，园区电子商务产业初具规模。

（资料来源：http://finance.china.com.cn/roll/20140714/2537382.shtml，有改动）

4.2.2 物流实体网络构建模式

第三方物流企业的物流实体网络是企业综合实力的体现，也是企业实现低成本、高质量物流服务的保障。客户在选择物流合作伙伴时，很关注网络的覆盖区域及网络网点的密度问题。而运转一个密度高、覆盖区域广的网络体系所需要的资金、人员、设备等的数量是巨大的，第三方物流企业可根据企业经济实力、客户覆盖率、企业发展战略、当地的经济环境等，决定物流实体网络覆盖面、网点密度和构建模式。

1. 完全自建网络

对于一个第三方物流企业来讲，业务量的积累和网络的铺设是企业发展的必经阶段。实体网络延伸与客户发展是相辅相成的关系。我国某些大的物流企业凭借经济实力，自行铺设全国性的仓储网络或货运网络，主要采用以下两个途径：

(1) 在严密规划的基础上，采用较为激进的方式，先铺设业务网络和信息系统，再争取客户。这种方式较为冒险，只有资金实力非常强的企业才可能这样做。

(2) 边开发客户边铺设网络。它是较为稳妥、缓慢的方式。无论是“铺网”还是之后的“养网”，费用都是相当大的。例如，深圳邮政投递网仅“养活”深圳一个市的邮政投递网，每年要付出 3 000 多万元的人民币。此外网络的铺设和完善还需要大量的时间。

2. 采用联盟网络

除非有来自其关联企业的强大支持，否则第三方物流企业自建网络是不经济的决策，会给企业带来资金、管理等各方面的压力，采用联盟网络是比较明智的选择。

(1) 在与某些大公司结成联盟关系或成立合资物流公司以获取这些大公司的物流业务的同时，利用企业原有的经销网络实现同业物流网络共享，在国内家电行业和汽车行业都有这类案例。这种方式较为稳妥，使企业在短期内获得大量业务，但这种联盟或合资物流由于与单一大企业的紧密联系，会在一定程度上影响其拓展外部业务的能力。

(2) 整合社会物流资源，同业联合，形成网络联盟，共同发展。这是低成本拓展的有效途径。

自建网络和采用联盟网络各有优、缺点，见表 4-2。

表 4-2　自建网络和联盟网络优、缺点比较

序　号	比较项目	自建网络	联盟网络
1	运营成本	较高	较低
2	控制力	强	弱
3	品牌印象	好	一般
4	柔性化能力	强	弱
5	经营风险	大	小
6	资金压力	大	小
7	服务质量	高	低

4.2.3　第三方物流网络设施结构设计

第三方物流企业网络设施的规划设计必须考虑网络点所在地的物流基础设施及经济环境，如车站、港口设施，公路、铁路、水路、各种货物运输枢纽，货物集散、处理、分拨场地或仓储设施，各种运输工具如汽车、火车、船舶、飞机，物流辅助性设施、设备如搬运装卸设备、包装设备、条码设备及集装箱、托盘等。

物流网络的设计需要依据区域内客户量及业务量确定承担物流工作所需的各类设施的数量和地点，即运能、储能、结点支持范围等的具体化，形成一种据以进行物流作业的结构。传统物流企业可利用自身优势，逐步对现有物流设施和设备进行现代化技术改造。第三方物流企业应当运用物流平台思想来搭建自身的物流网络，见表 4-3。

表 4-3　物流平台分层次结构体系与基本内容

<table>
<tr><th colspan="4">结构层次</th><th rowspan="2">基本内容</th></tr>
<tr><th>第一层次</th><th>第二层次</th><th>第三层次</th><th>第四层次</th></tr>
<tr><td rowspan="2">物流平台</td><td rowspan="2">实物物流平台</td><td rowspan="2">物流设施平台</td><td>线路平台</td><td>铁路、公路、水路、航空、管道</td></tr>
<tr><td>结点平台</td><td>物流基地
物流中心
港口、机场、车站</td></tr>
</table>

续表

结构层次				基本内容
第一层次	第二层次	第三层次	第四层次	
物流平台	实物物流平台	物流装备平台	集装平台	集装箱、托盘 集装袋、货捆
			自动化立体仓库平台	立体仓库 高层货架 举升设备
			散装平台	散装车辆 散装仓库 散装装卸设备
	物流管理平台	物流信息平台	公用物流信息平台	通信系统 数据交换系统 计算机网络 通关系统
			专用物流信息平台	卫星定位系统 地理信息系统 射频标签系统 供应链解决方案
		物流标准化平台	数据标准化平台	条码系统 编码系统 物流建筑模数尺寸系列 物流工具模数尺寸系列
			技术标准化平台	集装标准化 叉车标准化 仓库标准化 运输车辆标准化 装卸搬运设备标准化

4.3 物流运作资源整合

物流运作资源整合是指对支持物流企业业务操作的设施设备和运作手段进行系统化整合，主要分为运输资源整合和仓储资源整合。

第三方物流企业一般都拥有一定规模的运作保障资源，包括运输车辆、装卸机具、仓储基地或分拣中心、包装设备等。但第三方物流企业运作地域广泛，从经济效益角度考虑，企业没有必要全部拥有运作资源，也不可能完全拥有，如铁路车辆、货运飞机等。充分利用现有的物流设施、设备，整合和合理利用社会存量资源是我国迅速发展第三方物流的重要渠道，是适应我国国情的第三方物流发展的必然选择。

4.3.1 物流资源整合的概念

1. 物流资源整合的内涵

物流资源整合是指在现代物流的营运和生产经营活动中，将物流操作赖以依靠的各种资源集中在一个系统中进行统一设计和运用，在保持资源间有效衔接的前提下，实现资源成本的最低化和资源效益的最大化。

物流资源整合还可以理解为为适应不断变化的市场环境的需要，在科学合理的制度安排下，借助现代科技特别是计算机网络技术的力量，以培养企业核心竞争力为主要目标，将企业有限的物流资源与社会分散的物流资源进行无缝化链接的一种动态管理运作体系。

2. 物流资源整合的特点

(1) 是客户需求不断升级，客户个性化、差异化、专业化的要求。它促使物流资源规划企业参与到客户的采购、生产、运输等活动中，成为客户供应链中不可分割的组成部分。

(2) 是经营风险不断增加，时间和质量以及降低物流成本的要求。它促使物流企业既要追求优质服务，又要不断降低运作成本，双重压力使物流企业的经营风险系数增加。另外，市场竞争日益加剧，随着外资的大规模进入，市场竞争已经不是局部的，而是整体的、综合的。

(3) 是营销方式不断革新的要求。销售方式的改变使物流方式相应地发生变化，要求物流服务必须更快捷、更省钱，同时提供更多的增值服务。

(4) 是信息技术不断进步的要求。信息技术是物流企业发展现代物流的基础之一，是企业满足客户需要的前提，智能业务、远程业务、全程业务早已广泛应用。

上述这些特点决定了当前及未来能够适应客户需求的物流应该是一种多环节活动，具有规模效益，拥有网络化的特征，当前企业大量兼并重组的整合行为正是它们追求这些特征的表现。

3. 物流资源整合的目标

(1) 网络化。提高物流效率的最重要条件是构建现代化的物流网络体系，包括物流设施网络、信息网络和业务经营网络。在物流企业的兼并整合中，经营网络往往被视为最有效的优势资源。跨国公司为了实现竞争优势和全球范围内优化配置资源，要求物流提供商也能提供网络化、国际化的服务。因此，物流企业的网络化发展是随着客户的需求而产生的，当客户的生产经营趋于网络化时，物流企业的网络化经营也是必然要求。

(2) 规模效益。一方面，物流业务需要使用专门的物流设备及快捷的信息系统，这就需要很高的固定资金投入，并导致固定成本中占很大比例。所以只有随着规模的扩大，物流平均成本才会呈现出下降的趋势，具有规模经济性，达到盈利目的，保证物流企业的生存。另一方面，物流业务范围一般涉足全国甚至国际市场，要求物流企业必须拥有一个遍布全国的网络体系，才能顺利完成每笔业务的收取、存储、分拣、运输和递送工作。

(3) 多环节活动。传统的物流企业根据业务分为水上运输企业、空运企业、储运企业和基于管理的物流企业。在整个物流系统中，这些企业基本上只提供单一环节的服务，或涉足的环节较少。随着竞争的加剧，市场分工更加明细，大量的制造企业把更多的资源用于增强其自身的核心业务，而要求其物流提供商能够提供有效的一体化综合物流服务。综合物流业务的开展需要实现海、陆、空等各种运输方式的一体化和各种物流功能的一体化，这就要求物流企业进入物流系统的多个环节和领域，如图 4.5 所示。

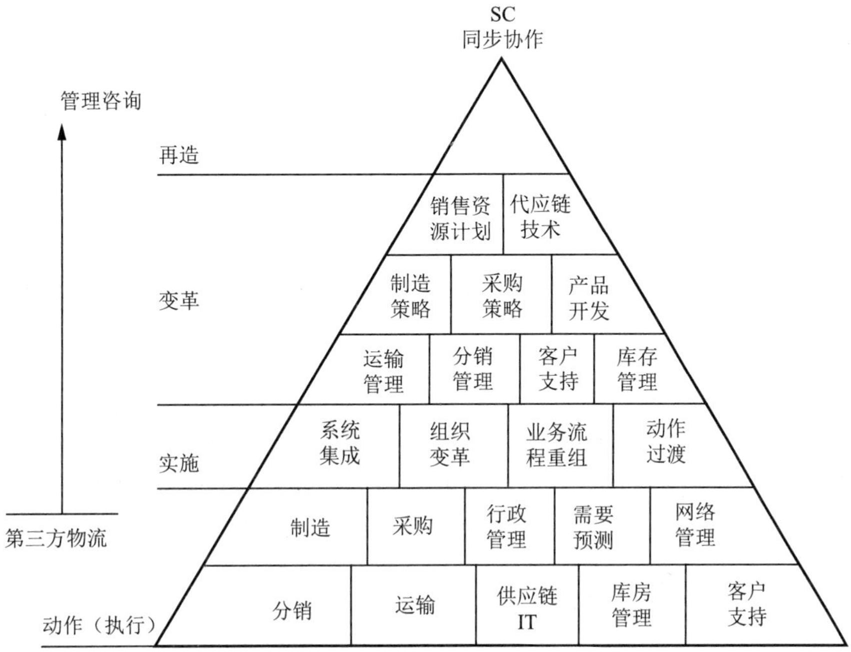

图 4.5　物流资源整合环节

4. 物流资源整合的原则

(1) 目标导向原则。以顾客满意为企业经营的目标，这要求企业物流资源必须紧扣顾客需求主题进行整合，强调以顾客为导向。以顾客为导向必须使企业各级人员都明确：企业生存和发展的理由是为顾客提供价值。顾客作为企业的重要“资产”，企业必须善待顾客，必须创建并维护良好的顾客关系。将客户关系管理作为企业的长期发展战略，努力培养顾客对企业的忠诚度，这是企业物流资源整合得以成功的重要前提。

(2) 规范化运作原则。企业应按现代物流的要求对物流整合的具体运作和物流作业流程再造进行规范，并确立科学合理的物流业绩评价标准，并依此进行物流具体的运作组织和管理，以降低物流资源整合成本及损失，提高企业物流资源整合质量。现代物流需要对其所有的系统要素围绕物流成本和物流客户服务之间的平衡进行系统优化，要想实现这一平衡，物流资源整合必须要有完善的流程、作业规范体系和制度体系，这也是进行物流资源整合绩效评价的依据和标准。

(3) 系统整体优化原则。企业物流资源的整合要以实现企业物流系统的整体最优为目标，而不是系统内部的要素目标最优。因此，在实施这一原则并对企业物流资源进行整合时，需要确定一个系统边界，以便于其整合运作的开展，最好以包含其上、下游企业和内部所有物流资源的供应链物流系统作为其系统边界。

(4) 知识化战略管理原则。这一原则要求企业必须提高其运用物流知识进行战略管理的能力，因为企业要想取得竞争的优势，只有靠不断地创新，而创新的源泉主要是企业拥有的知识及其对知识管理运用的能力。因此，企业要想整合物流资源，再造物流流程，必须开展全方位的基于物流知识的战略管理，加大企业创新的广度和深度，真正形成以知识化战略管理为基础的核心竞争能力。这是企业物流资源整合能否成功的关键。

做一做

在物流资源整合的过程中，企业会遇到哪些方面阻力？请列举说明产生阻力的原因。

4.3.2 运输资源整合

物流企业在物流操作业务执行和实施的过程中，经常需要外部不同的运输工具予以支撑和配合。运输资源的整合就是要实现外部运输资源的可调用性、资源使用的有效性、服务质量的一致性和成本的可控制性。

1. 运输设施的整合

(1) 合同式，即与具有集团作业能力的运输合作伙伴（或供应商）——承运商签署长期的运力供应合同，租用成建制的车队或铁路车辆、航空容器，以支持规模化的物流业务操作。这种形式的运输资源支持采购主要表现在物流企业与承运商之间在明确一定的基础条款（主要为结算条款）之后，承运商承诺为物流企业提供一定数量的运输能力支持，保证了运力在使用时的可及时调用。这些承运商一般均为有成建制的车队的独立企业，有较强的资源实力和业务操作能力，是物流企业稳定的合作伙伴。这种方式整合运输资源其保险责任及保险费用应事先明确。

(2)“化整为零”，通过租赁的方式将社会零散运力资源组合在一起，形成具有较大规模的运作基础资源系统。这种方式的资源整合一般仅局限于公路运输中对个体零散汽车或其他机动车的整合。例如，表 4-4 为某物流企业运作资源档案。

表 4-4　运输资源档案

运输档案							
车辆牌照	驾驶员	车　主	车辆型号	核定载重	车辆尺寸	车况记录	其　他
运输实绩							
承运物品	物品数量	承运时间	起讫点	运输里程	结算运费	其他杂费	服务评价

附件：驾驶证、行驶证复印件（扫描图像）

物流企业通常通过向社会发布相关的信息、对有意向的车主和车辆进行信誉度和业务水平的评估、与符合条件的车主签订作业协议等方式，吸引社会零散车辆，支持其物流运作。

这种方式整合运输资源，必须以严格的档案管理为基础，既要保证车辆能在需要时有序征用，又要防止不法车主可能会给企业带来的各种损失。

2. 运输线路的整合

运输线路整合在物流企业业务量较大的两个或两个以上城市间，以“定线、定班、定时”的方式开辟公路（或铁路、航空）的直达运输专线，一方面用于支持企业内部所需的业务运作，另一方面可以有效吸纳社会零散货源，以弥补固定货源不足、降低运作成本、提高运作效益。

专线运输包括公路专线、铁路专线和航空专线 3 种不同的方式，是物流企业针对其特定客户的货物交流需求和市场货物运输现状，实施资源整合的一种独特的形式。它不仅可以使物流企业的业务操作更具计划性和可控性，而且经济上的效益也是非常可观的。

由于客户业务可能出现的波动性和运输市场潜在变化因素的影响，所以固定业务和临时业务相结合是物流企业经常采用的操作方式之一。

3. 运输方式整合

物流公司的运输资源整合还体现在对不同运输方式灵活而有限地运用之上，利用公路、铁路、航空和水运等不同运输方式在运输时间、运输距离、运输质量和运输价格等方面的不同优势，实现货物运输在各种不同方式间的最优匹配和衔接。

多种不同的运输方式的整合，可以减少运输成本并为货物流通提供综合性的选择。例如，将时间性和直达性要求不高的货物尽可能转移或“化零为整”集合到铁路运输（或水路运输），将部分适合公路运输的航空货物分解到公路运输以保持完全的直达性，这样充分利用各种运输方式的联运功能，以促进整个运输过程在时间和成本上的系统最优。

4. 运输资源综合整合

不同承运工具在运输能力、装载数量上与货物种类、货物流量流向相匹配和衔接。由于货物的重量、尺寸和流量、流向不尽一致，物流企业在承运货物时对运输工具的选择，以及在对同流向货物的搭配运输上均有很大的操作空间，见表 4-5。

表 4-5 运输资源综合整合

整合点	整合方法	说 明	作 用
产品	低附加值＋高附加值	薄利多销，加不确定性高利业务	提高资源利用率，降低成本，提高效率，增加利润
客户	大客户＋小客户	以业务量大、稳定的大客户为主	
线路	去程＋回程	避免多种空驶形式	
货种	重货＋轻货	货物体积与重量的兼顾	
时间	高峰＋低谷	运输、仓储时间交叉，业务均衡分布	

(1) 轻重货的互补。对在同一线路的重货和轻货在不影响配载规定的前提下合理搭配，充分利用车辆的载重能力和容积，提高运输效益。

(2) 均衡货流。有目的地开发回程客户，降低空载率，使货流相对均衡。

运输资源的整合不是独立的概念，也不是一个单独的实施系统。运输资源的整合应与相关操作环节紧密结合，使运输、仓储、中转、搬运、包装等物流作业系统达到整体、综合最优化。

想一想

针对运输资源的 5 个（产品、客户、线路、货种和时间）整合点，物流企业如何才能有效地融合在一起？

4.3.3 仓储资源整合

仓储设施作为物流运作资源的重要组成部分，是物流的结点，是支撑和保障物流渠道运作的重要而关键的因素之一。由于仓库需求存在许多不确定性，所以大量的后备仓库组员是必不可少的。

1. 仓储资源的评估和选取

(1) 掌握仓储资源的有关数据和信息。

(2) 仓库所在区域、详细位置。

(3) 仓库周边道路交通状况，是否有铁路专用线接入。

(4) 仓库业主、建筑性质和建筑结构。

(5) 仓库的面积、空间高度、承载重量。

(6) 仓库的安全性能及防火、防盗、防潮能力。

(7) 仓库是否配备相应的装卸作业工具，作业机具的名称、型号及使用年限。

(8) 仓库是否为立体仓库，货架数量及货物托盘配备数量。

(9) 仓库租金及其支付形式，仓库内外形状的摄影照片。

(10) 除特定客户专用仓库外，物流企业建设或承租仓库应考虑适应多数客户和货物的需要。

2. 仓库资源整合

仓库资源整合的核心是以最小的仓库使用成本支出，储存和保管最多的货物。不同仓库之间、不同客户的货物之间进行存储地点、数量、时间等方面的调剂，可以支持客户在当地的生产或销售，这是仓库资源整合的出发点。合理的利用外部仓库资源，或物流业间实现资源的相互利用，调节由于时间、地点等因素导致的不均库存，使现有仓库资源得到充分、合理的利用，以提高效益，这是仓库资源整合的目标。

3. 仓储资源整合对策

随着经济的发展、增长，作为货物流转支持的仓储业有着广阔的发展前景，因此，应从加强仓储设备建设、引进竞争机制、加强资源整合、培养专业人才等方面入手，推进仓储业的科学、健康和持续发展。

(1) 加强仓储基础设施建设。要加大投入力度，努力提升现有仓库的基础设施，不断改造陈旧老化的仓库，更新使用现代化的仓储设备，提升仓储业的作业能力，但必须在借鉴国内外的先进经验和技术的基础上，结合本地的实际情况谋划发展，不能脱离实际、贪大贪多，造成资源的浪费。

(2) 加快引入竞争机制，建立统一、公平有序的现代仓储市场体系。保障仓储业的健康发展，必须规范市场秩序，加快引入竞争机制，建立统一开放、公平竞争、规范有序的现代仓储体系。只有有了宽松的经营和发展的市场环境，仓储企业才能健康发展。

(3) 加强仓储资源的整合，完善仓储标准化体系。应适应现代物流要求，加强资源整合，建立仓储网络。仓储标准化不仅是为了实现仓储环节和其他环节的密切配合，而且是仓储内部提高作业效率的有效手段，所以仓储企业要不断完善其标准化体系。

(4) 引进并培育仓储专业人才，完善培训体系。仓储企业要充分利用各种资源，积极从各高等院校引进相关人才，并加强对物流企业从业人员的在职培训等，加大仓储专业人才培养和培训的力度，为仓储业的发展提供人力资源保证。

看一看

运作资源是许多物流企业共同关注的基础资源，这就关系到资源的可获得性问题。为了保证资源的可获得性，可采用两种方法：一是扩大备选资源的数量；二是加强对优质资源的控制。

4.3.4 信息资源整合

物流行业过去流行的“大而全”思维已不能适应现代物流的发展需要，运输资源可以通过合同车队或者组建车队来完成，仓储资源可以通过租用或者直接建设完成。运输和仓储能力不是物流企业的必要条件，而只是物流企业需要整合的资源对象，单纯依靠扩大基础设施诸如仓储和运输规模来赢得市场的想法将被市场所淘汰。所以在现代物流概念中，急需依托信息网络来提高单位成本的运作效率，这使得物流行业信息化建设显得十分迫切。

1. 选择合适的模式实现物流企业的信息化

第一种模式是自己开发信息系统，第二种模式是与IT公司合作开发，但这两种模式不是直接费用和间接费用太高，进度难以保证，就是要花费大量时间沟通，服务质量得不到保障。较之这两种模式最好的是第三种模式，即选择专业的物流软件公司。在专业的物流软件公司，物流分析人员了解物流企业的运作流程及信息系统要求，再辅以专业的IT人员，开发的系统一般适用于物流企业，对于类型与规模不同的企业只需根据所提出的特殊要求进行客户化调整即可。此外，专业物流软件公司的业务分析人员会对企业的业务流程进行详细分析，并提出流程和管理方面的咨询意见，这样的专业管理咨询意见对于物流企业是非常重要的。

2. 慎重选择信息化合作伙伴

所选择的物流软件公司要在物流行业内有一定的知名度，具备相应研发和技术能力，最重要的是要拥有物流管理专业分析或咨询人员，且价格要适当。物流企业只有认真分析自身的条件，有针对性地选择合适的开发合作伙伴，构建适合自己的电子商务与物流信息系统，方能提高核心竞争力。

3. 领导素质要与企业信息化建设相适应

从岗位的角度来看，由于物流信息化工作具有较强的技术性和专业性，所以需要组织企业进行物流信息化建设的领导具有较高的素质，具体包括应该拥有良好的计算机相关专业的教育与实践背景、较好的管理与组织能力，同时还要十分熟悉所在物流企业的业务流程、经营模式和发展战略，并且能够对企业的经营发展需要什么样的信息系统有正确、全面的认识。

4. 构筑物流企业信息化的公共平台

服务功能少、高素质人才少、竞争能力弱、融资能力差、网络分散、经营秩序不规范等是我国大多数中小型物流企业存在的主要问题，信息化能从根本上解决物流企业的这些问题。信息系统是构建现代物流的中枢神经，通过信息在物流系统中快速、准确和实时地流动，可以使企业能动地对市场做出积极的反应，并指导企业调整生产经营活动。但是作为一个传统的物流企业，自行建立一个物流信息系统所耗费的资源是巨大的、昂贵的，我国物流企业迫切需要一个公共物流信息平台。由于互联网的发展以及物流信息技术运用的成熟，物流信息平台已成为物流行业发展的一大趋势。

5. 注重信息化的整体性与持久性

好的系统软件一般都有很好的延续性和扩展性，这就需要企业在进行物流软件系统开发之前就应该对整个系统软件有一个宏观和长远的规划，也就是说要考虑得尽量全面具体，并要充分照顾到企业将来的应用需求以方便软件系统的升级与优化，这也是企业信息化建设的可持续性要求。

总之，实现企业的管理规范化，提高企业运作效率和降低成本，信息化建设和信息系统的引进与实施迫在眉睫。物流企业的信息化建设，也需要政府在政策、资金、环境上给予支持，从而降低企业信息化投入的风险，有效带动和促进企业的信息化投入，增强物流企业信息化建设的主动性和积极性。

想一想

不同类型、不同规模的物流企业在整合信息资源时，会采取哪些不同的途径？

4.3.5 客户资源整合

现代物流运作强调物流服务个性化，但规模化经营也是现代物流的一个重要特征，也是第三方物流的优势所在。多个不同的客户共享物流企业的运作资源，在资源的承载能力能予以支持的情况下，不同客户的物流业务整合运作更能给企业带来规模效益。

1. 客户资源整合的范围

(1) 不同产业客户资源整合。目前，第三方物流的客户主要来自生产制造企业和流通企业。客户资源整合要考虑不同产业客户业务的相互匹配和协调、不同产业物流需求的特点，见表4-6。

表4-6 不同产业物流需求的特点

行业或产业	主要物流作业对象	物流需求特点
生产制造业	快速消费品	广阔的地域覆盖，降低物流成本以支持本来已经很薄的利润率，快速物流运作能力，适应季节性生产需求的物流灵活度，支持小批量、多品种、高频度的运送
	消费电子品	快速响应能力，降低物流成本，物流服务覆盖的地理区域广，对运输和保管环境的物流条件和化学条件有严格要求，支持根据订单生产的 JIT 采购、配送、分拨、报关等增值服务

续表

行业或产业	主要物流作业对象	物流需求特点
生产制造业	机械设备、汽车行业	降低物流成本，支持 JIT 的生产方式，物流增值服务，强调分拨和配送能力
	医药流通行业	对整个供应链上严格的质量监控，降低供应链上的物流成本，跨地区的仓储和运输能力，对特殊订单的反应能力
	冷链货品	对供应链全程的严格温度控制，降低物流成本，跨区域的仓储和运输能力，对特殊订单的反应能力
商品流通业	连锁经营店铺	面向规模、特点不同的商场、超市、专卖店，物流业务不均衡，物流服务及时性要求高，强调配送能力

(2) 不同区域客户资源整合。客户分布涉及企业物流保证资源的分布和延伸范围，物流资源的承载率、使用率关系到整个物流运作成本，因此，物流企业在发展客户时，应关注一个客户物流运作末端与另一客户物流运作起点相衔接的问题，尽量避免空驶。

2. 客户资源整合的方式和渠道

在确定客户范围的基础上，引进一些客户，然后进行客户资源整合，客户资源整合方式和方法包括客户资源匹配、运作资源匹配和信息资源匹配 3 种。

客户资源整合是与运作资源整合紧密地联系在一起的，但方式、方法各异：有的企业客户资源的整合在市场开发中就需要予以关注；有的企业客户资源的整合则在具体业务操作中予以优化并实施，如有意识地选择季节性互补的客户，避免淡季能力闲置，旺季能力不足。

3. 客户资源整合的有效途径

资源整合是一个以客户需求为导向的不断演进的过程。

(1) 服务——物流企业的产品。物流企业的产品是管理服务，如承运人管理、货运组织调度、配送中心管理与设计、信息流管理及物流系统规划设计等。服务产品的生产和消费是在供需双方的互动过程中完成的。因此，物流企业的资源整合不能没有客户的直接参与，一方面，3PL 要与客户一起研究制定物流管理解决方案、确定相应的绩效考核指标；另一方面，客户在将物流管理外包的同时往往保留着自己原有的物流管理团队，并要在方案实施过程中与 3PL 建立互动协调机制。

(2) 客户——物流企业的重要资产。首先是客户价值的识别和判断，物流企业以什么样的标准来评价客户价值，取决于它对客户的基本看法。一般来说，企业对于客户的基本看法有两种：一是看作企业的竞争对手；二是看作企业的重要资产。

作为竞争对手，物流企业与其客户之间是纯粹的“价格博弈”关系。这种情况下，客户仅仅把物流运作外包作为降低运输或仓储等环节成本的措施，物流企业不需要为客户规划设计整体的或延伸的物流管理解决方案，所以物流企业也就无法参与客户物流成本节约的全过程。

作为重要资产，物流企业必须创建并维护良好的客户关系，通过提供的物流服务增强客户的市场竞争力。物流企业不仅要使客户的当前价值最大化，而且要使客户的寿命周期价值最大化。物流企业实施客户关系管理，培养客户忠诚度是一个长期的投资行为，必须制定企业长期发展战略来指导这一行为，必须要有企业长期发展战略的指导。

(3) 老客户——物流企业客户资源整合的重点。物流企业需要做两件事：留住老客户和发展新客户。开发新客户的成本大是留住老客户的好几倍，所以重点应放在老客户方面，而且老客户的示范效应对新客户的开发具有促进作用。如果企业的年客户流失率过高，就要好好找一找自身的原因了。

想一想

物流企业在进行客户资源整合时，对其组织结构、运作流程、岗位职责等方面会有哪些影响？

4.3.6 物流资源整合的 3 个阶段

现代物流资源整合是在满足客户需求和降低成本前提下，利用多种手段对各种分散的物流资源，在不同的运作主体中进行集成化运作。

第一阶段，资源组合阶段。该阶段的特点就是整合社会上大量的仓库资源、运输资源和人力资源。这个阶段的目标是利用外包，整合社会力量来降低物流企业的运营成本。

第二阶段，资源投合阶段，即加强自有资源投资与外部力量整合。该阶段的特点是物流企业进行大规模物流运作资源投资（包括实体运作资源和信息平台资源），通过区域物流资源合作，实现优势互补，构建新的企业竞争优势。例如，宝供物流基地建设、传化物流公路港复制等都是资源投合模式的代表。

第三阶段，资源谋和阶段，即资源供应链一体化运作阶段。该阶段的特点是物流企业实施供应链一体运作，对供应链的上、下游不同运作主体进行集成化运作，给客户提供综合解决方案，此时，制造 / 商贸企业的物流业务实现完全外包，而不是仅有功能型服务（如运输业务、仓储业务）外包。例如，中铁快运“5100 西藏冰川矿泉水项目”就是一个集原料运输、成品运输、区域仓储、库存管理、分拨、配送、行业销售于一体的一体化物流服务项目，它成功地整合了上、下游不同主体的物流业务，成为业内资源谋和的典范。

物流资源整合从低阶段向高阶段发展，是物流产业市场集中度提高的体现。当大量的“资源组合”模式不适应当前高成本环境时候，部分中小物流企业开始退出物流行业，因为它们已经无法“组合”到相应的资源。此时，一部分较有实力的物流企业开始转型，向“资源投合”方向发展，客户也越来越青睐这些具有实体资产的企业。随着客户需求集成化程度不断提高，“物流谋和”开始成为主流，只有通过供应链一体化运作，才能从根本上降低物流成本，提高物流企业和客户双方的竞争力，实现双赢。

阅读材料

天地华宇整合“如风达”

2014 年 6 月，原凡客诚品旗下快递品牌“如风达”发布消息称，中信产业基金全资控股的公路快运企业天地华宇集团宣布收购如风达。收购完成后，“如风达”将作为天地华宇旗下的快递品牌独立运营，同时，天地华宇也开始从公路物流企业，向集公路快运、国内快递两大业务于一身的综合物流商转变。

天地华宇成立于1995年，后被国际物流巨头TNT收购，2013年又加入中信产业基金。如风达快递创立于2008年4月，是国内较早开展电子商务配送业务的快递公司，业务范围覆盖全国340个大中城市。

天地华宇将“如风达”纳入旗下，从公路物流向快递延伸触角，并不是国内物流行业的首次尝试。据了解，国内物流行业大佬德邦已经开始尝试自建快递。

同时，快递向物流界的跨界延伸也开始启动。顺丰不久前推出一站式“门到门”陆运物流产品“物流普运”，主要针对大件货物运输。另有报道称，原本并非一线快递企业的全峰快递，在获得云峰基金注资后，已于近日斥资数千万购得华南老牌物流企业深圳市亚风速递，欲借此切入物流行业。

专家表示，快递行业前景仍然巨大，高速成长仍将保持相当长的一段时间。对于物流企业而言，从单一的物流业务向包含仓储、快递、零担等综合物流企业转向，已经成为大趋势。国内的快递物流行业已经进入到优胜劣汰、重组并购、提高市场集中度的阶段，这一阶段将持续到2018年，甚至不排除目前国内快递行业的四个一线企业“三通一达”被整合的可能性。

（资料来源：http://finance.china.com.cn/roll/20140702/2508350.shtml，有改动）

4.4 科学的运营管理

4.4.1 第三方物流企业作业管理

第三方物流企业作业管理是指物流企业对物流作业活动的计划、组织、协调和控制，即通过科学的方法对物流企业的活动要素进行管理。其中每一个物流环节都可能需要一定的活化劳动和物化劳动消耗，采用现代技术手段和实行科学管理的方法，尽可能地优化一些物流环节，既有利于加速物流进度，又有利于降低物流成本。

1. 第三方物流运输管理

第三方物流企业的运输管理是对整个运输过程的各个部门、各个环节，以及运输计划、发运、接运、中转等活动中的人力、物力、财力和运输设备进行合理组织，统一使用，实时控制、监督执行，以求用同样的劳动消耗，创造更多的运输价值，取得最好的经济效益。

物流企业的运输合理化是指科学运用系统理论和系统工程原理及方法，充分利用各种运输方式并选择合理的运输路线和合适的运输工具，以最短的路径、最少的环节、最快的速度和最低的成本来组织好物品的运输活动。影响运输合理化的因素有很多，其中起决定作用的通常被称为合理运输“五要素”，即运输时间、运输距离、运输环节、运输工具和运输费用。

为实现运输的合理化，第三方物流公司应该积极采取以下措施：

(1) 合理选择运输工具，提高运输工具的实载率。应根据不同商品的性质和数量，来选择不同类型的运输工具。另外，还要充分利用运输工具的额定运量，减少不满载行驶和空驶现象（这在返程运输中表现尤为突出）的发生。为此，物流企业就要做好车、货衔接工作，尤其是做好备货工作，使企业在运输过程中的可变成本收益比例尽量降低。

(2) 合理选择运输方式，实现运输方式的合理分工。各种运输方式都有自己的优、缺点，第三方物流公司在安排货物运输时，要充分地综合利用各种运输方式的长处，发挥各种物流方式的最优效果。例如，根据运输距离的长短来进行铁路、公路的分流。

(3) 合理设计、正确选择运输线路。尽量采用直达、快速运输，尽可能缩短运输时间或安排沿路加载或循环配送运输，以提高车辆的容积利用率和车辆的里程利用率，来节省运费并节约运力。应避免迂回运输、重复运输、倒流运输和过远运输的发生。

(4) 直达运输。直达运输是追求运输合理化的重要形式。直达的优势，尤其是在一次运输批量和客户一次需求量达到了一整车时表现最为突出。当然，直达运输的合理性也是建立在一定的条件之上的。

(5) 配载运输。配载运输是指充分利用运输工具的运力，合理安排装载的货物及载运方法以求得运输合理化的一种运输方式。配载运输其实也是为了提高运输工具实载率。配载运输一般是轻重物品的混合配载，例如，在铁路运送矿石、钢材时，在上面搭运轻泡农、副产品；在海洋运输矿石、黄沙等重质货物时，在上面捎运木材、毛竹等轻质物品。

(6) 合整装载运输。这是“集运”观念在第三方物流企业运输管理中的运用。因为在物品运输中，一般是运输批量越大费率越低。采取合整装车运输，可以减少运输成本和节约劳动力，在一定程度上提高了运输工具的实载率。合整装载运输的流程，对第三方物流企业来说，就是把同一方向不同到站的少量商品集中地配在一起，以整车方式运输到适当的中转站，然后分运至目的地。

2. 第三方物流仓储管理

第三方物流仓储管理是指第三方物流企业对仓库和仓储物资进行管理。良好的仓储管理的作用不仅表现在它是社会再生产过程中得以顺利进行的必要条件，是保存物资原有使用价值的必要环节，而且还表现在它是促进资源合理利用的重要手段。良好的库存管理不仅能保证企业生产过程获得及时、准确、质量完好的物资供应，而且有利于企业通过占有较少的流动资金，降低产品成本，从而提高企业经济效益和竞争力。

(1) 第三方物流仓储管理的内容。

① 仓库的产权决策：自营或公共仓储。

② 仓库的选址与建筑问题。

③ 仓库机械作业的选择和配置问题。

④ 仓库的业务管理问题。

⑤ 仓库的库存管理问题。

(2) 第三方物流企业仓储管理的目标。

① 合理储备物料。

② 降低物料储存成本。

③ 确保库存物料安全。

④ 满足客户对库存管理的个性化需求。

3. 第三方物流配送管理

(1) 第三方物流配送作业的流程。

① 划分基本配送区域。

② 车辆配备。

③ 暂定配送先后顺序。

④ 车辆安排。

⑤ 选择配送路线。

⑥ 确定最终的送货顺序。

⑦ 完成车辆积载。

(2) 第三方物流配送管理合理化。

配送合理化的基本思想：配送合理化的一个基本思想就是“均衡”。不合理配送的表现形式：资源筹措不合理、库存决策不合理、价格不合理、配送与否的决策不合理、经营观念的不合理。

配送合理化的判断标志包括以下几个：

① 库存标志。库存是判断配送合理与否的重要标志。

② 资金标志。主要包括资金总量、资金周转及资金投向的改变。

③ 成本和效益标志。主要包括总效益、宏观效益、微观效益、资源筹措成本都是判断配送合理化的重要标志。

4. 第三方物流装卸搬运管理

装卸是指物品在指定地点以人力或机械设备装入或卸下；搬运是指在同一场所内，对物品进行水平移动为主的物流作业。

装卸活动的基本内容包括装车、卸车、装船、卸船、入库、出库和堆码等。在物流过程中，装卸活动是不断出现和反复进行的，而且频率最高，产品从出厂一直到消费者手中，至少要经过一二十次的装卸操作。它是影响物流效率，决定物流技术经济效果的重要环节。

改善装卸作业，既要设法提高装卸作业的机械化程度，还必须尽可能地实现作业的连续化。一次的装卸作业和下一次的装卸作业是连续的，实现各装卸作业之间的连续化可以减少中间的装卸搬运环节，使一系列的装卸作业顺利地进行，从而起到提高装卸效率，缩短装卸时间，降低物流成本的重要作用。

装卸搬运合理化的基本原则：减少环节，简化流程；协调作业，提高效率；周全考虑，提高搬运灵活性；集中作业，集散分工；标准通用，实行集装单元化。

5. 第三方物流流通加工管理

流通加工是指在物品从生产领域向消费领域流动的过程中，为促进销售、维护产品质量和提高物流效率，对物品进行加工。

流通加工合理化的基本原则：加工与配送相结合；加工与配套相结合；加工与运输相结合；加工与商流相结合。

做一做

物流各环节的标准化运作包括尺寸规格标准化、承载方式标准化、搬运方式标准化、标识方式标准化、作业时间标准化、摆放堆码标准化。仔细观察身边的物流活动，看看能找到哪些物流标准化的表现方式？

4.4.2 第三方物流企业质量管理

1. 质量和质量管理的含义

质量是反映实体满足明确和隐含需要的能力的特性总和。

质量管理是指确定质量方针、目标和职责并在质量体系中通过诸如质量策划、质量控制、质量保证和质量改进使其实施的全部管理职能的所有活动。

物流质量是指物流活动满足企业生产需要和顾客消费需要的能力特性的总和。物流质量内涵丰富，其主要内容有以下几个方面：

(1) 商品质量。商品质量指商品运送过程中对原有质量（数量、形状、性能）的保证，尽量避免商品的破损。

(2) 物流服务质量。物流服务质量指物流企业对客户提供服务，使客户满意的程度。例如，第三方物流企业采用 GPS，能使客户对货物的运送情况进行随时跟踪。由于信息和物流设施的不断改善，企业对客户的服务质量必然会不断得到提高。

(3) 物流工作质量。物流工作质量是指物流服务各环节、各岗位具体的工作质量。这是相对于企业内部而言的，是在一定标准下的物流质量的内部控制。具体的控制是物流工作质量指标，包括运输工作质量指标、仓库工作质量指标、包装工作质量指标、配送工作质量指标、流通加工工作质量指标及信息工作质量指标等。

(4) 物流工程质量。物流工程质量是指把物流质量体系作为一个系统来考察，用系统论的观点和方法，对影响物流质量的诸要素进行分析、计划并进行有效控制。这些因素主要包括人的因素、体制因素、设备因素、工艺方法因素及环境因素等。具体的物流工程质量指标有运输工程质量指标、仓库工程质量指标、包装工程质量指标、配送工程质量指标、流通加工工程质量指标及信息工程质量指标等。

物流质量管理与一般商品质量管理的主要区别是：一方面要满足生产者的要求，使其产品能及时准确地运送给用户；另一方面要满足用户的要求，按用户要求将其所需的商品送达，并使两者在经济效益上求得一致。

第三方物流企业的质量保证和质量控制工作主要通过物流服务质量体系的构建和物流服务过程的质量管理来实行。

2. 第三方物流服务质量体系的构建

物流质量体系主要有管理者的职责、资源、质量体系结构和客户 4 个关键的方面，而客户则是物流质量体系这 4 个关键方面的核心。

(1) 物流管理者的职责。

① 制定质量方针。

② 确定质量目标和活动。

③ 确定质量管理者的职责和权限。

④ 进行管理评审。

(2) 物流服务资源。物流服务资源是物流服务质量体系的物质、技术基础和支撑条件，是物流服务质量体系赖以存在的根本，也是其能有效运行的前提和手段。这些资源包括人力资源、物质资源和信息资源。

(3) 物流服务质量体系结构。第三方物流企业的质量体系结构包括组织结构、过程和程序文件 3 个部分。

① 组织结构。主要表现在一线员工的职责和权限、管理者的职权和管理的层次等方面。

② 过程。根据物流服务质量环，物流服务可划分为 3 个主要过程，即市场研究和开发、物流服务设计和物流服务提供（传送）过程。

③ 程序文件。可以分为管理性程序和技术性程序两类。

3. 第三方物流服务过程的质量管理

与生产制造企业把产品销售到客户手中这个过程不同，物流服务不创造新的实物产品，只是运用某些设施设备和方法实现了实物产品的时间价值和空间价值，因此，具有主观性、过程性和整体性的特点。物流服务的质量好坏要视客户的主观判断和整个服务过程是否按照承诺予以实现来判定。

影响物流服务质量的因素包括人的因素、体制的因素、环境设备因素、工艺方法因素、计量与测试因素、环境因素。这些因素交织在一起，给物流服务的整体质量管理带来不小的挑战。任何一个因素没有考虑到或者没有落实，都会影响第三方物流企业的质量管理。在具体的物流服务过程中，企业会采用一些量化的指标来观测是否达到质量管理目标，见表 4-7。

表 4-7 部分常用物流质量管理指标

指标分类	指标内容
运输作业质量指标	物品损坏率＝（年货损总金额 / 年货运总金额）×100% 装载效率＝（车辆实际装载量 / 车辆装载能力）×100% 正点运输率＝（年正点运输次数 / 年运输总次数）×100%
仓储作业质量指标	仓储吨成本＝仓储费用 / 库存量 设备利用率＝（全部设备实际工作时数 / 设备工作总能力时数）×100% 仓库利用率＝（存储商品实际数量或容积 / 设计库存数量或容积）×100% 仓库吞吐能力实现率＝（计划期内实际吞吐量 / 仓库设计吞吐量）×100%
库存管理质量指标	库存资金周转率（次）＝全部供应金额 / 平均库存金额 供应服务水平＝（供应量 / 需求量）×100% 缺货率＝（缺货数量 / 存货需求数量）×100%
配送作业质量指标	按期交货率＝（按期交货次数 / 总交货次数）×100% 商品完好率＝（交货时完好商品量 / 配送商品总量）×100% 缺损率＝（缺损商品量 / 配送商品总量）×100% 客户满意率＝（客户满意配送商品数量 / 客户要求配送商品总数）×100%

通过这些物流服务质量的指标评定及对客户的调查回访，物流企业可以有效地了解和控制自身质量水平。一旦出现了不合格服务，物流企业管理者在识别到出现问题之后需要及时做到以下几点：

(1) 让员工为不合格服务的纠正做准备。

(2) 充分授权给第一线员工。

(3) 奖惩员工。

4. 第三方物流质量管理的常用方法

（1）PDCA 循环。

PDCA（P—Plan，即计划；D—Do，即执行；C—Check，即检查；A—Act，即行动）循环是质量管理的工作方法，也是做任何事情的一般规律。开展某项工作，事先必须有个设想或打算（策划）；再实施计划，也称为执行计划；然后，将执行的过程及结果同计划相比较，找出问题，这就是核对检查；最后，根据检查结果，把成功的经验加以肯定并列入标准中，将遗留的问题作为下一个 PDCA 循环的 P 阶段的目标。

（2）5S 活动。

"5S"的内容和具体要求如下所述：

① 整理（Seiri）。整理是把要和不要的人、事、物分开，再将不需要的人、事、物加以处理。整理的目的是：改善和增大作业面积；保持现场行道通畅，提高工作效率；减少磕碰，保障安全和质量；消除混放、混料等差错现象；减少库存、节约资金；改变作风，提高员工工作情趣。

② 整顿（Seiton）。整顿是把需要的人、事、物加以定量、定位。经整理后，对现场需要的物品进行合理摆放，实行定置管理。整顿的要点是：物品摆放要定位，便于寻找；定位要科学合理，常用的放近些，不常用的可放远些；物品摆放要目视化，过目知数，不同区域用不同的色彩和标记。

③ 清扫（Seiso）。清扫是把工作场所打扫干净，设备有异常时马上修理，恢复正常。清扫的要点是：自己使用的东西，自己清扫；设备清扫，着眼于维护保养，清扫即点检，同时作好润滑工作；清扫也是为了改善。

④ 清洁（Seiketsu）。清洁是要认真维护工作场所，保持完美和最佳状态。清洁的要点是：保持整齐、清洁卫生，有利身心健康；物品、环境都要清洁，消除污染；工人自身，包括服装、仪表，都要清洁；不仅人的形体上要清洁，而且人的精神要文明。

⑤ 素养（Shitsuke）。素养是指养成良好工作习惯，遵守纪律。"5S"活动始于素养，也终于素养。

想一想

结合自己的生活体会，分析一下第三方物流企业的质量除了安全性、及时性，还表现在哪些方面？

4.4.3 第三方物流企业成本管理

1. 第三方物流成本的含义

第三方物流成本即为在第三方物流活动过程中，为了提供有关服务，要占用和耗费一定的活劳动和物化劳动的货币表现。

2. 第三方物流成本的构成

第三方物流成本包括物流各项活动的成本，是特殊的成本体系。对于物流成本问题，有必要建立一套完整的理论体系指导实践，把物流成本管理提升到企业会计管理的高度，这样才能纳入到企业常规管理范畴之内。另外，从企业组织结构来看，有必要从根本上改变企业部门和职能的结构，成立诸如物流部、物流科等职能部门，才有可能对物流成本实行单独核算，并对物流成本进行系统分析与控制。

具体而言，第三方物流成本主要由4项内容构成，即基础设施成本、运转设备成本、营运成本和作业成本。基础设施成本在运输成本中占有很大的比重，如仓库和配送中心的建设成本；运转设备成本是指牵引机车、动力机械等运输工具方面的投资，如汽车、集装箱等；营业成本是指运输过程中所产生的能源、材料和人工等方面的开支；作业成本是指在第三方物流的作业过程中所发生的分拣、组配、装卸、储存等作业而发生的各类费用。

3. 第三方物流成本的影响因素

(1) 竞争性因素。企业所处的市场环境充满了竞争，企业之间的竞争除了产品的价格、性能和质量外，还包括客户服务。从某种意义上来讲，优质的客户服务是决定竞争成败的关键，而高效的物流系统是提高客户服务的重要途径。影响客户服务水平的因素主要有以下几个方面：

① 订货周期。企业高效的物流系统必然可以缩短企业的订货周期，降低客户的库存，从而降低客户的库存成本，提高企业的客户服务水平和企业的竞争力。

② 库存水平。存货的成本提高可以减少缺货成本，即缺货成本与存货成本成反比，因此，合理的库存应保持在使总成本最小的水平上。

③ 运输。企业采用快捷的运输方式虽然会增加运输成本，但是可以缩短运输时间，降低库存成本，提高企业的快速反应能力。

(2) 产品因素。第三方物流企业处理的产品的特性不同也会影响物流成本。

① 产品价值。一般来讲，产品的价值越大，对其所需使用的运输工具要求越高，仓储和库存成本也随着产品价值的增加而增加。高价值意味着存货中的高成本及包装成本的增加。

② 产品密度。产品密度越大，相同运输单位所装的货物越多，运输成本就越低；同理，仓库中一定空间领域存放的货物越多，库存成本就越低。

③ 易损性。易损产品对物流各环节（如运输、包装和仓储等）都提出了更高的要求。

④ 特殊搬运。有些物品对搬运提出了特殊的要求。例如，对长大物品的搬运需要特殊的装载工具；有些物品在搬运过程中需要加热或制冷等，这些都会增加物流成本。

(3) 空间因素。若企业距离目标市场太远，则必然会增加运输及包装等成本；若在目标市场建立或租用仓库，也会增加库存成本。因此，空间因素对物流成本的影响是很大的。

4. 第三方物流成本的分析方法

企业不论规模大小，所拥有的物流资源总是有限的，要使有限的物流资源实现尽可能大的物流效果，第三方物流企业就必须做好物流计划工作。物流计划工作用数量形式反映出来就叫做物流预算。成本费用预算是物流预算中重要的组成部分。在物流管理活动中，企业必须控制物流计划的执行情况，将实际数据同原定的目标、计划、预算、标准和定额进行对比，找出偏差并从中发现问题或潜力，采取措施加以纠正或修订计划，以提高物流活动的经济效益。

第三方物流企业常用的成本控制方法主要有标准成本控制法、作业成本控制法、质量成本控制法和ERP(Enterprise Resource Planning，即企业法原计划）成本控制法。

(1) 标准成本控制法。标准成本控制是以制定的标准成本为基础，将实际发生的成本与标准成本进行对比，提示成本差异形成的原因和责任，采取相应措施，实现对成本的有效控制。其中，标准成本的制定与成本的事前控制相联系，成本差异分析、确定责任归属、采取措施改进工作则与成本的事中和事后控制相联系。

(2) 作业成本控制法。作业成本控制是以作业为基础计算和控制产品成本的方法，其基本理念是产品消耗作业，作业又消耗资源，生产导致作业发生，作业导致间接成本的发生。

(3) 质量成本控制法。质量成本是指企业为保持或提高产品或服务质量所支出的一切费用，以及因产品或服务质量未达到规定水平所发生的一切损失。质量成本包括两个方面的内容：一是预防和检验成本；二是损失成本。质量成本控制首先要确定最优质量成本，并以此作为质量成本控制的总目标；其次要建立质量成本管理的组织体系；最后要计算和分析质量成本差异。

(4) ERP 成本控制法。ERP 系统是指建立在信息技术应用基础上，结合系统化的管理思想，为企业决策层及员工提供决策手段的管理平台。ERP 是集企业管理理念、业务流程、基础数据、人力和物力资源、计算机硬件和软件、网络资源于一体的企业资源管理系统。ERP 将企业内部所有资源整合在一起，对采购、生产、成本、库存、分销、运输、财务和人力资源等进行规划，以达到最佳资源组合，取得最佳效益。

阅读材料

比亚迪电动物流车有效降低物流成本

在深圳物博会 9 号馆，新能源纯电动物流车展览区，成为这两天展会上的热点，引来不少参观者和物流企业老总驻足观摩咨询。

在环境问题日益突出的情况下，电动物流车市场逐渐兴起。据了解，作为电动车行业的领头羊，比亚迪商用车携 T3 纯电动物流车、CPD25 纯电动叉车及 C9 纯电动客车三款新能源产品亮相会展中心 9 号馆，掀起一场“绿色”风暴。

本次比亚迪推出的 T3 纯电动物流车，满足投递网点到终端用户的运输需求。T3 纯电动物流车采取交、直流两种充电方式，仅需 65min 即可充满，续航里程大于 250km，可有效解决物流“最后 1km”成本高、效率低的问题。与传统的燃油物流车相比，T3 纯电动物流车兼具零排放和使用成本低的特点，可以为企业带来更高的经济价值。

在仓储领域，比亚迪纯电动叉车搭载全球领先的铁电池技术，能够快速充电，随充随用，不仅解决了内燃叉车的尾气污染问题，还解决了传统铅酸电池叉车充电时间长、电池寿命短、重金属污染及酸雾污染等问题。此外，比亚迪新能源叉车充电效率高，使用成本比内燃叉车节省 80%，为企业省下一笔不菲的运营费用。

（资料来源：e.sina.com.cn/roll/20151016/070023491874.shtml，有改动）

课后练习

一、选择题

1. 第三方物流参与供应链管理模式以（　　）为管理导向，要求第三方物流从面向企业内部发展到面向企业之间的集成物流服务。

A. 信息　　B. 资金　　C. 战略　　D. 产品

2. 目前，美国使用第三方物流企业的比例约为（　　）。

A. 42%　　B. 58%　　C. 60%　　D. 75%

3. 美国第三方物流的迅速发展，主要得益于（　　）。

A. 完善的制度　　B. 高超的技术水平

C. 先进的设备　　D. 雄厚的资金储备

4. 能够对制造企业或分销企业的供应链进行监控，在客户和物流信息供应商之间充当唯一“联系人”角色的是（　　）。

A. 第一方物流　　B. 第二方物流　　C. 第三方物流　　D. 第四方物流

二、判断题

1. 物流一体化是物流运作的更低级阶段。（　　）

2. 第四方物流成功的关键在于为顾客提供最佳的增值服务，即迅速高效、低成本和人性化服务等。（　　）

3. 第四方物流的优点集中表现在可以迅速、高质量、低成本地完成各种服务。（　　）

4. 第三方物流在质量控制方面与传统物流比较而言更容易。（　　）

5. 第三方物流在合约关系上是一种一对多的形式。（　　）

三、简答题

1. 运输合理化的途径有哪些？

2. 配送计划的要点流程有哪些？

3. 物流费用管理的意义是什么？

实训项目

物流企业岗位设计实训

一、实训目的

通过本次实训，使学生能了解物流企业一般的组织结构和岗位设置规范，熟悉每一个岗位的具体岗位职责，并能对岗位的技能要求掌握相应的就业能力。

二、实训要求

(1) 实训时间：1 周。

(2) 安全操作规程按实训室相关规定执行。

三、实训内容

（1）设计一个物流企业的组织结构。

（2）编制一个物流企业的岗位职责，岗位说明书见表 4-8。

表 4-8　岗位说明书

岗位编号：

岗位名称	总经理	所在部门	
直接主管		任职人签字	

职位概要：

制订和实施公司总体战略与年度经营计划；建立和健全公司的管理体系与组织结构；主持公司的日常经营管理工作，实现公司经营管理目标和发展目标。

工作职责：

（1）主持公司的全面管理工作，组织实施董事会决议。

（2）根据董事会提出的战略目标，制定公司规划。

（3）主持公司的基本团队建设、规范内部管理。

（4）审核、签发以公司名义发出的文件。

（5）召集、主持总经理办公会议，检查、督促和协调各部门的工作进展，主持、召开行政例会、专题会等会议，总结工作、听取汇报。

（6）向董事会提出企业的更新改造发展规划方案。

（7）处理公司重大突发事件。

（8）推进公司企业文化的建设工作

四、考核办法

（1）学生设计的岗位职责和组织结构合理性。

（2）实训考勤和态度。

教学互动

根据以下某公司的部分岗位职责，讨论其完整性、合理性，并进行修改补充。

某公司运营部管理岗位职责

一、经理岗位职责

（1）负责 ×× 物流集散网的管理和监督工作。

（2）负责全省物流运营网络规划，运营质量监督、检查及日常管理工作。

（3）负责一体化项目的全省运营管理。

（4）负责建立公司内、外运营的协调机制。

（5）负责制定运营部各项规章制度和管理规定。

（6）负责建立规范、高效的运营体系和管理体系，并不断优化完善，定期提出整改意见。

（7）负责制定运营各中心的发展和业务计划，协调各中心的工作，培养和发展一支优秀的运营队伍。

(8) 负责提出物流设施、设备的技术改造计划。
(9) 负责制订运营部年度工作计划，并监督实施。
(10) 负责运营部半年及全年工作总结，并及时上报。
(11) 负责本部门员工工作任务的动态调整。
(12) 负责本部门员工的工作业绩评价。
(13) 负责公司运营人员培训计划的编制。
(14) 完成领导临时交办的各项工作。

二、副经理岗位职责

(1) 协助拟订运营部规章制度和部门内各项管理规定。
(2) 负责制订分管项目的年度工作计划，并监督实施。
(3) 负责公司物流运营产品的开发。
(4) 负责分管项目的半年及全年工作总结，并及时上报。
(5) 负责分管项目的运营体系和管理体系，并不断优化完善，定期提出整改意见。
(6) 负责分管项目员工工作任务的动态调整。
(7) 负责分管项目员工的工作绩效考核。
(8) 负责分管项目人员培训计划的编制。
(9) 负责本部门各种文件、报告、信息等文字材料的起草，及时反馈和传报公司综合部。
(10) 完成领导临时交办的各项工作。

三、运输中心主任岗位职责

(1) 负责运输中心的日常业务管理。
(2) 负责建立运输中心业务运作流程，并负责实施的监督检查。
(3) 负责运输中心的业务流程优化、作业改进和常见情况的应急处理。
(4) 全面指导监督公司运输车辆的运行、检修、技安、车管等事宜。
(5) 负责省内、省际干线运输及临时疏运的日常管理。
(6) 负责运输中心业务运行日志及运输信息的管理。
(7) 负责运输计划的执行。
(8) 负责运输量的统计、编报统计月报，并按时上报。
(9) 负责运输中心业务维护工作。
(10) 协助部门经理组织运营项目的实施和日常运作管理。
(11) 协助部门经理协调运营部各分中心工作。
(12) 负责运输中心日常文件资料的收集、整理、传阅、归档管理工作。
(13) 完成领导临时交办的各项工作。

四、集散中心主任岗位职责

(1) 负责集散中心生产现场日常业务的全面监督实施和管理。

(2) 负责协调、指导和监督各生产班组的生产作业组织，协调、指挥生产班组之间生产工作，确保生产运转顺畅。

(3) 负责当班期间接听电话、收发传真、收发文件，及时处理验单、日常查询、投诉事宜及夜班遗留事项和异常邮件的处理。

(4) 负责办理其他特殊类邮件的接发和交接手续以及当班期间邮件、设备、场所的安全。

(5) 负责贯彻执行上级的业务计划和业务通知，做好生产作业的组织安排；并对生产作业过程中各种违规事项进行监督和考核。

(6) 负责对班组作业组织提出优化方案，并根据业务量的增减及业务结构的变化，及时调整生产作业计划，不断优化生产作业流程。

(7) 负责根据不同客户的不同服务需求，有针对性地编制具体实施作业计划和生产流程，组织实施，并实行动态监控。

(8) 负责组织生产人员业务知识学习及操作培训。

(9) 负责集散中心工作日志的填写，及时反馈生产情况。

(10) 负责集散中心的业务流程优化、作业改进和一些常见情况的应急处理。

(11) 负责定期组织召开质量分析会，检查督促生产质量。

(12) 负责规范集散中心业务操作流程，实现生产作业规范化、标准化。

(13) 完成领导临时交办的各项工作。

五、配送中心主任岗位职责

(1) 负责配送中心的日常业务管理。

(2) 负责建立配送中心业务运作流程，并负责实施的监督检查。

(3) 负责配送中心的业务流程优化、作业改进和常见情况的应急处理。

(4) 指导和监督配送中心从收货到出货的所有作业流程，包括收货、质量检查、商品库存、商品分拣等。

(5) 负责配送中心人员的调度和排班。

(6) 负责成都地区配送业务的日常管理。

(7) 负责配送中心业务运行日志及运输信息的管理。

(8) 负责配送中心运输计划的执行。

(9) 负责配送量的统计、编报统计月报，并按时上报。

(10) 负责配送中心业务维护工作。

(11) 完成领导临时交办的各项工作。

六、仓储中心主任岗位职责

(1) 负责仓库整体工作事务。

(2) 与公司其他部门的沟通和协调。

(3) 负责监督出入库作业和库内的安全措施。

(4) 负责仓库的工作筹划与控制。

(5) 审定和修改仓库的工作规程和管理制度。

(6) 检查和审核仓库各级员工的工作进度和工作绩效。

(7) 签发仓库各级文件和单据。

(8) 负责仓库各级员工的培训。

(9) 负责运输中心各种文件、报告、信息等文字材料的起草，及时反馈和上报公司综合部。

(10) 完成领导临时交办的各项工作。

七、车辆技安管理岗位职责

(1) 负责公司所有驾驶员安全行车公里、行车事故的统计和上报工作。

(2) 负责对车辆事故的划分、责任的处理工作。在途车辆发生行车交通，必须及时到达事故现场。进行现场勘察、了解情况、认真分析、记录，协助当地交通部门和地面局妥善处理交通事故。对发生的行车事故，坚持“三不放过”的原则进行处理，分析事故因素、找出事故原因、吸取事故教训、提高安全行车意识。同时协助相关部门及时办理事故结案工作，并对事故责任人严格考核。

(3) 负责对驾驶员安全教育和管理。坚持安全学习制度，学习内容、时间、人员做到“三落实”，坚持安全学习签到、考勤、考核制度。

(4) 负责办理运营部车辆和驾驶证年审、保险、养路费缴纳等事宜及购置新车上户、旧车报废等相关事宜。同时按规定期限报送安全月报表。

(5) 对新调（招）入的驾驶员，在实习期内严格考核政治和技术素质，实习期满的驾驶员，严格按报批程序实施“放单”（单调驾驶），对不符合“放单”的驾驶员，必须延长实习期，严格掌握“放单”尺度及考核。

(6) 负责公司所有车辆的日常维护和大修管理及维修费的审核定额管理工作，合理安排，保证车辆的各级保养如期实施。

(7) 完成领导临时交办的各项工作。

八、设备机务管理岗位职责

(1) 负责按车辆的行驶里程、技术状况及保修作业项目，编制各类级别的修理或保养作业计划，并督促作业计划的完成。

(2) 汽车在修理过程中，负责监督、检查修理人员执行《机具设备安全操作规程》和汽车维修的技术标准、质量标准的情况。督促维修人员在确保质量的前提下保证竣工时限，并督促驾驶员做好竣工车辆的检验工作。

(3) 负责编制机具设备的检修、保养计划，加强对机具设备的基础档案管理。

(4) 负责对汽车轮胎、工具的管理，严格把好维修配件及材料的领用关，特别加强对汽车轮胎和汽配大件的更换、领用管理。维修材料必须坚持领用审批制度，并跟踪配件的装配位置，杜绝汽车配件的流失。汽车轮胎坚持一胎一卡制度，逐月统计轮胎行驶公里，直到翻新或报废。

(5) 负责维修人员劳动纪律的管理和考核，同时认真做好汽车修理工时的审核统计和上报工作，严格执行劳动考核分配办法。

(6) 负责办理公司所有新车上户、车辆年检、报废事宜。

(7) 负责公司所有叉车和其他运营设备的管理与维护，和运营设备的制造商签订设备修理和技术支持的相关合同。

(8) 完成领导临时交办的工作。

九、统计核算员岗位职责

(1) 按标准规定审核驾驶员的过路过桥、住宿等费用，按行车里程核报驾驶员的油料消耗和工资。

(2) 每月核销往来账目，对于清理出的往来欠账及时催缴。

(3) 认真审核各类支出费用，做到不漏审、错审，做到公司所有支出必须由领导签字后方可报销。

(4) 认真做好每笔往来账目，确保账目清楚，手续齐全。

(5) 严格执行财务管理制度，做到核算员管账，出纳管钱。

(6) 严格管理好本部门的现金、转账支票；严把资金进、出口关，做到不违纪、不越权审批报账。

(7) 负责汇总各中心、业务部门的统计数据，认真填写统计报表，做到数据准确、上报及时，差错为零。

(8) 监督检查各中心统计原始资料和数据，审核各中心的业务统计报表，每周抽查一个中心的统计资料的数据来源。

(9) 负责汇总、编制运营部的统计月报、季报、和年度报表。并及时向上级主管部门报送。做到数据准确、报送及时。

(10) 完成领导临时交办的工作。

十、生产调度员岗位职责

(1) 负责对邮运车辆、行政车辆和社会车辆按生产需要进行综合调度。

(2) 负责按照项目运行需要，实行合理的人员调度。

(3) 按照各个中心的实际运行情况，合理调配作业进度。

(4) 当自有车辆不够时，及时给运输中心调度员下达调车任务。

(5) 负责协调各中心的关系。

(6) 负责项目谈判中运营计划的制订。

(7) 完成领导临时交办的工作。

项目5

物流方案优化

项目描述

本项目主要是对企业效益评价、物流企业效益管理、客户企业对方案优化的要求和客户企业对物流运作的更改进行讲解。通过本项目的学习，掌握物流运作分析方法、物流企业绩效评估的指标和作用，掌握物流方案优化方法、步骤，理解物流方案优化关键点，掌握物流服务持续优化改进的内容和措施。

教学方案

教学内容	物流企业绩效评价、物流服务方案优化、设计物流优化方案		计划学时	8
教学目的	知　识	技　能	态　度	
	(1) 企业效益评价 (2) 物流企业效益管理 (3) 客户企业对方案优化的要求 (4) 客户企业对物流运作的更改	(1) 绩效评价的程序 (2) KPI 指标体系的构成 (3) 绩效评价的方法 (4) 物流优化的关键流程和指标 (5) 物流优化的方法和步骤	(1) 认真态度 (2) 合作精神 (3) 实事求是	
教学重点与难点	绩效评价方法与指标体系、方案优化方法与步骤、优化方案设计步骤与内容			
教学资源	(1) 电子一体化教室 (2) 物流沙盘实训室 (3) 相关合作企业提供教学条件			

能力评价

学习目标	评价项目
设计绩效评价指标体系	绩效评价指标体系的合理性、完整性、可行性
设计物流优化方案	物流优化方案的深度、准确度、完整度

实施步骤

步　骤	内　容	课　时
1	物流组织绩效评价	2
2	物流优化方法、步骤	2
3	物流方案优化沙盘模拟实训	4

案例导入

7-11 的高效物流配送系统

7-11 这个遍布全球的便利店，在建立初期的营业时间是从早上 7 点到晚上 11 点，后来这家便利店改成了一星期 7 天全天候营业。

一家成功的便利店背后一定有一个高效的物流配送系统。7-11 从一开始采用的就是在特定区域高密度集中开店的策略，在物流管理上也采用集中的物流配送方案，这一方案每年大概能为 7-11 节约相当于商品原价 10% 的费用。

1. 配送系统的演进

一间普通的 7-11 连锁店一般只有 100 ～ 200 m^2 大小，却要提供 2 000 ～ 3 000 种食品，不同的食品有可能来自不同的供应商，运送和保存的要求也各有不同，每一种食品又不能短缺或过剩，而且还要根据顾客的不同需要随时能调整货物的品种，种种要求给连锁店的物流配送提出了很高的要求。

7-11 的物流管理模式先后经历了 3 个阶段 3 种方式的变革。起初，7-11 并没有自己的配送中心，它的货物配送是依靠批发商来完成的。以日本的 7-11 为例，早期日本 7-11 的供应商都有自己特定的批发商，而且每个批发商一般都只代理一家生产商，这个批发商就是联系 7-11 和其供应商之间的纽带，也是 7-11 和供应商之间传递货物、信息和资金的通道。供应商把自己的产品交给批发商以后，对产品的销售就不再过问，所有的配送和销售都会由批发商来完成。对于 7-11 而言，批发商就相当于自己的配送中心，它所要做的就是把供应商生产的产品迅速有效地运送到 7-11 手中。为了自身的发展，批发商需要最大限度地扩大自己的经营，尽力向更多的便利店送货，并且要对整个配送和订货系统做出规划，以满足 7-11 的需要。

逐渐这种分散化的由各个批发商分别送货的方式无法再满足规模日渐扩大的 7-11 便利店的需要，7-11 开始和批发商及合作生产商构建统一的集约化的配送和进货系统。在这种系统之下，7-11 改变了以往由多家批发商分别向各个便利点送货的方式，改为由一家在一定区域内的特定批发商统一管理该区域内的同类供应商，然后向 7-11 统一配货，这种方式称为集约化配送。集约化配送有效地降低了批发商的数量，减少了配送环节，为 7-11 节省了物流费用。

2. 配送中心的好处

特定批发商（又称为窗口批发商）提醒了 7-11，何不自己建一个配送中心？与其让别人掌控自己的经脉，不如自己把自己的脉。7-11 的物流共同配送系统就这样浮出水面，共同配送中心代替了特定批发商，分别在不同的区域统一集货、统一配送。配送中心有一个电脑网络配送系统，分别与供应商及 7-11 店铺相连。为了保证不断货，配送中心一般会根据以往的经验保留 4 天左右的库存，同时，中心的计算机系统每天都会定期收到各个店铺发来的库存报告和要货报告，配送中心把这些报告集中分析，最后形成一张张向不同供应商发出的订单，由电脑网络传给供应商，而供应商则会在预定时间之内向中心派送货物。7-11 配送中心在收到所有货物后，对各个店铺所需要的货物分别打包，等待发送。第二天一早，派送车就会从配送中心鱼贯而出，择路向自己区域内的店铺送货。整个配送过程就这样每天循环往复，为 7-11 连锁店的顺利运行修石铺路。

配送中心的优点还在于 7-11 从批发商手上夺回了配送的主动权，7-11 能随时掌握在途商品、库存货物等数据，对财务信息和供应商的其他信息也能把握于股掌之中，对于一个零售企业来说，这些数据都是至关重要的。

有了自己的配送中心，7-11 就能和供应商谈价格了。7-11 和供应商之间定期会有一次定价谈判，以确定未来一定时间内大部分商品的价格，其中包括供应商的运费和其他费用。一旦确定价格，7-11 就省下了每次和供应商讨价还价这一环节，少了口舌之争，多了平稳运行，7-11 为自己节省了时间也节省了费用。

配送的细化随着店铺的扩大和商品的增多，7-11 的物流配送越来越复杂，配送时间和配送种类的细分势在必行。以中国台湾省的 7-11 为例，全省的物流配送被细分为出版物、常温食品、低温食品和鲜食食品 4 个类别的配送，各区域的配送中心需要根据不同商品的特征和需求量每天做出不同频率的配送，以确保食品的新鲜度，以此来吸引更多的顾客。新鲜、即时、便利和不缺货是 7-11 配送管理的最大特点，也是各家 7-11 店铺的最大卖点。

日本 7-11 也是根据食品的保存温度来建立配送体系的。日本 7-11 对食品的分类是：冷冻型（-20℃），如冰淇淋等；微冷型（5℃），如牛奶、生菜等；恒温型，如罐头、饮料等；暖温型（20℃），如面包、饭食等。不同类型的食品会用不同的方法和设备配送，如各种保温车和冷藏车。由于冷藏车在上下货时经常开关门，容易引起车厢温度的变化和冷藏食品的变质，7-11 还专门用一种两仓式货运车来解决这个问题，一个仓中温度的变化不会影响到另一个仓，需冷藏的食品就始终能在需要的低温下配送了。

除了配送设备，不同食品对配送时间和频率也会有不同要求。对于有特殊要求的食品如冰淇淋，7-11 会绕过配送中心，由配送车早、中、晚 3 次直接从生产商门口拉到各个店铺。对于一般的商品，7-11 实行的是一日 3 次的配送制度，早上 3 点到 7 点配送前一天晚上生产的一般食品，早上 8 点到 11 点配送前一天晚上生产的特殊食品（如牛奶），新鲜蔬菜也属于其中，下午 3 点到 6 点配送当天上午生产的食品，这样一日 3 次的配送频率在保证了商店不缺货的同时，也保证了食品的新鲜度。为了确保各店铺供货的万无一失，配送中心还有一个特别配送制度来和一日 3 次的配送相搭配。每个店铺都会随时碰到一些特殊情况造成缺货，这时只能向配送中心打电话告急，配送中心则会用安全库存对店铺紧急配送，如果安全库存也已告罄，中心就转而向供应商紧急要货，并且在第一时间送到缺货的店铺手中。
（资料来源：http://www.linkshop.com.cn/web/Article_Column.aspx?ArticleId=15650&word，有改动）

问题

(1) 7-11 的配送经历了哪几个阶段？

(2) 7-11 的成功秘诀是什么？

(3) 如果将来你开了个连锁便利店，从 7-11 经营模式来看，如何将你的便利店做强做大？

(4) 自建配送中心给 7-11 带来了什么竞争优势？

(5) 7-11 自建的配送中心属于什么类型的配送中心？

5.1 第三方物流企业效益评价

效益原理是指管理活动应以尽可能少的投入实现相同的产出，或以相同的投入实现尽可能多的产出。

5.1.1 企业绩效评价的含义

企业是一个营利性的经济组织，它聚集土地、劳动力、资本和技术等一定的生产要素，通过开展生产经营活动为社会提供产品和服务，并在提供产品和服务的活动中获得盈利，从而不断壮大自己。企业是市场经济的产物，它不是为自己生产，而是为交换生产。企业产品和服务的交换性决定了企业的使命，就是在市场竞争中为社会提供更多、更好的产品和服务，因为企业只有在提供产品和服务中才能创造自己的绩效。由于企业为社会提供产品和服务必须投入人、财、物等，也即企业为社会提供的产品和服务是有成本的，企业能否发展壮大就在于其产品和服务差的价格能否在补偿成本后有盈余，这个盈余越大，企业的发展能力就越强。企业的生产目的就是用尽可能少的生产经营成本（所费）去创造和实现（获得）尽可能多的产品和服务价值（所得），这是企业绩效之根本所在。

企业绩效评价就是为了实现企业的生产经营目的，运用数量统计和运筹学的方法，采用特定的指标体系和标准，按照一定的程序，通过定量、定性分析，对企业在一定经营期间内的生产经营活动过程及其结果做出客观、公正和准确的综合评判。企业绩效评价是评价理论方法在经济领域的具体应用，它是在会计学和财务管理的基础上运用计量经济学原理和现代分析技术而建立起来的剖析企业经营过程，真实反映企业现实状况，预测未来发展前景的一门科学。

5.1.2 企业绩效评价的作用

开展企业绩效评价工作具有重要的意义，它有利于企业相关利益方综合了解企业经营状况及其发展变化趋势，有利于企业建立和健全激励和约束机制，提高企业经营管理水平和综合竞争能力。

(1) 对企业实施绩效评价，并提供和发布评价结果，将企业的真实情况提交有关方面参考或公布可以强化对企业的外部监督和社会监督，而企业也会更加注重改善其市场形象，发扬优点、改正缺点，努力向优秀企业学习，时刻注意提高其市场竞争力，有利于正确引导企业的经营行为。

(2) 绩效评价是市场经济条件下，政府间接管理企业的有效方法。政府通过对企业实施绩效评价，有助于建立新型的政企关系，改善目前政府对企业管理的种种弊端，及时发现企业财务和资产管理中的薄弱环节，提高企业的效益。

(3) 绩效评价也能客观、全面、公正地反映和衡量企业经营管理的水平。因为绩效评价的过程就是对企业经营过程和结果进行价值判断的过程，通过对各种评价指标的测算，反映企业经营管理的状况，并将测算的指标值与历史状况、管理目标、同行发展水平等进行综合比较，对企业的盈利能力、发展能力和综合竞争能力等做出价值判断。

(4) 根据绩效评价，企业可以对经营管理者和职工的业绩进行全面、正确的评价，为组织、人事部门进行业绩考核、选拔、奖惩和任免提供充分的依据，有利于经营管理阶层的优胜劣汰，促使经营管理者采取措施弥补差距，争创先进，从而推动我国企业家队伍的建设。

5.1.3 我国第三方物流企业评价现状

企业绩效评价近年来受到国内外的普遍关注，因为它具有判断、预测、导向及管理功能。当前，我国许多专家、学者对企业绩效评价做了很多研究，并且取得了丰硕的成果，然而对具体到某个行业的企业绩效评价，目前国内做得还不够。近年来，物流企业如雨后春笋般不断涌现，如何使正处于发展初期的物流行业能够健康、有序地发展壮大，成为当前迫切需要解决的问题。对物流企业进行绩效评价能够促进企业改善经营管理，正确判断企业的实际经营水平，提高竞争能力，同时随着现代物流理论的不断发展和实践的不断深入，客观上也要求建立与之相适应的物流企业绩效评价方法，确定相应的绩效评价指标体系，以科学地反映物流企业的运营情况。经济发达国家大多数物流企业都有一整套正式的、较为完善的、科学的绩效评价体系，我国也有越来越多的物流企业开始重视绩效评价，试图建立起自己的一套绩效评价体系。

然而，在我国，物流企业作为新兴的企业，其经营方法还处于探索阶段，绩效评价体系更不完善，譬如说，传统的财务绩效评价过分重视净利润率，而忽视对物流企业正常运营和长远获利能力的评价。我国第三方物流企业绩效评价理论还远远落后于发达国家，有时根本就是照搬照抄企业的内容，不同的只是在“绩效评价”或“绩效评价指标体系”等词前面冠上了“物流企业”或“物流”，由此做出的评价结果自然不能正确、科学地反映物流企业的整体经营状况。

因此，结合第三方物流企业自身的特点，建立一套科学、合理的企业绩效评价指标体系，客观、正确地评价物流企业的经营绩效具有其现实意义。

想一想

第三方物流企业效益评价现状存在哪些问题？应当如何改进？

5.2 第三方物流企业效益评价KPI体系

企业绩效评估经常遇到的一个很实际的问题就是：很难确定客观、量化的绩效指标。其实，对所有的绩效指标进行量化并不现实，也没有必要这么做，因为通过行为性的指标体系同样可以衡量企业绩效。

5.2.1 KPI的含义

KPI是Key Performance Indication（关键业绩指标）的缩写，是通过对组织内部流程的输入端、输出端的关键参数进行设置、取样、计算、分析，衡量流程绩效的一种目标式量化管理的基础。KPI可以使部门主管明确部门的主要责任，并以此为基础，明确部门人员的业绩衡量指标。建立明确的切实可行的 KPI 体系是做好绩效管理的关键。

KPI 法符合一个重要的管理原理——“二八原理”。在一个企业的价值创造过程中，存在着“80/20”的规律，即 20% 的骨干人员创造企业 80% 的价值；而且在每一位员工身上，“二八原理”同样适用，即 80% 的工作任务是由 20% 的关键行为完成的。因此，必须抓住 20% 的关键行为，对其进行分析和衡量，这样就能抓住业绩评价的重心。

KPI 是对公司战略目标的进一步细化和发展。公司战略目标是长期的、指导性的、概括性的，而各职位的关键绩效指标内容丰富，针对职位而设置，着眼于考核当年的工作绩效、具有可衡量性。因此，关键绩效指标是对真正驱动公司战略目标实现的具体因素的发掘，是公司战略对每个职位工作绩效要求的具体体现。

5.2.2 建立 KPI 指标体系的作用

建立物流 KPI 指标体系的目的就是对物流公司的运作管理建立评价和考核的标准，其作用如下：

(1) 衡量客户服务水平的高低。物流本质上是服务，对客户服务水平的高低是物流公司成败的关键。物流 KPI 指标可以有效衡量客户服务水平的高低，尤其将该指标体系同行业标杆企业的服务指标进行对照可以发现自身的不足，并明确改善的方向，不断提高客户服务的水平。

(2) 考核内部绩效体系的依据。通过建立 KPI 指标体系可以完善企业内部岗位或部门的考核体系，完善内部的管理。

(3) 提供分供方绩效的考核标准。物流企业在运作过程中，一般都有采用外协的情况。KPI 指标体系可以用来对分供方的绩效进行考核。

5.2.3 企业绩效评价的程序

建立 KPI 指标的要点在于流程性、计划性和系统性，其执行程序如下：

(1) 明确企业的战略目标，并在企业会议上找出企业的业务重点，也就是企业价值评估的重点，再用头脑风暴法找出这些业务领域的关键业绩指标，即企业级 KPI。

(2) 各部门的主管需要依据企业级 KPI 建立部门级 KPI，并对相应部门的 KPI 进行分解，确定相关的要素目标，分析绩效驱动因素（技术、组织、人）确定实现目标的工作流程，分解出各部门级的 KPI，以便确定评价指标体系。

(3) 各部门的主管和部门的 KPI 人员一起再将 KPI 进一步细分，分解为更细的 KPI 及各职位的业绩衡量指标，这就是员工朝着企业战略目标努力的过程，也将对各部门管理者的绩效管理工作起到很大的促进作用。

(4) 设定评价标准。一般来说，指标指的是从哪些方面衡量或评价工作，解决“评价什么”的问题；而标准指的是各个指标上分别应该达到什么样的水平，解决“被评价者怎样做，做多少”的问题。

(5) 必须对关键绩效指标进行深化。例如，审核这样的一些问题：多个评价者对同一个绩效指标进行评价，结果是否能取得一致；这些指标的综合是否可以解释被评估者 80% 以上的工作；目标、跟踪和监控这些关键绩效指标是否可以操作；等等。审核主要是为了确保这些关键绩效指标能够全面、客观地反映被评价对象的绩效，而且易于操作。

每一个职位都影响某项业务流程的一个过程，或影响过程中的某个点。在订立目标及进行绩效考核时，应考虑职位的任职者是否能控制该指标的结果，如果任职者不能控制，则该项指标就不能作为任职者业绩衡量指标，例如，跨部门的指标就不能做基层员工的考核指标，而应作为部门主管或更高层次主管的考核指标。

绩效管理是管理双方就目标及如何实现目标达成共识的过程，以及提高员工成功地达到目标的能力的管理方法。管理者给下属订立工作目标的依据来自本部门的 KPI，部门的 KPI 来自上级部门的 KPI，上级部门的 KPI 来自企业级 KPI。只有这样，才能保证每个职位都是按照企业要求的方向去努力。

善用 KPI 考评企业将有助于企业组织结构集成化，提高企业的效率，精简不必要的机构、不必要的流程和不必要的系统。

5.2.4 物流 KPI 指标体系的构成

绩效评价指标体系的设置应根据不同企业所具有的不同经营特点、管理特征和经营目标，本着发展的眼光来设置。具体来说，各种类型的企业应建立适合自己的绩效评价指标体系，而且这一指标体系必须根据变化的经营环境和管理要求做出相应的调整。

1. 评价指标体系的设计原则

随着现代物流理论的不断发展和物流实践的不断深入，客观上要求采用与之相适应的物流企业绩效评价方法，并确定相应的绩效评价指标体系，以科学、客观地反映物流企业的运营情况。在实际操作中，为了建立有效评价物流企业绩效的指标体系，应遵循以下原则：

(1) 系统性原则。物流企业的绩效受自身人、财、物、信息、服务水平等各种因素及其组合效果的影响，对物流企业绩效的评价不能只考虑某一单项因素，必须采取系统设计、系统评价的原则，以全面、客观地做出对企业绩效的评价。

(2) 代表性原则。指标体系的设立应选择那些具有较强代表性的、能综合反映物流企业绩效的指标，这样能减少工作量，降低误差和提高效率。

(3) 可接受性原则。一个良好的绩效评价体系，只有当人们去使用它时才会有作用。因此，科学的绩效评价指标体系必须建立在一般理性人可接受的基础之上。

(4) 可操作性原则。可操作性应是设置绩效评价指标体系必须考虑的一项重要因素，离开了可操作性，再科学、合理、系统、全面的评价指标体系也是枉然。这里的可操作性是指要注意指标数据收集的可行性，指标设计应尽量实现与现有统计资料、财务报表的兼容，同时注意指标含义的清晰度，尽量避免产生误解和歧义，另外还应考虑指标数量是否得当，指标间不出现交叉、重复，以此来提高实际评估的可操作性。

(5) 通用性原则。所设计的评价指标应具有某种程度的通用性，既能对物流企业绩效的某一方面进行重点考核，又能对物流企业绩效的总体情况进行评价。

2. 财务层面绩效评价内容分析

现行的财务评价指标没有充分考虑企业的资本成本和市场价值因素，它重视的是企业会计意义上的价值增值而不是资本市场意义上的价值增值。资本市场意义上的价值增值是指企业通过生产经营活动所创造出的净收入高于按期初资本市场价值计算的资本成本价值的差额，而不只是扣除了相关的成本费用后的净经营收益。简单地说，资本市场意义上的价值增值就是企业的期末利润抵减了按期初资本市场价值计算资本成本后的价值增值，也只有这种性质的利润才能使企业的价值得以真正地增值。

(1) 经济增值 (Economic Value Added，EVA) 指标的内容。在企业经营权与管理权分离的条件下，传统的用于衡量企业绩效的财务指标，诸如利润、每股盈余及投资回报等均已经显得不够，不能很好地显示企业的真实经营绩效，因此，迫切需要有新的评价指标和方法对企业经营绩效进行正确的评价。

简单地说，EVA 是企业净经营利润减去所有资本（权益资本和债权资本）机会成本的差额，其计算公式为

$$\text{EVA}=\text{税后净经营利润}-(\text{权益资本机会成本}+\text{债券资本机会成本})$$

运用 EVA 指标评价企业业绩和投资者价值是否增加的基本思路是：企业的投资者可以自由地将它们投资于企业的资本变现，并将其投资于其他资产，因此，投资者从企业至少应获得其投资机会成本。从经验利润中扣除按权益的经济价值计算的资本机会成本后才是股东从经营活动中得到的增值收益。由此可见，经济增值是从股东角度定义的企业利润。

(2) 偿债能力评价指标。资产负债率是指企业一定时期负债总额同资产总额的比率。资产负债率表示企业总资产中多少是通过负债筹集的，该指标是评价企业负债水平的综合指标。资产负债率是衡量企业负债水平及风险程度的重要判断标准，该指标不论对企业投资人还是对企业债权人都十分重要，适度的资产负债率既能表明企业投资人、债权人的投资风险较小，又能表明企业经营安全、稳健、有效，具有较强的筹资能力。资产负债率是国际公认的衡量负债偿还能力和经营风险的重要指标，一般公认在 60% 比较好。

3. 发展能力评价指标

销售利润增长率是评价企业主营业务的盈利能力发展情况的指标，体现了企业主营业务利润贡献的发展趋势，以及对全部利润收益的影响程度。没有足够的销售利润率就无法形成企业最终的经营成果，该指标连续几期的不断提高说明企业主营业务市场竞争力强，发展潜力大，获利水平高。其计算公式为

$$\text{销售利润增长率}=\frac{\text{本期销售利润}}{\text{上期销售利润}}-1$$

当然，企业在不同的发展阶段，其财务目标的要求不尽相同。根据企业发展的生命周期，第一阶段为介绍期，属于发展阶段，企业在提供产品和劳务方面存在巨大的潜力有待挖掘，投资规模大，这一阶段的财务目标是目标市场收入的增长率和销售增长率的不断提高，绩效的评价应关注销售增长率和目标市场、区域和客户的市场份额。我国第三方物流企业正处于发展初期，要想获取利润并快速成长是一件困难的事情。第三方物流企业首先应从提供基础物流服务开始，向客户展示有能力把这些服务做得最好，再开始提供高附加值的服务。虽然基础服务的利润率比较低，但只有先把这些服务做好了才能说服顾客外包更复杂的整合供应链管理，才可以扩大市场占有率，增加市场份额。

4. 客户层面绩效评价指标体系

对客户层面的绩效评价就是对企业赖以生存的外部资源开发和利用的绩效进行衡量，是指企业进行客户开发的绩效和对从客户处获利的能力的测量。这种评价主要考虑对客户对物流服务满意度的评价和企业的经营行为对客户开发的数量和质量的评价。

客户开发不仅指发展新客户，还包括留住老客户。因此，客户层面的绩效评价内容应包括 5 个方面：客户满意度、客户保持率、客户获得率、市场份额和客户利润率。

(1) 客户满意度是指客户对物流企业所提供的物流服务的满意程度。影响客户满意度的因素很多，如物流服务的质量、成本、及时性、客户需求的响应程度、物流企业形象等，很难用具体指标逐一度量。然而，在买方市场下，客户如果对物流企业有任何不满，一般是会向其抱怨的，基于这个前提，可以用客户满意率指标从整体上去衡量客户的满意程度。客户满意率是指物流企业向客户所提供的物流服务没有得到抱怨的次数与物流企业提供服务的总次数之比，其计算公式为

$$\text{客户满意率} = \frac{\text{总服务次数}-\text{客户抱怨次数}}{\text{总服务次数}} \times 100\%$$

(2) 客户保持率反映物流企业的市场保持状况，它是指一定时期内保留或维持同老客户的业务关系的比例，其计算公式为

$$\text{客户保持率} = \frac{\text{当期客户}-\text{当期新增客户}}{\text{上期客户}} \times 100\%$$

一般而言，客户保持率越高越好。据统计，客户保持率每增加 5%，企业的利润会增加 25% 到 95%，由此可见，物流企业经营的绩效如何与客户满意水平有着直接的关系，客户满意水平越高，则客户保持率越高，企业的绩效就越好。

留住老客户、发展新客户是客户关系管理的指导方针。由于开发新客户的成本常常是留住老客户的 5 倍，所以处理客户关系的重点应放在老客户方面，而且老客户的示范效应对新客户的开发具有促进作用。

(3) 客户获得率反映物流企业拓展市场的绩效，它是指一定时期内物流企业吸引或赢得业务量的比例，其计算公式为

$$\text{客户获得率} = \frac{\text{当期新增客户}}{\text{上期客户}} \times 100\%$$

(4) 市场份额反映了物流企业提供的物流服务在市场上所占的业务比例。它可以通过一定时期内物流企业提供的物流服务市场占有率指标来计算与评价，其计算公式为

$$\text{市场占有率} = \frac{\text{本期企业营业额}}{\text{本期市场总营业额}} \times 100\%$$

一般而言，市场占有率越高，说明企业在市场处势较优，适应市场能力强；市场占有率低，则相反。

(5) 客户利润率也称客户盈利率或客户获利率，是指企业从客户处获得利润的水平。客户是实现利润的关键，然而，企业成功地留住客户、获取新客户和使客户满意并不能保证企业从客户处获得利润，这是因为客户的满意度与客户的利润率两项指标从本质上来看存在冲突与矛盾：一种使客户感到极为满意的方式是以低价出售高质量的产品和服务，但是就企业而言，它不仅仅希望得到对企业感到极为满意的客户，它更希望获得有利可图的客户。

“80/20”管理原理则认为“企业 80% 的利润来自 20% 的客户”，少量的客户为企业创造了大量的利润。所以应充分关注重要客户，将有限的营销资源用在能为企业创造 80% 利润的关键客户身上。

5. 业务流程层面绩效评价指标体系

业务流程层面绩效评价指标体系由企业物流服务能力、信息水平及企业机器设备利用情况等组成。

(1) 企业物流服务能力。可以通过货损货差赔偿费率指标、及时交货水平指标、标准交货率指标、客户需求满足率指标来进行评价。

货损货差赔偿率用来衡量商品的破损给公司带来的损失。对于物流企业来说，由于自身的服务水平有限导致商品的破损要付出一定的赔偿金额，货损货差赔偿率越高，说明企业服务质量越差，同时也反映物流业务流程的绩效状况。货损货差赔偿率的计算公式为

$$\text{货损货差赔偿率}=\frac{\text{本期业务赔偿金额}}{\text{同期业务收入总额}}\times 100\%$$

时间的准确性对于未来来说是衡量其质量的重要方面，因此，建立及时交货水平指标也很重要，其计算公式为

$$\text{及时交货率}=\frac{\text{一定时期内按期交货次数}}{\text{一定时期内总交货次数}}\times 100\%$$

物流企业交付的商品是否与客户指定的商品一致也是衡量物流质量的一个重要方面。准确交货率同时也是衡量业务流程内部绩效的一个重要指标，其计算公式为

$$\text{准确交货率}=\frac{\text{一定时期内准确交货次数}}{\text{一定时期内总交货次数}}\times 100\%$$

客户需求满足率指客户的物流需求能够及时满足的比率。满足顾客的要求需要一定的成本，并且随着客户服务达到一定的水平，再想提高服务水平时，企业往往要付出更大的代价，所以企业处于利润最大化的考虑，往往只满足一定的客户需求，企业在成本约束下如果满足顾客需求次数越多，就说明其服务能力越强。其计算公式为

$$\text{客户需求满足率}=\frac{\text{一定时期内客户需求满足次数}}{\text{一定时期内总客户需求次数}}\times 100\%$$

(2) 信息水平。“物流管理，信息先行”，物流企业信息水平的高低直接影响其业务流程的有效运作，其计算公式为

$$信息水平=\frac{企业信息管理总投入}{企业总运营投入}\times100\%$$

(3) 企业机器设备利用情况。生产能力利用率可以用来反映企业机器设备利用情况，它是指企业本期实际完成的业务量与机器设备所能提供的业务量之比，其计算公式为

$$生产能力利用率=\frac{企业信息管理总投入}{机器设备能提供的业务量}\times100\%$$

6. 技术创新层面绩效评价指标体系

技术创新层面绩效评价指标体系由研究开发费用的投入、新物流产品、新物流技术的创利能力组成。

研究开发费用投入情况的评价指标计算公式为

$$研究开发费用率=\frac{本期研究开发费用}{本期营业收入总额}\times100\%$$

新物流产品开发增长率计算公式为

$$新物流产品开发增长率=\frac{本期开发的新产品种类}{上期开发的新产品种类}\times100\%$$

新物流产品、新物流技术的创利能力计算公式为

$$新物流产品投资回报率=\frac{新产品利润}{该产品的研发费用}\times100\%$$

$$新物流技术研发效率=\frac{新物流技术增加利润}{新物流技术研发费用}\times100\%$$

7. 职员层面绩效评价内容分析

物流企业要保持核心竞争力，实现可持续发展，必须依靠每一位职员。职员的学习培训、素质的提高、工作热情的调动直接影响着企业的未来发展潜力。因此，具有战略眼光的企业管理者应十分重视对其员工学习与培训的投资，帮助员工成长。职员层面的绩效评价内容应包括职员文化素质、职员的满意度、职员培训、职员参与管理、职员的生产效率。

(1) 有关职业文化素质的评价指标。职员文化素质是指职员接受教育的程度，可用职员的知识水平指标来评价。职员的知识水平可根据职员拥有的学历层次进行评价，其计算公式为

$$员工的知识水平=\frac{企业某一层次员工人数}{企业员工总人数}\times100\%$$

(2) 有关职员满意度的评价指标。对企业满意的职员是提高生产率、客户服务质量的前提条件。据有关调查，对企业满意度最好的职员拥有满意度最高的客户，而对于一个以服务为主的第三方物流企业，客户满意度直接影响着企业的经营绩效。因此，要想获得高水平的

客户满意度，需要有对企业最满意的职员来为客户服务。职员满意度是影响客户满意度的一项重要因素，对职员满意度的评价可采用职员保持率指标或者职员流动率指标。职员保持率或职员流动率可以用在一定时期内（通常为1年）企业重要人事变动的百分比来计量与评价，其计算公式为

$$员工流动率=\frac{关键岗位辞职数}{员工总人数}\times 100\%$$

(3) 有关职员培训方面的评价指标。此评价指标用以反映企业对职员智力资产的投资状况，主要指标有职员培训次数和职员培训费用。职员培训次数可以以一定时期内企业对职员培训的次数进行计量评价；职员培训费用可以以一定时期内企业对职员培训的费用投入进行计量评价，反映企业对职员智力投资状况。

(4) 有关职员参与管理的评价指标。职员建议的多少、建议被采纳的多少、建议被采纳后多产生的效益是衡量职员参与度的重要指标，为此有必要设置职员建议采纳次数和效益的指标。职员建议采纳数或效益可以用一定时期内管理者采纳职员建议数量或产生的经济效益来计量评价。

(5) 有关职员生产效率的评价指标。职员生产效率是指一定时期内每个职员创造的收入或每个职员创造的价值增值，其计算公式为

$$员工生产效率=\frac{企业营运总收入}{员工总人数}\times 100\%$$

把得到的计算值与同行业相比，可以明确本企业的职员层面绩效处于何种状态；通过与历史进行绩效比较，如同前期相比，可以知道企业对职员在学习与增长方面的投资可以使职员的工作能力及生产效率提高多少。

注意：第三方物流企业的绩效评价结果必须通过认真、细致、全面的分析发现存在的不足，以及各因素之间的内在联系，从而对企业经营管理的水平和发展趋势做出分析和判断。分析的结果应当形成结论性报告，为管理者进行决策提供依据。通过效益分析，为进一步优化物流方案的设计和实施打下坚实的基础。

阅读材料

某物流公司收货员岗位职责

管理关系

上级：线路主管、监装　　　　下属：无

工作职责	作业要求
负责到货的清点、计量、杠号工作	(1) 货物的数量必须清点无误。 (2) 计量必须准确，不得随意估量。如抽查发现计量不准确，方量、重重允许2%误差，超过2%按无计量考核。 (3) 每票货物必须杠号准确。如一票货物包装不同，通知开票人在货单上备注说明，以便于货物查找

续表

工作职责	作业要求
负责货物的检查	(1) 识别入库货物是否是易燃易爆等违规运输的危险品。 (2) 对入库货物外包装的检查，发现外箱破损、湿损及打包带断裂等要及时处理
负责到货外包装破损的检查、修复	发现货物送到时外包装坏损或者货物坏损，应立即报告主管，联系发货人做出处理；如果只是外包装稍有损坏，应该及时用包装带、胶纸等将包装破损的货物重新包装好
合理、规范的堆放货物	(1) 按发货线路、货物的属性合理安排货物的堆放。 (2) 做好货物的隔离，提高仓库利用率。 (3) 货物的码放必须规范、整齐，做到码放稳固、留有通道、横看成行、竖看成列、大不压小、重不压轻、好不压坏、杠号朝外，并按包装箱上标识的箭头方向正放，严禁倒置。货运标签朝外，以便于查看。 (4) 装卸货物要做到安全第一、轻拿轻放，不得抛接货物，不得将货物在地面上拖行。粗暴扔、抛、摔货物造成货物外包装或货物损坏的按相应的价值赔偿
仓库、货场的管理	加强仓库和货物的安全管理，保持仓库环境干净、整齐，并做好防火、防盗、防潮等工作
完成领导交办的其他工作事项	

某物流公司收货员 KPI 考核表

KPI 指标	基本目标	期望目标	权　重	完成情况简述	所在部门经理评分	人力资源部经理评分
货物数量、规格、重量计量	95%	99%				
货物放置到指定货位	100%	100%				
货物码放规范、整齐	100%	100%				
货物异常报告及扑救措施	100%	100%				
粗暴卸车造成外包装或者货物损坏	无	无				
仓库、货场的管理						

加减分描述

KPI 第 1 条：$X<95\%$，扣 20 分；$95\% \leqslant X < 99\%$，每减少 0.5%，扣 2 分；$X \geqslant 99\%$，每超过 0.2%，奖励 2 分。

KPI 第 2/3/4 条：每发现一件扣 2 分，扣完为止。

KPI 第 5 条：外包装稍有破损，经及时扑救无妨碍的，可以不扣分；已造成外包装无法使用或货物损坏的按外包装或货物价值赔偿

说明：

(1) 上级主管对下属的 KPI 为主要监督人，负责记录 KPI 指标的每日完成情况，并在每月 3 日前将考核表交经理审查，经理审查后，每月 5 日前上报到公司总经办审核后，每月 10 日前交财务部结算当月工资。

(2) 每个工作环节的相关部门，以装卸工为例，开票员、收货人、线路主管、监装人员，收货分公司的仓管人员、发货人、经理等都有监督权，每发现一项违反 KPI 指标的行为，报总公司客服后，奖励其 KPI 权重分数为 2 分。其中，同公司人员对发现的违规行为没有上报，扣除其 KPI 权重 2 分。

(3) 加分事项包括超过 KPI 规定完成工作任务、经部门经理批准的其他加分事项；减分事项包括不在 KPI 范围内的工作失误，给公司造成额外的经济、非经济损失等，经部门经理批准的其他减分事项

5.3 物流方案优化程序

物流方案优化是指确定物流系统发展目标，并设计达到该目标的策略及行动的过程，它依据一定的方法、程度和原则对与物流系统相关的因素进行优化组合，从而更好地实现物流系统发展的目标。

对于大多数的企业来说，物流方案系统优化是其降低供应链运营总成本的最显著的商机所在。由物流优化技术给出的解决方案，除非现场操作人员能够执行，管理人员能够确认预期的投资回报已经实现，否则就是不成功的。但是，物流方案系统优化过程不仅要投入大量的资源，而且是一项需要付出巨大努力、克服困难和精心管理的过程。

5.3.1 方案背景分析

1. 方案评估

方案评估的主要功能是评估、分析、发现现有方案或业务流程中存在的问题和不足，实现途径包括绩效评价、事故检讨、客户反馈、检查控制和学习研究等。

(1) 绩效评价。根据企业、部门的目标绩效完成情况，分析评估相关方案或业务流程的质量和运作状况。

(2) 事故检讨。企业运营过程中发生较严重的事故时，分析评估相关方案或业务流程的质量和运作状况。

(3) 客户反馈。流程客户（包括直接、间接客户和内部、外部客户）通过投诉、抱怨、满意度调查、消极反应等方式传递意见时，分析评估相关方案或业务流程的质量和运作状况。

(4) 检查控制。主动性地对物流相关业务流程的运作状况进行定期或不定期的检查，分析评估相关方案或业务流程的质量和运作状况。

(5) 学习研究。组织和个人在主动的学习过程中，以及在做标杆研究时，也可以对评估相关方案或业务流程的质量和运作状况。

2. 方案分析

本阶段的主要功能是分析流程评估中发现的问题和改善机会，为后一步的改进行动提供指引，分析内容包括性质分析、原因分析、干系分析和实施分析。

(1) 性质分析。对物流方案评估中发现问题影响面和严重性进行分析，判断其类别和性质。

(2) 原因分析。分析探寻问题产生的原因机理和影响因素。

(3) 干系分析。分析存在问题及潜在的解决方案影响、涉及哪些关联方，对这些关联方影响的程度及其可能的配合程度如何等。

(4) 实施分析。分析对发现问题进行优化改进的必要性、可能性、时间性和是否涉及关联流程的同步优化，即回答是否有必要改进、是否能改进、是否现在改进、是否需要和关联流程同时改进几个问题。

3. 分析方法

在上述分析基础上，对现有物流方案当中发现的问题展开修改、补充、调整等改进工作，研究方法包括访谈法、头脑风暴法、德尔菲法和标杆学习法。

(1) 访谈法。与物流服务过程进行直接的、开放式的当面深度交流，获取有益信息和解决建议。关联方包括物流业务流程的客户、供应商、生产者和管理方等。

(2) 头脑风暴法。由包括物流方案设计人员和关联方人员在内的群体，采用头脑风暴法集思广益、群策群力、互启互动，获取开创性的解决建议。

(3) 德尔菲法。选择相关专业人士，通过独立的专家意见表述和背对背辩论，获取专业性的独立解决方案。

(4) 标杆学习法。寻找和研究同行业或跨行业一流企业的最佳实践，通过比较、分析和判断，寻求自身改进的可行性方案。

5.3.2 方案流程优化

1. 改善服务流程

流程即一系列共同给客户创造价值的相互关联活动的过程。流程优化是一项策略，通过不断发展、完善、优化业务流程保持企业的竞争优势。在流程的设计和实施过程中，要对流程进行不断的改进，以期取得最佳的效果。对现有工作流程的梳理、完善和改进的过程，称为流程的优化。

在传统以职能为中心的管理模式下，流程隐蔽在臃肿的组织结构背后，流程运作复杂、效率低下、顾客抱怨等问题层出不穷。为了解决企业面对新的环境、在传统以职能为中心的管理模式下产生的问题，必须对业务流程进行重整，从本质上反思业务流程，彻底重新设计业务流程，以便在当今衡量绩效的关键（如质量、成本、速度、服务）上取得突破性的改变。

对流程的优化，不论是对流程整体的优化还是对其中部分的改进，如减少环节、改变时序，都是以提高工作质量、提高工作效率、降低成本、降低劳动强度、节约能耗、保证安全生产和减少污染等为目的。

2. 流程优化的途径

流程优化的主要途径是设备更新、材料替代、环节简化和时序调整。大部分流程可以通过流程改造的方法完成优化过程；对于某些效率低下的流程，则可以完全推翻原有流程，运用重新设计的方法获得流程的优化。

1) 流程改造

在工作过程中一般遇到难以采用设备更新和材料替代优化流程时，往往采取以下措施：

(1) 取消所有不必要的工作环节和内容。有必要取消的工作，自然不必再花时间研究如何改进。某个处理、某道手续，首先要研究是否可以取消，这是改善工作程序、提高工作效率的最高原则。

(2) 合并必要的工作。如果工作环节不能取消，可进而研究能否合并。为了做好一项工作，自然要有分工和合作。分工的目的，或是由于专业需要，为了提高工作效率；或是因工作量超过某些人员所能承受的负担。如果不是这样，就需要合并。有时为了提高效率、简化工作甚至不必过多地考虑专业分工，而且特别需要考虑保持满负荷工作。

(3) 程序的合理重排。取消和合并以后，还要将所有程序按照合理的逻辑重排顺序，或者在改变其他要素顺序后，重新安排工作顺序和步骤。在这一过程中，还可进一步发现可以取消和合并的内容，使作业更有条理，工作效率更高。

(4) 简化所必需的工作环节。对程序的改进，除去可取消和合并之外，剩下的还可进行必要的简化，这种简化是对工作内容和处理环节本身的简化。

2) 重新设计新流程

如果决定采用重新设计的方法优化流程，可按以下步骤进行：

(1) 首先要充分理解现有流程，以避免新设计中出现类似的问题。

(2) 集思广益，奇思妙想，提出新思路。

(3) 思路转变成流程设计。对新提出来的流程思路的细节进行探讨，不以现有流程设计为基础，坚持“全新设计”的立场，反复迭代，多次检讨，深入到一定细节的考虑，瞄准目标设计出新的流程。

(4) 新流程设计出来之后，应该通过模拟它在现实中的运行对设计进行检验。流程图是一个描述新流程的理想手段，检验前应画出流程图。

3. 流程优化的目标

(1) 建立一个以客户、市场为导向的业务，管理流程体系。

(2) 核心业务、管理流程清晰、简洁，工作效率提高。

(3) 工作方法优化，提高了工作质量与效率。

(4) 流程顺畅，无效劳动减少，成本降低。

(5) 工作流、信息流顺畅，运营成本易于控制。

(6) 减少不必要的流程环节，提升效率。

(7) 基础管理规范，信息化管理实施成功。

(8) 业务流程的关键控制点加强，对工作的结果更加可控，目标更易达成。

5.3.3 方案资源优化

构成物流服务质量管理体系的资源要素包括信息资源、人力资源、物质资源和技术资源4个部分。

(1) 信息资源。对信息资源的投资就像对其他物质资源的投资一样，目的都是为了提高和加强服务企业的竞争优势。以高质量服务著称的组织通常很善于把握客户的想法，并能把来自客户的质量反馈信息加以处理，使之成为质量控制和改进的依据。

(2) 人力资源。人是服务企业最重要的资源，几乎所有的服务都是由服务企业的员工来提供的。能否实施有效的质量管理，人的因素是具有决定性的。由于服务是一种情绪性的工作，管理好服务体系中的人力资源必须做到3点：合适的岗位、激励制度、及时的培训。

(3) 物质资源。所有的服务企业建立完善的服务质量体系都要对基础设备设施投入大量的资金，这些基础设施及设备包括基本的装修和服务工具、有关客户的信息系统、管理的通信网络、备用物资的储备等。

(4) 技术资源。市场在不断变化，新的技术也在推动企业的进步。第三方物流企业应该充分认识到技术对改变企业竞争力的重要性，及时把行之有效的新技术新方法补充到物流服务方案当中去，满足客户日益增长的需求。

以上几个方面的要素是构建物流服务质量体系所需要的。第三方物流企业应当充分认识到资源优化在运营管理中的重要性，通过最大范围地获取、整合、优化资源来维护客户的利益，提供优质服务达到客户满意。

阅读材料

建筑材料及电子产品市场——戴凡士物流公司

美国戴凡士物流公司对建筑材料市场和电子产品市场进行了研究。研究发现，在建筑材料市场中，企业提供信息的质量完全不受重视（如货品信息清单），原因可能是建筑材料产品技术含量较低，可能涉及的质量问题较少。人员沟通质量对满意度影响不大，而订购过程对满意度有较大影响，原因也是由于产品特性，人们更注重订购过程操作的简易性和效率。另外，在收货过程的末期，时效性和误差处理不受重视，且货品完好程度对误差处理没有影响，这样对满意度有影响的只有订购过程一环。因此，对于建筑材料这类标准化（不存在太多质量问题）程度较高、技术含量不高、需求的时效性不强的商品，只有订购过程对满意度有重要影响。

戴凡士物流公司在物流差异化决策中特别强调订购的方便快捷，它们建立了自动订货信息系统提供专门的订购服务，并注意简化订货和收货的手续。同时，戴凡士物流公司减少了人员沟通费用，由此实现了针对建筑材料市场的物流服务。

然而，在电子产品市场，顾客却很看重人员沟通质量。同时，调查发现，货品精确率、货品完好程度、货品质量3个因素并不直接影响时间性，只和误差处理有关。因为电子产品技术含量较高，顾客对产品的质量要求较高，对质量问题出现后的处理过程也很关注，所以顾客对误差处理服务的要求较高。这样，在电子产品市场上，误差处理的质量、方便性、时效性对顾客满意度影响较大。

5.4 物流服务的持续改进

人们对于产品的更新换代习以为常，但提到物流服务要不断地改进，却未必习惯。其实，物流服务同样存在持续改进的问题，因为物流产品的更新换代需要对物流服务进行持续改进，从而不断提高物流产品的内涵，完成产品更新换代。

5.4.1 物流服务持续改进的意义

物流作为一个产品，同样存在更新换代的问题。持续改进服务的能力对于第三方物流企业的成功具有重要的意义，具体表现为以下两个方面。

1. 建立长久的客户关系

第三方物流企业在同客户的合作过程中，不断地利用自己的专业或优势为客户改进物流服务，以提高服务的质量，降低成本，使客户能够不断地获得第三方物流服务商的专业水平带来的效益，因而会强化双边的信任责任。

2. 持续改进能力可以作为重要的竞争手段

同产品创新可以作为重要的竞争手段一样，物流服务的持续改进也可以不断提出差异化的服务，以区别于竞争对手，形成竞争优势。

5.4.2 物流服务持续改进的内容

物流服务持续改进的内容是多种多样的，既有局部的完善，也有整体的重组；既有设施、设备的改进，也有系统的更新；既有项目内容的改善，也有物理服务项目的延伸。在特殊情况下，物流项目的持续改进还表现为全新的物流服务项目的开发。对应于以上 3 种情况，可以将物流项目的持续改进划分为内涵型、外延型和开发型 3 种主要的类型。

1. 内涵型持续改进

内涵型持续改进是 3 种改变形式中最常见的一种，它是对现有物流系统的内部完善。根据改变的程度和产生的影响，一般将内涵型持续改进划分为系统局部的完善和物流流程的重组两类。系统局部的完善是指对物流的某些环节进行改进，产生的影响一般是在局部范围内，如包装材料或包装方式的改变、运输跟踪体系的完善、仓库库位管理的科学化等；物流流程重组型改进一般会对物流服务的系统进行重新设计，其影响将是全局性的。

2. 外延型持续改进

外延型持续改进是指在原有服务的基础上扩展新的服务内容，根据拓展方式的不同可以将外延型持续改进划分为广度延伸和深度延伸两类。广度延伸是指物流服务的环节上进行延伸，如由一般的仓储管理向运输、仓储一体化发展，由货代业务向综合物流业务发展等，都体现为物流服务环节的增加。物流服务环节的增加意味着第三方物流可以整合的内容增多，优化的空间增大，一般会比原来的服务取得更好的效果。深度延伸是指在物流服务的一个项目或环节上进行深化，往往表现为提供一些新的增值服务项目，如在一般仓储管理的基础上对货物的进出进行统计，提供市场预测和库存计划的依据。

3. 开发型持续改进

开发型持续改进是指开发出全新的物流服务项目。开发型持续改进是所有的持续改进中最难的一种，它是针对客户企业物流系统中存在的特殊问题进行物流服务的创新，所以一般没有可以借鉴的经验。

辩一辩

对于内涵型、外延型和开发型 3 种改进途径，你认为哪种途径最优？并说明理由。按照辩论的基本规则，请同学们自由组队，选择观点，寻找论据，陈述事实。

5.4.3 物流服务持续改进的保障措施

1. 树立持续改进的观点

对于第三方物流企业来说，首先要树立持续改进的经营和管理理念，鼓励员工发现问题和解决问题。有一些物流公司，其技术实力和管理水平并不低，但很少对自己的服务进行持续改进，原因就在于它们还没有形成这样一种意识和氛围。

2. 建立服务缺陷反馈机制

所谓持续改进，主要是针对物流服务中不完善的环节而言的，因此，如何在工作中发现问题就成为持续改进的关键。要实施持续改进的管理模式，就必须建立好服务缺陷反馈机制。

3. 建立持续改进推进技术小组

发现问题只是第一步，接下来的就是解决问题。对于一般性的问题，一般通过部门经理就可以解决，但对于比较复杂的技术性问题解决的难度就很大，一般需要专门的技术小组来解决。例如，华润物流由专家队伍负责物流项目的策划和持续改进工作。

4. 通过绩效评估持续改进

服务要彻底地推进管理模式，还必须将持续改进纳入到对项目实施的绩效评估中去，从而激发管理人员和实施人员推进的积极性。

5.4.4 物流服务持续改进的重要手段——精益 6 西格玛物流

随着市场竞争的加剧，质量和速度都成了企业制胜不可或缺的条件。传统的精益管理是一种消除浪费、提高速度与生产率的方法，关注流程速度与效率的方法，主要偏向于对企业流程速度的改善，它衡量的标准是为满足客户要求而进行的操作的迅速性。而 6 西格玛则是一种消除缺陷并减少流程波动的方法，主要偏向于对企业流程质量的控制，它衡量的标准是为满足客户要求而进行的操作的可靠性。因此，只有精益或者 6 西格玛都不能使企业在质量和速度两方面达到世界级企业的目标，二者必须有机结合，精益 6 西格玛应运而生。

1. 精益 6 西格玛

虽然 6 西格玛方法和精益生产方式有着许多相似之处，如两者都需要高层的支持、都属于改进的方法、都可以应用于所有领域、都强调降低成本和提高效率、都采用团队的方式实施改善、都具有显著的财务效果、都关注顾客的价值和需要。但是，需要把这两种质量管理的方法结合起来，得到一种更有效的方式和行为。

精益 6 西格玛是一种通过提高客户满意度、降低成本、提高质量、加快流程和改善资本投入，使股东价值实现最大化的方法。如果企业中实施了其中的任何一种管理方法，不久就会发现需要另外一种管理方法来相互配合，所以将精益和 6 西格玛相互融合就能发挥最佳效果。因为精益 6 西格玛能够更有效地直接降低成本，效果远胜于以往的任何改进方法，关键在于它同时兼顾了质量和速度两个因素。

一家公司如果要大幅度降低成本、提高质量、加快响应速度，就必须同时拿起精益和 6 西格玛这两件武器，消灭影响关键质量因素的问题和时间陷阱造成的延误。

精益 6 西格玛内容广泛，概括起来主要有四大要素，如图 5.1 所示。

(1) 在更短的时间内为顾客提供更高质量的服务，即靠速度和质量取悦顾客，包括 4 点含义：一是在市场上做得最好的公司能够在顾客的角度看问题并及时满足其需求，顾客是决定质量的唯一因素；二是减少任何不满足顾客需求的东西；三是保持产品、服务和过程的一致性与稳定性；四是要提供最低的价格，而要盈利的唯一办法是改进质量和速度。

(2) 改进流程，消除缺陷，减少波动，包括5点含义：一是大多数质量问题存在于过程中而不是人；二是改进的方法有工作程序文件化、检查工作步骤间的传递、教会员工持续所需的知识和方法、减少质量和速度的波动、改进速度；三是波动是缺陷的主要来源，波动决定西格玛水平；四是改进过程就是提高西格玛水平；五是必须成为一个用过程概念来考虑问题和后果的人，即过程思考者。

(3) 团队精诚合作以获取最大的产出，包括两点含义：一是协作的技巧有倾听、头脑风暴、讨论、整理想法和决策；二是高效协作为设定目标、明确责任、处理冲突、关注决策的制定、确保会议高效、培养持续学习、与其他团队协作。

(4) 所有的决策都以事实和数据为基础，包括两点含义：一是使用数据的障碍有缺少现成的数据、在收集和分析数据方面缺少训练、人们使用数据只是为了惩罚或奖励员工而不是改进流程；二是数据包括结果数据（顾客满意度、财政收支等）和过程数据（速度、交付期、质量、缺陷等）。

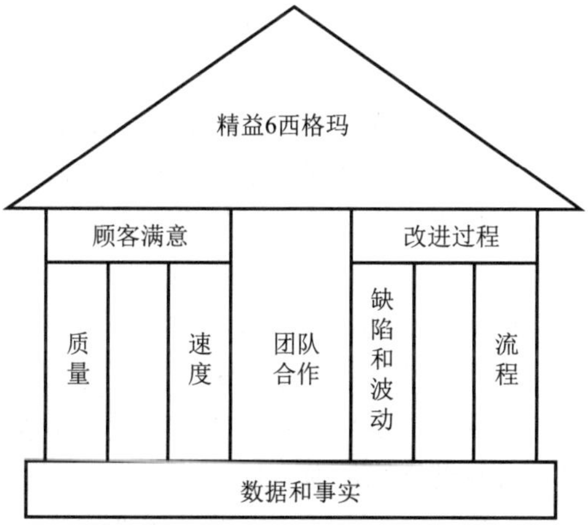

图 5.1　精益 6 西格玛四大要素

2. 精益 6 西格玛物流

将精益思想和 6 西格玛方法应用到物流领域就产生了精益 6 西格玛物流，这样就有机会来降低物流网络的成本，并且提高物流网络的绩效质量。精益 6 西格玛能为物流网络提供以下功能：

(1) 这是一种战略，能够在生产设备刚好用完特定零件后将原材料添加到生产设备中。

(2) 实际上是一种配送职能，它只生产定购的产品，而且它的补充库存只用来替代已销售的货物。

(3) 能够帮助企业平衡需求和资源，并且帮助企业减少供应链各阶段的库存。

只要企业采纳精益制造，那么毫无疑问，它们必须实施原材料的拉动系统来支持制造流程。在设计物流网络时要重点考虑以下 6 个方面，只有有效地集中于整个供应链的关键部分，精益制造商才能够实现自己的目标，即尽量降低库存级别，平衡原材料流量，增强灵活性，并最终降低成本，提高利润。

(1) 运输设计和交付频率。对于大多数企业和所有制造商而言，运输成本至关重要。过去，人们一度认为入境运输是不可避免的灾祸，而且只是一种交易的成本。但是现在，精益制造商们意识到，精益入境运输网络实际上具有战略意义，而且是支持原材料流入精益工厂的关键。因此，必须把注意力集中在入境运输的下列领域，以减少安全库存和循环时间：加快每位供应商的交付频率、减少厂际转让、减少工厂拖车场内拖车和原材料的等待时间、清除重复和无效的销售渠道、减少和预防运输损失、执行等量连续的工厂交付、减少运输设备（因为资产利用率提高）。

加快交付频率在精益环境中起着特殊关键的作用，因为精益原则取决于实现零库存目标的众多连续交付。这就意味着制造商必须打破传统的以卡车为单位运送原材料的习惯，渐增的交付频率降低了每批交付货物对工厂的空间要求，这是它的第一个好处。加快交付频率的第二个好处是在质量保证和发生低劣质量意外时提高质量，通过减少原材料库存和加快交付频率，供应商能够得到更迅速的反馈，其中包括单独交付大批量货物时可能一度隐藏的质量问题。

(2) 各种零件的批量。由于精益网络内部所有供应商的交付频率提高，所以它们运送给制造商的批量更少了。缩减批量的主要挑战存在于制造商的内部，存在于采购和生产控制部门之间的职能障碍之中。一般而言，采购部门认为批量越大，折扣就越高，运输费用就越低，因此，精益环境的所有职能领域都毫无例外地被灌输以原材料采购“总成本”的思想。采购部门单独考虑的运费只停留在表面，因为只有压缩整个系统的成本，股东价值才能得到优化。另外，缩减批量如此重要的原因是它降低了来自制造商和供应商的需求形式偏差。

(3) 可回收的包装。可回收包装是实现供应链和制造流程中零件流动的基本工具之一。如果不采用可回收包装，入境运输路线的优化设计根本就不存在可能性，因为开始设计有效路线时，必须对每位供应商的空间要求有精确的了解。要想达到这种精确程度并且充分利用拖车空间，应该了解每种零件的所有装载特性：每批的零件数以及每托盘的批量数、包装的堆叠度和损失的敏感度、零件和包装之间的兼容性。

(4) 各种零件进入工厂的等量流动。精益制造业依赖通过生产流程拉动的，稳定且一致的原材料流，拉动对于设计精益入境物流网络也很重要。只有执行等量交付，制造商才能够优化空间要求，尽量减少材料加工，并且降低总成本。拉动还允许供应商开始利用精益技术，而不是大规模生产技术来制订自己的生产进度计划，因为零件是在这一天中一点一点地从供应商那里运来的，而不是每天一次运来一大批。总之，等量流动实现了供应链各结点需求形式一致，工厂交付频率高，以及物流成本最优化。

(5) 流水线的可见度和意外计划编制。精益制造商需要的信息包括原材料何时到达工厂，以及原材料在特定时间在供应链中所处的阶段，原材料和成品库存的生产状况。许多有效的技术和系统能够帮助它们管理上述功能。对于精益制造商而言，流水线的可见度在企业内部至关重要。实际上，它对供应链的所有参与者同等重要。供应商、物流合伙人和制造商都必须了解工厂的入境货物是什么，工厂正在生产的产品是什么，供应商在特定时间可提供的货物是什么。如果无法掌握这些，在物流方面执行精益可能会使制造商陷入次优化的境地，因为在不了解流水线的情况之下盲目地缩减库存很可能导致某时间点的原材料短缺。

(6) 物流测量系统。物流测量系统是物流网络的质量保证，反映特定精益战略的总体目标，有利于改进物流网络设计的信息流动。因此，应该执行下列的测量尺度：每位供应商的交付频率、供应提前期、供应准时性、供应批量、交付间隔、拖车和司机的利用率、供应商和制造商对原材料的空间要求、供应链的总库存量、原材料的等待时间、供应商的订单填充率。

通过对这些关键要素的测量，精益专家就可以划分出影响入境网络精益特征的物流偏差。尽管还应有其他更为传统的物流测量标准，但是上述衡量标准针对的是系统的精益特征，只要有效利用上述测量标准，相关各方就能够区分出改进机会并且划分出优先处理的领域。

3. 精益 6 西格玛物流的挑战

在企业内部实施精益和 6 西格玛无捷径可走，实施精益 6 西格玛物流也是如此。有评论认为精益 6 西格玛所带来的收益并不像外观表现的那样丰厚，比如说，下游的制造商可能将保留库存的要求强加给上游的供应商，这样总支出额不会出现实质性的变化，而该项费用最终转嫁给了产品成本，因此，要强制厂商在交易的某个阶段承担库存支出。

这种评论是很有意义的，但是他们忽视了一个关键要素，即筛选精益 6 西格玛供应商可以有效地解决这个问题，而且要将这样的供应商当作自己的战略合作伙伴，其主要目标就是让供应链的所有参与者都实现精益原则，从而真正将所有的物流支出从系统中清除出去。

只要公司在整个供应链中实施精益 6 西格玛，公司各职能部门成本结构中的支出就会得到压缩，许多活动驱动因素及相关费用都包含在物流职能部门的范畴之内。物流在所有行业中起着关键作用，而且它的重要性是不容忽视的。进取的公司意识到自己在制造业和销售业的竞争已经成为过去，而它们现在正投身于供应链级别的竞争。精益 6 西格玛系统试图通过削减库存来优化物流职能，从而减少诸多由保留库存而引发的支出。一旦公司真正将供应商与客户之间的供应链依次连接起来，成本就会降低，质量就会提高，而且利润也会增加。

做一做

请用精益 6 西格玛手段将小组在项目 3 做的物流设计方案进行优化，并说明优化之后的效益主要体现在哪些方面。

阅读材料

浙江物产杭州物流基地物流作业流程优化方案

1. 浙江物产杭州物流基地概况

浙江物产杭州物流基地位于杭州市余杭区良渚镇，东临京杭大运河，南依石祥路，西连莫干山路，北接杭宁高速公路进出口（上塘高架延伸段），与杭州绕城高速公路和宣杭铁路线，具有极佳的交通区位优势。浙江物产杭州基地目前用地面积 324 亩，拥有运河码头、与宣杭线相接的铁路专用线，具备公路、水路、铁路多模式联运功能，有利于各种运输资源的集聚整合，可充分发挥基地的中转、分销、配送、加工等综合物流功能。

杭州物流基地是浙江经济职业技术学院物流产业学院（浙江物产集团和浙江经济职业技术学院合作成立的）实习基地，提供仓储管理、运输业务管理、仓储机械操作、设备维护与保养、配送业务管理、信息系统使用及维护、物流营销、客户管理等岗位供实习，是浙江物产集团物流专业示范生培养对口单位。

目前，首届“浙江物产示范生”已选拔产生，暑假里物流示范生也在杭州物流基地进行了为期1个月左右的实习，本方案是物产示范生根据实习情况完成的。

2. 浙江物产杭州物流基地物流作业中的问题

在市场和科技发展的推动下，企业为提高竞争力，降低成本，不断创新和调整企业的商业模式和生产方式，成组理论、柔性生产等极大提高了企业生产效率，但这一阶段及以前是以优化企业内部资源为主的，随着JIT生产、敏捷生产、虚拟企业及全球生产的发展，产生了供应链管理，这种基于众多企业分工协同的生产模式就是供应链协同生产，资源优化超越了一个企业的范围。随着我国经济改革的深化，国内吸引了大量外资企业，同时越来越多的国内企业走出国门，我国已经成为全球产业链中的一个重要环节，供应链等先进的理念被企业广泛接受并被采用，表现为全球范围的贸易、外包、合作增多。钢材作为基础原材料，其流通方式与供应链企业协作模式有关，同时也一定程度上影响着供应链企业的协作，欧美、日本等地区和国家钢材加工配送的发展就是适应供应链协同生产而发展起来的。在新的形势下，国内钢材专业市场作为钢材流通的一个重要结点和环节的主要问题有以下几点：

(1) 物流量不均匀，表现为每天的出库量变化较大。

(2) 对运输承运人的协调控制、能力弱，使以专业市场为物流结点的钢材流通不能充分发挥物流集约化、规模化、网络优化的作用。

3. 浙江物产杭州物流基地物流作业流程优化方案

为对基地物流有比较全面的认识，主要围绕基地进货和出货进行分析，虽然基地内部拥有钢材剪切加工设备，但其运作是由引入的钢材流通企业进行的，基地只是负责提供一些服务功能，因此，只从基地为物流服务供应商的角度进行分析。基地作为钢材流通的一个环节，其业务涉及供货商、船运公司、铁路运输企业、公路运输企业、钢材消费企业。

1) 入库流程及其优化方案

(1) 入库现状。

① 码头入库。送货人凭有效泊单、水路货运单到客服中心办理收货手续（换单）——送货人凭基地有效收货单到调度中心开作业通知单（作业单）——送货人将有效货单和作业通知单交码头当班作业班长——作业班长凭有效收货单和作业通知单安排收货作业——理货员根据班长的安排，凭收货单及作业通知单组织收货作业——送货人凭理货员确认签字的收货单到调度室签回单。

② 铁路入库。车皮到达金汇公司，货运员电话通知调度值班调度员——值班调度员电话通知理货员抄车皮号取回铁路大票——值班调度员及时确定接货作业方式下达作业通知单——金汇作业组在基地理货员的监收下作业——根据实收情况金汇货运员与基地理货员现场办理交接手续——安排入库或直发作业——作业完毕将入库单、码单（实际直发单）送交客服中心、调度室。

③ 公路入库。驾驶员到基地凭有效送货单到客服中心办理入库手续——调度值班人员凭有效入库单开作业通知单下达作业指令——作业班长凭有效入库单和作业通知单安排作业——理货员根据班长安排，凭入库单和作业通知单对货物进行验收入库。

(2) 入库流程及其问题。进货流程如图5.2所示。

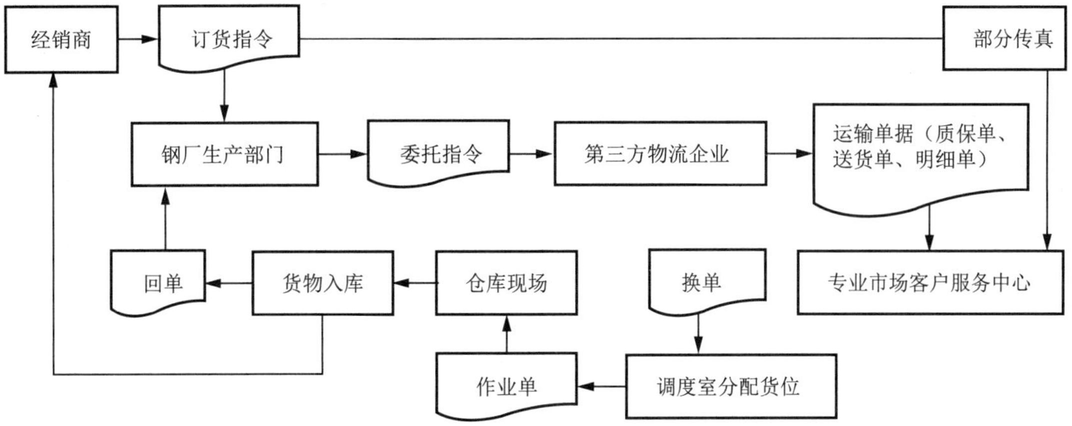

图 5.2 进货流程

发现基地进货流程中存在的主要问题有以下几点：

① 订货指令在货物到基地前部分传真到基地客户服务中心，还有部分没有事前通知基地客户服务中心。

② 分配货位是在货到后，换单完毕后进行的，造成等待，也不利于计划制订。

(3) 入库流程改进方案。

① 发货指令在货物到基地前，全部采用传真或网络的方式到基地客户服务中心。

② 分配货位改在货到前，加强货位的计划管理，分段制订计划，包括月、周、日计划。

③ 流程改进方案如图 5.3 所示。

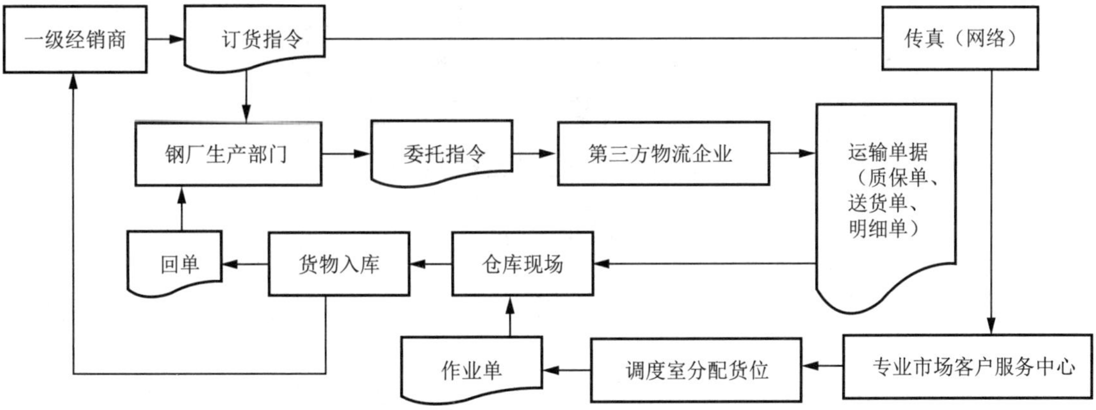

图 5.3 改进进货流程

2) 出库流程及其优化方案

(1) 出库流程及问题。在提货作业中，钢材贸易企业为钢材专业市场开提货样单，钢材交易成功后，钢材贸易企业给钢材购买厂家开提单，钢材购买厂家拿提单根据自己生产计划委托物流企业去专业市场提货，基地根据提单和样单组织发货。出货流程如图 5.4 所示。

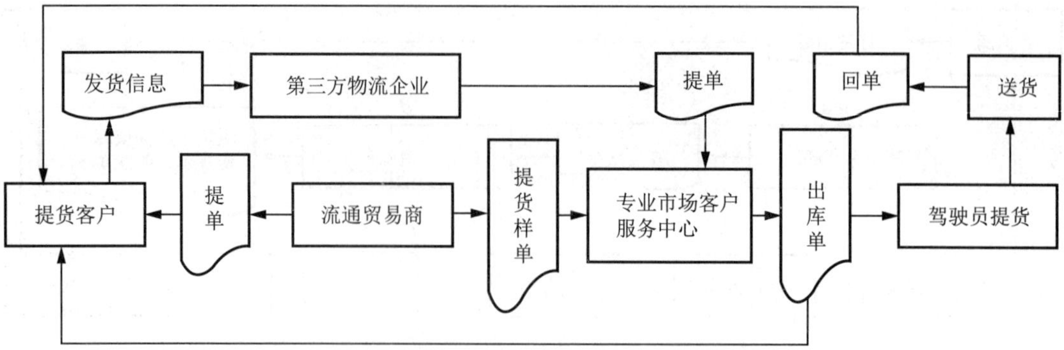

图 5.4　出货流程

基地出货流程中存在的主要问题有以下几点：

① 物流量不均匀，表现为每天的出库量变化较大且每天提货时间过于集中，图 5.5 所示为 20×× 年 9 月 1 个月的出库量，图片清楚地反映了物流量的变化情况。业务量短期内大幅变动，给基地内部设备、人力资源的调配使用造成了很大的困难，也提高了运作成本，主要原因是基地内部物资转出主要是按照客户需要随来随取的，无计划性。

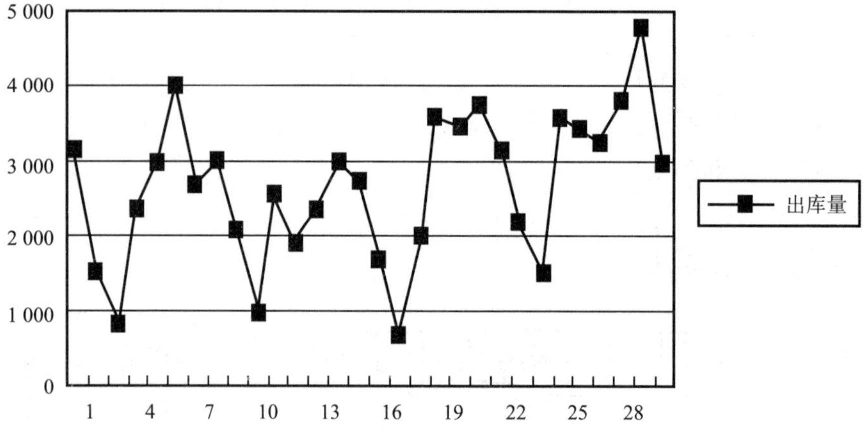

图 5.5　出库量

② 对运输承运人的协调控制、能力弱，因为承运人选择是由货主或客户委托货运公司决定的，造成流量不均匀。

③ 客户物流服务由基地、货运公司、社会承运人 3 方提供，各自为政，协调不畅，基地物流业务单一，盈利能力、整合资源的能力低。

④ 没有对客户进行分类管理，使资源紧张时无法优先满足重要客户，使客户满意度较差，影响了基地竞争力和可持续发展。

⑤ 物产物流基地目前主要是提供有限的装卸、储存业务，利润少，钢材配送业务目前还没有开展，钢材配送主要由客户选择运输公司进行外运，各自为政，难以实现共同配送，使物流成本过高，配送时间过长，物产物流基地物流节点整合资源的潜力无法发挥，也使得在和其他钢材市场竞争时不能提供差异化的服务，缺乏核心竞争力，这也是基地内部作业缺

乏计划性、交通流量堵塞的主要原因，在钢材剪切加工业务开展以后，这一方面的矛盾将更加突出。

(2) 基地出库流程改进及其建议包括以下几点：

① 设置配货中心，开展配送业务。配送是物流中心的一项重要功能，因为物流中心承担物流节点的功能，而且物流中心积聚了大量的社会物资，可以更好地整合社会资源，有条件更好地实行共同配送，实现物流的规模效应和时间效应，也正因为此，国外物流中心得到了快速的发展。虽然要物产物流基地马上进入配送业可能短期内客户还不能接受，基地也不具备这方面的能力，但要发挥基地的优势必须引导，逐步实现共同配送，以实现合作企业利润最大化。

设置配货中心，开展配送业务可以使基地依托现有的货源资源，逐步掌握、整合社会公路运力资源，为今后物流业务的拓展奠定基础。

改进后的出货流程如图 5.6 所示，客户物流服务以基地为主体，由基地整合社会承运人资源提供可控的全面的物流服务。

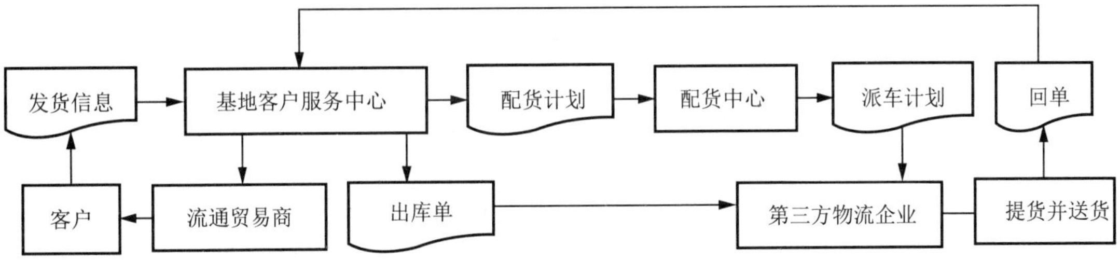

图 5.6 改进出货流程

② 加强时间分段管理，提高服务质量。时间分段管理是常用的一种均匀一天物流量的方法，是在计划性很强、物流量较大且涉及较多供应商的产品生产，尤其是采用准时制生产时通用的一种做法，在汽车、家电等很多产品生产中采用，收效显著。当然，时间分段管理实现起来比较难，因为需要供应链高度协调。目前基地内部水路、铁路进货基本上不是基地可以主导的，货物运出主要是公路，但由于一些客观原因，导致装卸作业主要是集中在下午临近下班的时候，导致物流量极不均匀，今后应逐步改变这种模式，合理安排作业制度。

③ 加强计划管理。为解决码头内物流量不均匀，需要加强内部作业的计划性，对客户进行 ABC 分类管理，保证为关键客户提供及时服务，对供应链进行优化，通过预约等手段逐步加强作业管理的计划性，也可以考虑制定分时段的收费政策来平衡物流量。

④ 加强信息化建设。采用条码、射频技术进行货物标设、跟踪管理。

4. 展望

在浙江省，钢材专业市场在钢材流通中起举足轻重的作用，像浙江物产杭州物流基地一样的钢材专业市场还有很多，同样存在很多需要改进的地方，因此，本课题研究非常有意义，且有比较广泛的应用范围。

（资料来源：浙江经济职业技术学院流通技术学院 P331106 班，
指导老师：姚文斌，张东芳，略有改动）

课后练习

一、选择题

1. 第三方物流形态与目前所了解的物流形态是有区别的，这种区别的关键点在于（　　）。

A. 由谁去承担物流服务
B. 以什么样的方式提供物流服务
C. 提供什么样的物流服务
D. 为谁提供物流服务
E. 服务的结果不同

2. 第三方物流企业的经营效益是直接同货主企业的（　　）紧密联系在一起的。

A. 物流效率
B. 物流服务水平
C. 企业规模
D. 企业信息化程度
E. 物流系统效果

3. 长期以来传统工商企业的经营模式具有（　　）的特征。

A. 小而全
B. 大而全
C. 横向一体化
D. 纵向一体化
E. 自产自销

4. 现代企业常常将一些业务外包给在某些职能上有优势的企业，其中最常见的传统的物流服务商是（　　）。

A. 专门从事生产的企业
B. 专门从事销售的企业
C. 专门从事运输的企业
D. 专门从事配送的企业
E. 专门从事仓储管理的企业

5. 具有对外服务性质的运输行业是通过（　　）来创造利润的。

A. 专业化
B. 高效率
C. 业务规模
D. 低成本
E. 信息共享

二、判断题

1. 一般称提供传统仓储服务的服务公司为“公共仓库”。（　　）

2. 物流企业是指专门从事物流活动的经济组织。（　　）

3. 商品供应的主导权由零售商转向供货商。（　　）

4. 第三方物流企业想要取得成功其最重要的因素在于整合物流过程以实现其客户的增值服务。（　　）

5. 第三方物流在合约关系上是一种一对多的形式。（　　）

三、简答题

1. 影响物流费用的因素有哪些？

2. 物流服务持续改进的保障措施有哪些？

3. 简述运输经营管理的基本原理。

实训项目

浙江旺宝物流公司配送中心储配方案制订与实施

1. 实训资料

为了扩大业务，浙江旺宝物流公司在杭州建立了新的配送中心，继续为新老客户服务。新配送中心的 1 号仓库平面图如图 5.7 所示。

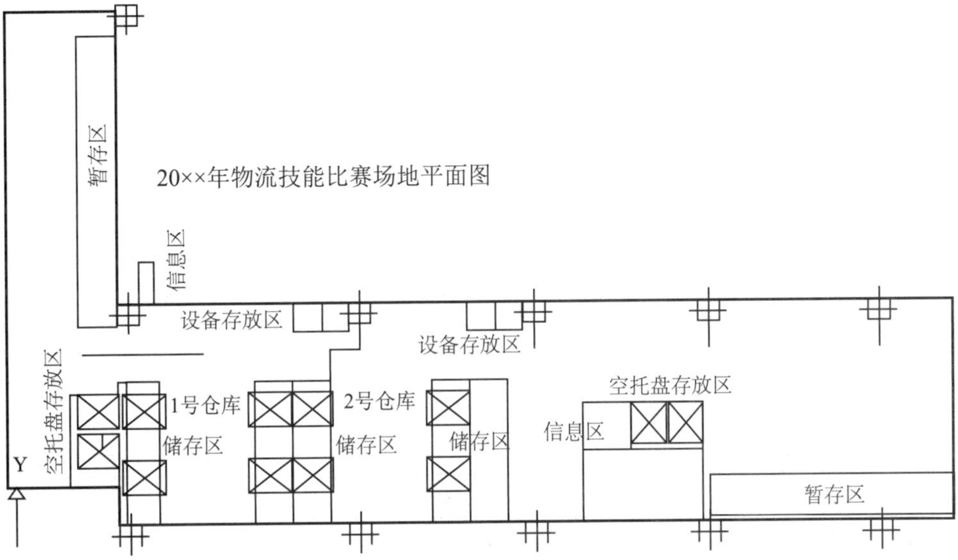

图 5.7　1 号仓库平面图

(1) 配送中心所订的货已到 1 号仓库，并已经过验收，现在需要进行入库作业，其货物品种规格数量见表 5-1。

表 5-1　货物品种规格数量

序　号	货品编号	商品名称	规格型号	单　位	单价 / 元	数　量	外包装尺寸 /m
1	D001	王老吉	355mL×24	箱	48.00	22	0.8×0.6×0.4
2	F001	方便面	105g×12	箱	36.00	173	0.6×0.4×0.4
3	D002	葡萄酒	560mL×6	箱	54.00	52	0.4×0.4×0.2
4	F002	巧克力	220g×6	箱	120.00	29	0.2×0.2×0.2
5	F003	色拉油	2.5mL×6	箱	120.00	20	0.8×0.6×0.4
6	W001	洗发水	400mL×12	箱	360.00	22	0.4×0.4×0.4
7	W002	沐浴露	355mL×12	箱	144.00	15	0.4×0.4×0.4
8	W003	花露水	255mL×12	箱	56.00	37	0.4×0.2×0.2
9	W004	香皂	105g×24	箱	47.00	26	0.2×0.2×0.2
10	W005	漱口水	250mL×12	箱	240.00	16	0.4×0.2×0.2

（2）库存周转量统计表（20×× 年 1 月 1 日至 4 月 14 日）见表 5-2。

表 5-2　库存周转量

序　号	货品名称	编　号	周转量 / 箱	排　序
1	王老吉	D001	250	
2	方便面	F001	200	
3	葡萄酒	D002	10	
4	巧克力	F002	1 000	
5	色拉油	F003	160	
6	洗发水	W001	100	
7	沐浴露	W002	5	
8	花露水	W003	80	
9	香皂	W004	50	
10	漱口水	W005	20	

（3）20×× 年 4 月 15 日周四 15:00 左右，该配送中心接到了 4 家客户的订货通知单。订单内容见表 5-3 至表 5-6。

表 5-3　A 公司订单

订单编号：O2010415A01　　业务单号：F20100415-10

订货方编号		Cust001	订货单位名称		A 公司	
订货单位联系人		张　三	货单位联系电话		80885888	
序　号	名　称	型号规格	单　位	数　量	单价 / 元	金额 / 元
1	王老吉	355mL×24	箱	12	50.00	600.00
2	方便面	105g×12	箱	14	38.00	532.00
3	花露水	255mL×12	箱	16	56.00	896.00
4	巧克力	220g×6	箱	10	124.00	1 240.00
5	色拉油	2.5mL×6	箱	8	124.00	992.00
6	洗发水	400mL×12	箱	4	366.00	1 464.00
总　计	人民币大写：伍仟柒佰贰拾肆圆整					5 724.00

经办人：　　部门主管：

表 5-4　B 公司订单

订单编号：O2010415B01　　业务单号：F20100415-11

订货方编号		Cust002	订货单位名称		B 公司	
订货单位联系人		李　四	货单位联系电话		80886888	
序　号	名　称	型号规格	单　位	数　量	单价 / 元	金额 / 元
1	王老吉	355mL×24	箱	3	51.00	153.00

续表

序 号	名 称	型号规格	单 位	数 量	单价 / 元	金额 / 元
2	方便面	105g×12	箱	4	39.00	156.00
3	花露水	255mL×12	箱	6	57.00	342.00
4	巧克力	220g×6	箱	5	125.00	625.00
5	香皂	105g×24	箱	9	49.00	441.00
6	洗发水	400mL×12	箱	5	365.00	1 825.00
总 计	人民币大写：叁仟伍佰肆拾贰圆整					3 542.00

经办人： 部门主管：

表 5-5 C 公司订单

订单编号：O2010415C01 业务单号：F20100415-12

订货方编号	Cust003		订货单位名称	C 公司		
订货单位联系人	王 五		货单位联系电话	80887888		
序 号	名 称	型号规格	单 位	数 量	单价 / 元	金额 / 元
1	王老吉	355mL×24	箱	2	51.00	102.00
2	方便面	105g×12	箱	2	39.00	78.00
3	花露水	255mL×12	箱	5	58.00	290.00
4	巧克力	220g×6	箱	8	126.00	1 008.00
5	香皂	105g×24	箱	10	49.00	490.00
6	洗发水	400mL×12	箱	5	365.00	1 825.00
总 计	人民币大写：叁仟柒佰玖拾叁圆整					3 793.00

经办人： 部门主管：

表 5-6 D 公司订单

订单编号：O2010415D01 业务单号：F20100415-13

订货方编号	Cust004		订货单位名称	D 公司		
订货单位联系人	赵 六		货单位联系电话	80889888		
序 号	名 称	型号规格	单 位	数 量	单价 / 元	金额 / 元
1	王老吉	355mL×24	箱	2	51.00	102.00
2	方便面	105g×12	箱	2	39.00	78.00
3	花露水	255mL×12	箱	5	58.00	290.00
4	巧克力	220g×6	箱	8	126.50	1 012.00
5	葡萄酒	560mL×6	箱	10	60.00	600.00
6	洗发水	400mL×12	箱	5	365.00	1 820.00
总 计	人民币大写：叁仟玖佰圆整					3 900.00

经办人： 部门主管：

(4) 浙江旺宝物流公司配送中心客户优先权分析评价模式主要通过下列几个领域的表现：单品利润、订单紧急程度、客户去年对该货物的需求量占总需求量的比例及客户合作年限等几个指标。客户对该货品的需求量及客户合作年限等具体信息见表 5-7。

表 5-7　客户具体信息

客　户	A 公司	B 公司	C 公司	D 公司
单品利润 / 天	4	5	6	6.5
订单响应时间 / 天	12	16	24	36
客户去年对该货物的需求量占总需求量的比例	12%	10%	30%	48%
客户合作年限 / 年	1	2	3	1
客户信誉度	优	优	良	良

该配送中心客户优先权评价指标的权重分别见表 5-8。

表 5-8　指标权重

评价指标	利润率	订单紧急程度	客户去年对该货物的需求量占总需求量的比例	客户合作年限	客户信誉度
权　重	0.2	0.4	0.2	0.1	0.1

(5) 配送中心目前有员工 3 人，并且配备有下列设备，用于货物的装卸搬运及上架。设备种类规格型号及使用成本见表 5-9。人工使用成本见表 5-10。

表 5-9　设备规格和使用成本

序　号	名　称	规　格	型　号	使用成本	可供数量
1	托盘 /mm	1 200×1 000	塑料田字格	0.02 元 /(个•秒)	40
2	地牛	1 t	手动	0.03 元 /(辆•秒)	2
3	手动叉车	载重 1t　高度 3.5 m	手动及电动	0.05 元 /(辆•秒)	2
4	货架 /mm	高 × 长 × 宽 (3 000×4 000×1 000)	横梁式托盘多层货架	0.15 元 /(货位•秒)	20 个货位

表 5-10　人工使用成本

序　号	名　称	人员类型	使用成本	可供数量
1	人工费成本	仓库主管及助手	0.01 元 /(人•秒)	3 人

2. 实训要求

1）储配优化方案设计

根据浙江旺宝物流公司配送中心的储存、订单等相关信息进行分析处理，并进行分工；编制实施的储配作业计划；计算出所设计方案的各项作业成本与时间；安排工作计划；预测出实施方案可能出现的问题和应对方案。储配方案中，至少要包含表 5-11 的内容。

表 5-11 储配优化方案设计主要内容

序 号	方案要素	要素说明	备 注
1	封 面	题目：现代物流—储配作业优化方案设计；参赛队名称：××学校代表队	
2	队员分工	主管和仓库保管员（仓库管理员）姓名	
3	工作安排	工作内容及职责	
4	物动量 ABC 分类表	能够体现出分类表过程和分类情况	
5	指定货物组托示意图	包括奇数层俯视图、偶数层俯视图、主视图和俯视图	
6	货位储存图	以货架的排为单位，将货位储存情况反映在储存示意图上	
7	订单有效性分析	参赛队收到客户订单后，应对订单的有效性进行判断，再决定是否进行下一步处理应收账款、要货金额、信用额度	
8	问题订单处理意见	当问题订单产生后，由主管决定问题订单下一步该如何处理提出处理意见、主管签字、日期等	
9	客户优先权分析	当多个客户针对某一货物的要货量大于该货物库存量时，必须对客户进行优先等级的划分，确定各个客户的优先等级顺序及处理理由等	
10	库存分配计划表	依据划分后的客户优先等级，将库存依次在不同的客户间进行分配，当某些货物（库存量小于客户要货量）只能部分满足或完全不能满足客户的需求时，应记录与客户沟通的过程及客户要求（紧急采购紧急配送或下一次一并送货）	
11	拣货单	拣货单设计要规范、项目齐全，注意效率，拣货单设计应能减少拣选次数、优化拣选路径、缩短拣选时间	
12	作业计划	按照时间先后顺序将每位参赛队员在方案执行过程中的工作内容编制成作业计划，包括设备租赁情况及可能出现的问题预案	
13	预算表	包括作业过程可能发生的各种费用项目及相关的预算金额，以便与实际发生的费用比较，满足预算编制信息的内容	

2）实施储配方案

选手根据上述储配方案的设计结果，在竞赛场地实施方案，实施过程要体现服务质量与安全意识。若选手实施方案有困难，可修改方案。修改方案将按预定的比例增加成本。以操作规范程度、最后的成本核算及方案实施效率为评价依据。在操作过程需要使用各种设备、仓储管理系统，采用规范的操作完成储配方案的实施。实施过程主要包括表 5-12 中的环节。

表 5-12 储配优化方案实施主要环节

序 号	实施环节	操作说明	备 注
1	租 赁	方案要素包括货架、托盘、叉车、地牛等设备	
2	入库准备工作	清点货物，整理现场	
3	组 托	按照堆码要求，将散置堆放的货物科学、合理码放在托盘上	
4	入 库	完成货物入库操作并使用手动叉车上架作业	
5	拣选作业	根据拣货单进行拣选作业	
6	出 库	完成各客户所要货物的月台理货	

（资料来源：2015 年浙江省现代物流技能竞赛训练题，有改动）

教学互动

请分析讨论以下的物流优化措施是否合理。

(1) 需要总结各个区域几年来每种商品的消耗的数量，加以分析，了解各个区域人们对该产品的各个时间段的需求量，为企业需要保留库存数量提供大致的依据。这样可以减少盲目的保留库存。（特定的时间段特定的区域，人们对某种食品的需求是不同的。总结以往各年每种食品在各个时间段的消耗，为企业以后的配送计划提供一定的依据。）

(2) 企业要对各个区域总仓之间商品的配送提供一定的预测前提，对某些特定的节日，事件人们对某种食品的需求做好应有的预测。还有特定季节人们对冷冻食品的消耗量不一样。夏天，全国对速冻食品的消耗量可能都要大一些。这要归于天气的原因。再者北方冬天天气较冷，人们普遍喜欢买新鲜的肉禽类食品，对速冻食品的消耗量明显要小一些。这也要求企业对各个区域货物的配送要做科学的预测和计划。不能一概而论，要做到因地因时而异。

(3) 需要建立自己的数据库，即信息管理系统，将货物的信息输入系统，实现智能信息管理。

(4) 使用交叉站台技术，减少仓储管理的成本。

(5) 美国将物流管理的服务范围概括为：综合两个或两个以上的物流计划目标，完成并控制原材料的有效流动，在物资的周转库存及物资从采集到消耗的全过程，为顾客服务。包括对需量的预测、存货控制、物料搬运、订货处理，以及厂址、仓库地点的选择、物资的采购、包装、退货处理和存储运输等。可见，物流管理的范围相当广泛。

(6) 美国物流管理协会的主题确定为“在多变经济环境中的协作关系”。因为协作物流，包括同业竞争对手之间的物流协作已经在实践中出现。如福特公司和戴姆勒－克莱斯勒公司很早就试点分享 Exel 物流公司的服务，向各自的经销商配送零配件以降低分销成本。协作物流、协作竞争和协作创新将成为或已经成为企业物流管理的新境界。协作物流在成为物流新概念的同时，也将为企业指明一片新市场。

(7) 要学习先进的物流运作方法，首先必须要掌握先进的物流理念，即我们通常所说的要转变观念。什么是先进的物流服务理念呢？就是客户服务的理念或客户价值的理念。其余的都属于服务方法的范畴。

(8) 随着多频度、小单位配送的发展，要求企业采用更加效率化的配送。但是对于企业来说既要多频度、小单位的配送又要保证其效率是非常困难的事，因为多频度、小单位的配送使企业的人员和车辆很难充分发挥作用，造成资源浪费，费用增加。即使是规模大的企业也存在这个问题，因为各个销售片区的客户及需求是不均衡的，除非各处的规模都足够大，但这显然是不现实的。目前的解决方法之一就是几个企业联合小量为大量实行共同配送，共同利用一切物流设施，这是经长期探索和发展的一种追求合理化的配送形式。这也是建立配送系统需要考虑的问题。

(9) 完善物流成本制度创新拓宽物流成本的范围，反映物流实际成本。物流成本的概念必须拓展，企业物流成本不仅包括物流活动的各种耗费，还应该考虑资金占用的成本，主要是库存占用资金的利息，实践中还应考虑因库存期过长造成的商品贬值、报废等代价，尤其是处于产品更新快、竞争激烈的行业的企业，如电子、电器、汽车等。此外，物流成本中还应包含资金周转速度的内涵，才能真正反映物流实际成本。以成本会计为基础，可完善物流成本的分类。

(10) 物流成本的分类方式，有按物流领域、支付形态、物流功能、归属标的、成本性质及营运管理等标准划分。可以在合理利用现行成本会计工作成果的基础上，拓宽一种典型的物流成本分类方法，归类为直接成本、间接成本和日常费用这三大项。直接成本是为完成物流工作而引起的费用，运输、仓储、原料管理、订货处理以及库存的某些方面的直接费用，是能从传统的成本会计中提取出来的。间接成本是难以割舍的，是作为一种物流运作的资源分配的结果，一般是在固定的基础上分摊的。间接成本和日常费用的归属方式加入了会计师的猜测和估计。

(11) 建立以作业为基础的成本分配制度，恰当分配物流成本。以成本核算为基础的传统会计方法仍是首选的核算技术，因为，仅仅为了方便企业物流成本的计算，就立即完全放弃已比较成熟财务会计制度，这显然是不可能的，也是不必要的。但是，由于其对企业物流成本的计算是不完全的，甚至影响了物流合理化的发展，我们有必要引入一种属于更广泛的完全成本法范畴的成本核算方式——作业成本计算法。企业将所有与完成物流功能有关的成本纳入以作业为基础的成本分类中，将间接成本和日常费用等资源成本正确地分摊到各类作业上，进而计算出物流服务的成本，作为成本控制的标准。有效的成本确定，首先，要求对包含在一项分析框架中的特定费用做出确认，其次，要特别指出相对成本的时间维，最后，成本必须分配或分派给予评价相应行动相关的特定因素。

(12) 针对当前物流成本管理存在的问题，大多物流公司由于实行多批次、小批量配送和适时配送，也由于收货单位过多和过高的服务要求物流服务水平越来越高，导致运费上升；又由于商品品种增多，寿命缩短，必然出现库存增加，或时多时少，由此导致库存费用上升；由于缺乏劳动力导致人头费用增多；由于地价上涨导致物流中心投资费用增加；由于道路拥挤导致运输效率下降。凡此种种，都在影响着物流成本，因此，在这种情况下企业降低物流成本已成为当务之急。为降低物流成本，首先必须了解物流的实际情况，然后对物流系统进行分析，发现问题加以改进，最后建立起一个可行的新的物流系统。

项目6

物流客户管理

项目描述

本项目主要是对客户信息的内涵与要点、客户信息处理的方式、客户管理理论、客户满意与客户忠诚、使客户满意的方法、客户投诉的处理与方法、CRM理论框架和CRM系统的建立与实施进行讲解。通过本项目的学习，了解物流客户管理的基本方法和内容，掌握客户信息的整理与分类，熟练运用客户满意度测评方法和客户投诉处理方法，能针对不同的物流客户采取不同的管理方式，掌握CRM在物流客户管理中的运用。

教学方案

<table>
<tr><td>教学内容</td><td colspan="2">物流客户信息管理、客户满意度管理、客户关系管理系统</td><td>计划学时</td><td>12</td></tr>
<tr><td rowspan="2">教学目的</td><td>知　识</td><td>技　能</td><td colspan="2">态　度</td></tr>
<tr><td>(1) 客户信息的内涵与要点
(2) 客户信息处理的方式
(3) 客户管理理论
(4) 客户满意与客户忠诚
(5) 使客户满意的方法
(6) 客户投诉的处理与方法
(7) CRM 理论框架
(8) CRM 系统的建立与实施</td><td>(1) 收集客户相关信息
(2) 客户信息的合理分类
(3) 客户信息的维护管理
(4) 客户满意度测评
(5) 提高客户满意度
(6) 灵活处理客户投诉
(7) 熟练运用 CRM 系统
(8) 客户管理整合</td><td colspan="2">(1) 认真态度
(2) 合作精神
(3) 实事求是</td></tr>
<tr><td>教学重点与难点</td><td colspan="4">客户信息分类与维护、客户满意度测评方法与指标、CRM 在物流客户管理中的作用</td></tr>
<tr><td>教学资源</td><td colspan="4">(1) 电子一体化教室
(2) 影音效果展示设备
(3) 相关合作企业提供教学条件
(4) CRM 管理系统（机房）</td></tr>
</table>

能力评价

学习目标	评价项目
客户信息整理分类	客户信息整理分类的和合理性、清晰性、规范性
客户满意度测评	客户满意度评价体系的可行性、准确性、完整性
客户投诉处理	客户投诉处理的灵活度、满意度
CRM 软件应用	CRM 软件应用的熟练性、规范性、正确性

实施步骤

步　骤	内　容	课　时
1	物流客户信息管理	2
2	客户满意度管理	4
3	客户关系管理系统	2
4	CRM 软件实训	4

案例导入

联邦快递的客户关系管理体系

联邦快递的创始者佛莱德·史密斯有一句名言，“想称霸市场，首先要让客户的心跟着你走，然后让客户的腰包跟着你走”。由于竞争者很容易采用降价策略参与竞争，联邦快递认为提高服务水平才是长久维持客户关系的关键。

1. 联邦快递的全球运送服务

电子商务的兴起为快递业者提供了良好的机遇。在电子商务体系中，很多企业间可通过网络的连接，快速传递必要信息，但对一些企业来讲，运送实体的东西是一个难解决的问题。譬如说，对于产品周期短、跌价风险高的计算机硬件产品来讲，在接到顾客的订单后，尽快取得物料、组装、配送，以降低库存风险及掌握市场先机是非常重要的课题。因此，对那些通过大量网络直销的戴尔电脑来讲，如果借助联邦快递的及时配送服务来提升整体的运筹效率，可为规避经营风险做出贡献。有一些小企业由于经费人力的不足，往往不能建立自己的配送体系，这时就可以借助联邦快递。

要成为企业运送货物的管家，联邦快递需要与客户建立良好的互动与信息流通模式，使得企业能掌握自己的货物配送流程与状态。在联邦快递，所有顾客可借助其网络同步追踪货物状况，还可以免费下载实用软件，进入联邦快递协助建立的亚太经济合作组织关税资料库。它的线上交易软件可协助客户整合线上交易的所有环节，从订货到收款、开发票、库存管理一直到将货物交到收货人手中。这个软件能使无店铺零售企业以较低成本比较迅速地在网络上进行销售。另外，联邦快递特别强调，要与顾客相配合，针对顾客的特定需求，如公司大小、生产线地点、业务办公室地点、客户群科技化程度、公司未来目标等，一起制定配送方案。

联邦快递还有一些高附加值的服务，主要有以下 3 个方面：

(1) 提供整合式维修运送服务。联邦快递提供货物的维修运送服务，如将已坏的电脑或电子产品，送修或送还所有者。

(2) 扮演客户的零件或备料银行。扮演业者的零售商的角色，提供诸如接受订单与客户服务处理、仓储服务等功能。

(3) 协助顾客简化并合并行销业务。帮助顾客协调数个地点之间的产品组件运送流程。在过去这些作业是由顾客自己设法将零件由制造商送到终端顾客手中，现在的快递业者可完全代劳。

综上所述，联邦快递的服务特点在于协助顾客节省了仓储费用，而且在交由联邦快递运送后，顾客仍然能准确掌握货物的行踪，可利用联邦快递的系统来管理货物订单。

2. 联邦快递强大的信息系统

物流行业的电子商务必须有强大的在线调度系统支持，必须与一些大企业的供应链管理系统融合，必须与客户服务系统集成，才能真正发挥其效益。联邦快递更将信息系统向前延伸至每个投递点，宛若神经末梢似的遍布在全球近5万个货物投递点，而位于美国的调度中心又像大脑一样在无数台计算机的支持下对每天300余万件的货运件进行全程全网跟踪与运输进程信息发布。其系统基本功能如下：

(1) 能对全球近5万个投递点的货物信息进行采集。

(2) 能在货物递送中提供及时的同步进程查询。

(3) 能跟踪其阵容庞大的专用货运机群与运输车辆，掌控所有的大货小包送往世界的每一个角落的全部过程。

(4) 能向客户提供其服务品质效果证明，在给发货客户的回执上记录下货品送达的时间与签收人的姓名等。

3. 员工理念在客户关系中扮演的角色

大家都知道，良好的客户关系绝对不是单靠技术就能实现的，员工的主观能动性的重要性怎么强调也不过分。在对员工进行管理以提供顾客满意度方面，具体方案有以下3个方面：

(1) 建立呼叫中心，倾听顾客的声音。联邦快递某分公司有700名员工，其中80人在呼叫中心工作，主要任务除了接听成千上万的电话外，还要主动打出电话与客户联系，收集客户信息。

呼叫中心中的员工是绝大多数顾客接触联邦快递的第一个媒介，因此，他们的服务质量很重要。呼叫中心中的员工要先经过一个月的课堂培训，然后接受2个月的操作训练，学习与顾客打交道的技巧，考核合格后，才能正式接听顾客来电。

(2) 提高第一线员工的素质。为了使与顾客密切接触的运递员符合企业形象和服务要求，在招收新员工时，联邦快递是少数做心理和性格测验的公司。对新进员工的入门培训强调企业文化的灌输，先接受两周的课堂训练，接下是服务站的训练，然后让正式的运递员带半个月，最后才独立作业。

(3) 运用奖励制度。联邦快递最主要的管理理念是只有善待员工，才能让员工热爱工作，不仅做好自己的工作，而且主动提供服务。

另外，在联邦快递，当公司利润达到预定指标后会加发红利，这笔钱甚至可达到年薪的10%。值得注意的是，为避免各区域主管的本位主义，各区域主管不参加这种分红。各层主管的分红以整个集团是否达到预定计划为根据，以增强他们的全局观念。

（资料来源：http://info.china.alibaba.com/news/detail/v0-d1024693515.html，有改动）

问题

(1) 联邦快递的客户关系管理主要有哪些技术手段？

(2) 你认为联邦快递的客户关系管理措施中，哪些是第三方物流企业可以采用的，哪些是不太容易实施的？

6.1 客户关系管理

随着科学技术的发展和市场竞争的激烈，人们越来越强烈地意识到客户资源将是企业获胜最重要的资源之一，为此客户关系管理（Customer Relationship Management，CRM）理论应运而生，并成为近年来企业管理的热点和竞争的利器。物流业是服务性行业，第三方物流企业必须以客户为中心，通过合理地分配、利用各种资源，不断完善自身服务，满足客户需求，建立良好的客户关系，进而构建自身的竞争优势。

6.1.1 客户的基本内涵与分析

1. 客户的含义

客户是企业的利润之源。对于客户，通常的看法是客户是购买产品或服务的个体，即消费者。企业是针对特定的某一类人或机构来提供服务，而客户则主要由专门的人员来提供服务。在供应链环境下，个体的客户和组织的客户都统称为客户，因为无论是个体或是组织都是接受企业产品或服务的对象，而且从最终的结果来看，“客户”的下游还是客户。因此，客户是相对于产品或服务提供者而言的，他们是所有接受产品或服务的组织和个人的统称。

2. 客户的内涵

现代客户管理中的客户，其内涵已扩大化，营销学中的顾客、公司内部上流程与下流程的工作人员皆称为客户。以下是理解客户内涵的要点：

(1) 客户不一定是产品或服务的最终接收者。处于供应链下游的企业是上游企业的客户，他们可能是批发商、零售商和物流商，而最终的接收者是消费产品和服务的人或机构。

(2) 客户不一定是用户。处于供应链下游的批发商、零售商是生产商的客户，只有当他们消费这些产品和服务时，他们才是用户。

(3) 客户不一定在公司之外。内部客户日益引起重视，它使企业的服务无缝连接起来。只有把企业内的上、下流程工作人员和供应链中的上、下游企业都看作是客户，强化对这些内部客户的服务意识，才能保证内部客户的满意，进而用热情的服务和细致的工作对待企业之外的客户。

3. 客户的分类

可根据客户从陌生到忠诚这一过程所表现出来的 5 种状态对客户进行分类，即：

(1) 非客户。非客户是指那些由于缺乏必要的财力、观念或技能的顾客而暂不消费某一类产品的客户。

(2) 潜在客户。潜在客户就是有可能购买企业产品的客户。

(3) 目标客户。目标客户就是对企业的产品有一些兴趣的客户。

(4) 准客户。准客户就是准备购买企业产品的客户。

(5) 成交客户。成交客户就是已经购买了企业产品的客户。

(6) 忠诚客户。忠诚客户可以是持续购买产品的客户或者是给企业带来收益比较大的客户等。

(7) 流失客户。流失客户是由于不满而不再购买某企业的产品，或转而购买更为感兴趣的其他企业产品的客户。

这种分类方式可以让营销人员知道客户与企业处于什么关系状态，同时指导营销人员如何与该客户打交道，做到能根据客户的不同状态，引导客户接受企业的产品或服务。

做一做

请以小组形式，设计客户分类的指标体系，并用具体的案例说明客户分类的依据。

4. 客户分类的意义

将客户分为一般客户（常规客户）、合适客户（潜力客户）、关键客户（头顶客户）的意义有以下几点：

(1) 任何一个企业的资源都是有限的，不可能为所有客户提供同等的满意的产品和服务。企业应当以有限的资源主要满足关键客户和合适客户的需要，求得最大化客户价值与最大化的企业价值的平衡，这是企业营销管理的杠杆。

(2) 一个企业的有限资源能不能为客户提供满意的产品或服务，或只能满足一小部分客户的服务要求，从而扩大合适客户和关键客户的范围，使一般客户也能得到更广泛的服务，从而促进客户整体价值的提高，这是企业营销管理的社会责任所在。

(3) 有利于企业根据关键客户和合适客户的需要进行客户化设计、制造和服务，使客户的个性需求得到满足，使客户资源最大化，这是客户的需要，也是营销管理的动力之源。

看一看

美国东北航空公司曾经是一家规模颇大的航空企业，拥有不少航线和飞机，但是在20世纪80年代不得不宣布倒闭。它的倒闭不是因为别的原因，而是因为当其他航空公司纷纷采用计算机信息系统让全国各地的旅游代理商可以实时查询、订票和更改航班的时候，东北航空公司没有这么做。很快它们就发现在价格和服务方面无法与其他航空公司竞争，别的公司可以及时向客户提供折扣，或在更改航班的时候通知客户，保持每次飞行的客满率，而它们仍然要用昂贵的长途电话方式人工运作。等它们决定投资订票系统的时候为时已晚。

6.1.2 客户关系管理的含义

现代市场学的发展历程已由传统的生产导向、产品导向、销售导向过渡到市场导向和社会导向的商业模式，其核心理念是以客户为中心，对客户进行服务和关怀，使客户完全满意，成为公司的忠诚的客户。这种经营理念就把客户管理提高到一个新的高度，要求企业不仅仅要重视客户开拓工作，更要重视客户的管理工作，彻底改变过去那种重开拓、轻管理的客户管理方式。

1. 客户关系管理的含义

客户关系管理是指企业以客户关系为重点，通过开展系统化的研究，不断改进与客户相关的全部业务流程，使用先进的技术优化管理，提高客户满意度和忠诚度，实现电子化、自动化运营目标，提高企业的效率和效益的过程。

客户关系管理是从“以产品为中心”向“以客户为中心”转变的过程中的必然产物，它使企业的关注焦点从企业内部运作拓展到与客户的关系上来。它能帮助企业广泛获得客户的真实信息，在客户需求的拉动下，重组企业内部资源及物流上其他企业的优势资源，通过个性化的客户服务，提高客户价值和企业价值。

客户关系管理核心思想就是：客户是企业的一项重要资产，客户关怀是 CRM 的中心，客户关怀的目的是与所选客户建立长期和有效的业务关系，在与客户的每一个“接触点”上都更加接近客户、了解客户，最大限度地增加利润和市场占有率。

2. 客户关系管理的基本内容

客户作为产品和服务的接受者，对于企业至关重要。拥有客户的企业才拥有生存和发展的基础，而拥有稳定客户的企业才具有进行市场竞争的宝贵资源。为此，市场营销最根本、最大的挑战就是如何管理客户，如何跟随客户一起改变，如何建立稳定的客户关系。

很多企业都声称客户至上，但是却不了解客户的真正需求，特别是对自己提供的产品和服务能否为客户创造何种价值更是心中没有底。这样的营销很难引起客户的共鸣与认同，也无法建立良好的客户关系。只有与客户进行良好的沟通，推动客户的发展，才能实现企业的繁荣。客户关系管理的实质是通过调查分析，进行客户开发、客户服务、客户促销、客户维护并促进客户价值的提升。

(1) 客户调查管理。客户调查是企业实施市场策略的重要手段之一，它通过人口特征、生活态度、生活方式、消费历史、媒介消费等对目标客户进行分析，迅速了解客户需求，及时掌握客户信息，把握市场动态，调整、修正产品与服务的营销策略，满足不同的需求，促进产品及服务的销售。

(2) 客户开发管理。在竞争激烈的市场中，能否通过有效的方法获取客户资源往往是企业成败的关键，况且客户越来越明白如何满足自己的需要和维护自己的利益，客户是很难轻易获得与保持的。因此，加强客户开发管理对企业的发展至关重要。客户开发的前提是确定目标市场，研究目标顾客，从而制定客户开发市场营销策略。营销人员的首要任务是开发准客户，通过多种方法寻找准客户并对准客户进行资格鉴定，使企业的营销活动有明确的目标与方向，使潜在客户成为现实客户。

(3) 客户信息管理。客户信息管理是客户管理的重要内容和基础，包括客户信息的搜集、处理和保存。建立完善的客户管理系统，对于企业扩大市场占有率、提高营销效率、与客户建立长期稳定的业务联系，都具有重要意义。运用客户信息，区分准客户、新客户和老客户，区分大客户和一般客户，并实施不同的市场营销策略，进行客户关系管理。

(4) 客户服务管理。客户服务是一个过程，是在合适的时间、合适的场合，以合适的价格、合适的方式向合适的客户提供合适的产品和服务，使客户合适的需求得到满足，价值得到提升的活动过程。客户服务管理是了解与创造客户需求，以实现客户满意为目的，企业全员、全过程参与的一种经营行为和管理方式，它包括营销服务、部门服务和产品服务等几乎所有的服务内容。客户服务管理的核心理念是企业全部的经营活动都要从满足客户的需要出发，以提供满足客户需要的产品或服务作为企业的义务，以客户满意作为企业经营的目的。客户服务质量取决于企业创造客户价值的能力，即认识市场、了解客户现有与潜在需求的能力，并将此导入企业的经营理念和经营过程中。优质的客户服务管理能最大限度地使客户满意，使企业在市场竞争中赢得优势，获得利益。

(5) 客户促销管理。促销是营销人员将有关产品信息通过各种方式传递给客户，提供产品情报、增加消费需求、突出产品特点，促进其了解、信赖并使用产品及服务，以达到稳定市场销售，扩大市场份额，增加产品价值，发展新客户，培养强化客户忠诚度的目的。促销的实质是营销人员与客户之间进行有效的信息沟通，这种信息沟通可以通过广告、人员推销、营业推广和公共关系 4 种方法来实现。而促销管理是通过科学的促销分析方法进行全面的策划，选择合理的促销方式和适当的时机，对这种信息沟通进行计划与控制，以使信息传播得更加准确与快捷。

6.1.3 物流企业客户管理

现代客户管理与物流客户管理的关系是：前者指导后者，后者是前者的延伸；前者是客户管理的大纲，后者在是物流领域中的具体运用。

1. 物流客户关系管理的含义

所谓物流客户关系管理，就是把物流的各个环节作为一个整体进行系统化的客户关系管理，在物流企业的层面选择相应的客户，通过实现商品实体运动的优化来满足客户需求，并不断优化客户群，为之提供精细服务的管理过程。

2. 第三方物流企业客户关系管理的特点

1) 客户的双向性

传统企业的客户大都较为分散，数量较多而且多是面对面地与客户单项交流，沟通过程中不涉及第三方的参与，企业的服务目标是维持好与顾客间的长久关系来留住客户。而第三方物流就是通过物流业务的代理企业——物流企业，为供应方和需求方提供物料运输、仓库存储、产品配送等各项物流，是处于供应方和需求方之间的连接纽带。第三方物流企业既非生产方，又非销售方，而是从生产到销售的整个流通过程中进行服务的第三方，这类企业自身不拥有商品，而是为客户提供专门的物流服务。因此，第三方物流企业的客户具有双向性：既是第三方物流企业自身的客户（商品的供应方），又是客户企业的客户（商品的需求方），客户企业通过第三方物流企业完成他们所有服务工作或是其中的一部分。因此，第三方物流公司的客户服务具备两层含义：一是代替客户企业从事客户服务，二是针对客户企业的客户服务。由于其服务具有范围广、环节多、复杂性强的特点，涉及货物运输、存储、装卸搬运、包装、流通加工、配送、信息管理、订单履行、产品回收、咨询、承运人选择、运费谈判与支付、代理报关等，所以每进行一项任务服务都同时面对至少两个以上的服务对象，也就是介于买者和卖者之间的“第三者”。它一方面要服务于供应商，另一方面还要服务于制造企业或者是零售商。一旦一方客户流失将导致网络客户（客户的客户）的流失，这样会出现客户加倍流失现象；反之，将会以较大速率获得客户的忠诚。

2) 持续性

由于第三方物流企业的服务是通过契约形式来规范物流经营者与客户企业之间的关系，提供多功能直至全方位一体化物流服务，这决定了物流服务具有持续性和循环性的特点，所以第三方物流企业的客户关系管理是一个持续的过程。物流服务项目还未开始，客户关系管理就已经开始作用于客户获取；在物流服务过程中，必须做好对客户需求的管理；一旦物流服务不能满足客户要求，客户会将相关信息通过供应链关联企业进行信息传递，从而导致网络客户链条的断裂出现客户加倍流失的现象。因此，一次服务流程结束以后，应积极组织与客户的沟通、反馈，为下一个服务流程的实施打下坚实的基础。客户关系管理的持续性，便于第三方物流企业与客户建立起长期的合作关系，提升客户的转换成本及锁定客户；也有利于其与客户的相互沟通和学习，更有效地推动质量、成本、进度控制，持续提升客户满意度和忠诚度。

3）互动性

随着网络经济和电子商务的发展，第三方物流借助网站、客户座谈 、客户拜访、客户调查等方式和途径，融入客户关系管理中，在企业内部、企业与客户和业务伙伴之间建立无缝协作的能力，从而完整地认识管理与客户细分和模式挖掘，使客户知识的积累和共享更为有效，从而实现向以客户为中心的转变。客户关系管理过程是一个不断变化的双向交流互动的过程，是第三方物流企业与客户之间互相学习的过程。企业团队通过对客户的学习，可以深入了解客户的期望和需求，随时评测客户满意度，找准客户满意点与欠满意点，掌握需改进的事宜等，达到不断地自我完善和进步；而客户通过对第三方物流企业的学习，可以了解物流服务项目进展情况，是否与期望的有所偏差，对方对自己的重视程度等，有利于控制自己的需求更好参与对物流服务项目的管理，实现预期的目标，从而有针对性为客户提供服务，培养客户长期的忠诚度，为企业赢得更多的利润。

阅读材料

夏晖与麦当劳的互动

夏晖集团（简称夏晖）几乎是麦当劳“御用的3PL”冷链物流公司，其与麦当劳的合作超过30年之久。麦当劳没有把物流业务分包给不同的供应商，夏晖也从未移情别恋，这种独特的合作关系，不仅仅建立在忠诚的基础上，麦当劳之所以选择夏晖，在于后者为其提供了优质的服务。

1．“铁血联盟”

为了满足麦当劳冷链物流的要求，夏晖主要为麦当劳提供一站式综合冷链物流服务，包括运输、仓储、信息处理、存货控制、产品质量安全控制等，并且根据麦当劳的店面网络建立了分拨中心和配送中心。这种为冷链物流需求方提供高效完善的冷链方案，全程监控冷链物流，整合冷链产品供应链的企业就是第三方冷链物流企业。

麦当劳利用夏晖设立的物流中心，为其各个餐厅完成订货、储存、运输及分拨等一系列工作，并通过它的协调与连接，使每一个供应商与每一家餐厅达到畅通与和谐，为麦当劳餐厅的食品供应提供最佳的保证。

1）订单管理

麦当劳餐厅的经理需要预先估计安全库存，一旦库存量低于安全库存，便进入订货程序。麦当劳采取在网上下订单，将订单发往配销中心。夏晖在接到订单之后，便能够在最短的时间内完成装货，在优化行驶的路线后，冷藏车就会按照事先制订好的路线和要求将货物送到指定的餐厅。每天，餐厅经理都要把订货量与进货周期对照，一旦发现问题，立刻进入紧急订货程序。虽然紧急订货不被鼓励，但一经确认，2h后货品就会被送到餐厅门口。麦当劳通过对其订单的有效管理，实现了仓库储备的货物总能保证在安全库存之上，保证随时能够满足消费者对食品的任何要求。

2）库存与配送管理

麦当劳对夏晖的库存与配送提出了更高的要求：

(1) 保证准时送达率。夏晖的配送车队每天23:00—01:00必须完成送货，准点率在98%以上才算符合服务质量要求，因为麦当劳的员工是按小时付薪的，如果在这个时间内不能将货送到，员工的超时工资要由夏晖承担。

(2) 保证麦当劳的任何一个餐厅不断货。麦当劳在全国各地有上百家连锁店，尽管通过POS机能够实时知道每一种商品的销售情况，但是如何运输、怎样在区域范围内建立物流中心、如何协调社会性物流资源并不是简单问题。这些非常复杂的工程，需要有极好的供应链管理能力及供应链网络建设的能力。

(3) 保持每一件货物的质量处在最佳状态。在接到订单后，夏晖就开始准备装车的工作。在装货的过程中，印有夏晖标志的冷藏冷冻运输车辆整齐地停靠在装货的车道内，使得冷藏冷冻运输车辆与夏晖的冷库实现完全的密封性对接。两个公司为了保证营业期间食品的新鲜，冷藏库坚持“先进、先出”的进出货方式。

物品入库也有标准化的规定，在冷藏库外搬送物品的服务员编上号，按顺序将物品搬至库外，然后在一名更高一级的训练员指挥下，按照原材料放置的先后顺序和各种品种的不同规定，将物品整齐地放入库内。每次的进货都必须由经理亲自检查货物的温度和质量。货物从冷藏库或冷冻库提出来后，要通过一个宽为6m左右的缓冲区才能到达冷藏冷冻运输车辆，在这个缓冲区中，温度被保持到1～10℃，很好地实现了封闭的自动化操作。

对于装货时间，夏晖物流也严格按照麦当劳有的规定进行。例如，一台8t标准冷冻车，装车和卸车的时间被严格限制在5min之内，根据货品的需要，还会使用一些专用的搬运器械，以避免在装卸过程中出现意外的损失。在冷冻冷藏车内，能按照货物所需要的温度实现货物的分区存储。

当所运输的食品到达麦当劳餐厅时，麦当劳餐厅经理首先会提前检查冷藏和冷冻库温是否正常，记录接货的时间和地点，检查单据是否齐全，抽查产品的接货温度，检验产品有效期，检查包装是否有破损和污染等情况，最后才是核对送货数量，签字接收，如果任何一个环节不符合要求，货品要退回夏晖。

在卸货的过程中，最先卸下来的是像牛肉饼、鸡翅这样的冷冻食品，然后是大包大包的薯条，最后是面包坯这样的常温食品。在整个的卸货过程中，最关键的一点是快，像苹果派这样的食品，对温度的变化是十分敏感的。卸下来的货物，如果是需要冷冻、冷藏食品就直接放进位于餐厅内的冷库中，使冷链的最后一个环节依然是有保证的。

(4) 保持世界前沿的食品安全管理。对于夏晖来说，在不折不扣地执行麦当劳标准的同时，自己也在不断地积极地研究冷链配送的管理，并将危害分析和关键控制点（简称HACCP）管理体系应用于冷链物流。HACCP是目前全世界范围内应用最广泛的用于解决食品安全问题的管理体系，将其在冷链物流中应用实施能有效地使冷链物流在食品安全方面有一个大的提升。

(5) 保持良好行业操作规范。一台8t标准冷冻车的冷机价值48万元，使用经过500h之后就必须进行一次大修，不少企业在这种情况下选择了“偷工”，货车从配送中心出发到指定的店铺过程中，只有一头一尾冷机是开放的，中间则被关闭。由于唯一的证据就是油耗，几乎没人能知道中间发生的故事。可有了温度跟踪和货物跟踪的帮助，一切便变得完全透明。夏晖在中国并没有使用昂贵的跟踪手段，而是选择了一种类似于民航飞机上黑匣子的技术，不仅可以记录车的位置，而且可以记录车的状态。只要在事后打开记录，有关车的发停时刻、温度变化等数据就会尽收眼底。从而保证了食品的质量。

2. 双方共赢

(1) 夏晖的平均库存远远低于竞争对手。在麦当劳和夏晖的伙伴关系中，夏晖物流不仅扮演了第三方物流公司的角色，而且还承担着供应商的责任。麦当劳完全采用了供应商代理的形式，由夏晖掌握麦当劳的库存与采购，使得夏晖的库存保持在较低水平。

(2) 麦当劳产品的物流损耗率仅有万分之一。为了满足麦当劳冷链物流的要求，夏晖在某地区投资5 500多万元人民币，建立了一个占地面积达12 000m^2、拥有世界领先的多温度食品分发物流中心，其中干库容量为2 000t，里面存放麦当劳餐厅用的各种纸杯、包装盒和包装袋等不必冷藏冷冻的货物；冻库容量为1 100t，设定温度为−18℃，存储着派、薯条、肉饼等冷冻食品；冷藏库容量超过300t，设定温度为1～4℃，用于生菜、鸡蛋等需要冷藏的食品。冷藏和常温仓库设备都是从美国进口的设备，设计细致而精心，最大限度地对麦当劳产品进行保鲜，保持麦当劳产品的物流损耗率在万分之一。

（资料来源：http://info.10000link.com/newsdetail.aspx?doc=2014080690025，有改动）

3. 物流客户关系管理的重要性

(1) 可以有效整合客户的关键信息。

(2) 可以为客户提供个性化服务，增加客户对物流企业的忠诚度。

(3) 可以提高工作的效率和质量。

(4) 能对市场变化做出迅速反应。

4. 物流客户关系管理的流程

物流客户关系管理是基于物流、资金流、信息流，通过合作伙伴关系，实现信息共享、资源互动和客户价值最大化，并以此提升企业竞争力的一种管理系统。它并不是指单纯的管理软件和技术，而是融合企业经营理念及业务管理等内容为中心的管理方法。

物流客户管理首先应当对物流客户进行识别和选择，以支持企业在合适的时间和合适的场合，并通过合适的方式，将合适价格的合适产品和服务提供给合适的客户。它的具体管理流程如下：

(1) 客户信息资料的收集。该项工作主要收集、整理相关资料，分析谁是企业的客户，客户的基本类型及需求特征和购买愿望，并在此基础上分析客户差异对企业利润的影响等问题。

收集、整理和分析客户信息的目的是：分辨谁是一般客户、合适客户和关键客户，它是客户管理的基础；与合适客户和关键客户建立深入关系；根据客户信息制定客户服务方案，来满足客户个性化需求，提高客户价值。

(2) 客户信息分析。客户信息分析不能仅仅停留在对客户信息的数据分析上，更重要的是对客户的态度、能力、信用、社会关系的评价。

(3) 信息交流与反馈管理。客户管理过程就是与客户交流信息的过程，实现有效的信息交流是建立和保持企业与客户良好关系的途径。客户反馈衡量了企业承诺目标实现的程度，对及时发现为客户服务过程中的问题等方面具有重要作用。

(4) 服务管理。主要包括：服务项目的快速录入；服务项目的安排、调度和重新分配；事件和升级；搜索和跟踪与某一业务相关的事件；生成事件报告；服务协议和合同；订单跟踪；问题及其解决方法的数据库。

(5) 时间管理。主要内容包括：进行日程安排，设计约见、活动计划冲突时系统会即时提示；进行事件安排；进行团队事件安排；查看团队中其他人的安排，以免发生冲突；把事件的安排通知相关的人；任务表；预算表；预告与提示；记事本；电子邮件；传真；配送安排等。

阅读材料

某物流公司大客户服务管理制度

第 1 条　20% 的大客户可以为公司带来 80% 的利润。因此，为强化公司对大客户的服务工作，加强与大客户的业务联系，并建立战略合作伙伴关系，特制定本制度。

第 2 条　大客户服务管理主要针对大客户的关系管理，旨在提升大客户满意度和忠诚度，防止大客户流失。

第 3 条　建立大客户服务系统，由专人负责大客户的各项服务工作，以此保证大客户的稳定性。

第 4 条　不断接近大客户，真正掌握其需求，并根据其特点，量身打造服务模式（如顾问服务、驻扎服务等），为客户提供个性化、全方位的服务。

第 5 条　针对大客户建立销售激励体系，通过激励达到长久合作的目的。

第 6 条　以大客户的信息资料为基础，建立信息管理系统。围绕大客户进行大客户发展分析、大客户价值分析、大客户行为分析、大客户满意度分析、一对一客户分析等工作，以使决策层对大客户的发展趋势、价值趋向、行为倾向有一个及时准确的把握，并能对重点大客户进行一对一分析与营销。

第 7 条　建立全方位沟通体系。大客户服务人员、大客户主管要定期或不定期地主动上门征求意见，大客户主管能随时与大客户碰面，发现大客户的潜在需求并及时解决，加强与大客户间的感情交流，有必要可定期组织公司高层领导与大客户高层之间的座谈会，努力与大客户建立相互信任的朋友关系，互利双赢的战略伙伴关系，有利于化解渠道冲突。

第 8 条　大客户管理应坚持动态分析动态管理的原则，在把握大客户动态的同时，也要不断创新大客户管理机制。

第 9 条　开通大客户绿色通道（为大客户提供便利措施），提供增值服务（不断为客户创造产品之外的新价值），提供完善的服务解决方案等。

第 10 条　随时了解大客户销售与库存情况，及时与大客户就市场发展趋势、合理的库存量及客户在销售旺季的需货量进行商讨，在旺季到来之前，协调好仓储与配送等部门，优先保证大客户的物流需求。

6.2 客户满意度管理

在激烈竞争的时代，随着客户对服务的要求越来越高，客户关系管理的作用将越来越突出。企业通过搜集、追踪和分析每一个客户的信息，能够对个别用户的需求做出反映，最终在适当的时间、通过适当的渠道、向特定的用户提供个性化的产品与服务，为企业创造竞争优势。伴随着供应链管理的产生与发展，供应链的不断延伸，企业对最终客户的管理要求越来越细化、越来越重要，开始从内部控制转向争取客户，进入了“以客户为中心”的管理。由于需求构成了企业的获利的潜在来源，而在满足市场上需求活动的最佳状态是客户满意，所以客户满意就是企业效益的源泉。这样，客户满意度就成为客户管理的中心和根本的出发点。

6.2.1 客户满意与客户满意度

1. 客户满意

营销大师菲利普·科特勒对客户满意的定义：客户满意是指客户对事前期望和使用可感受效果判断后所得的评价。它是可感知效果和期望之间的差异函数。

客户在进行购买之前就已经有了该产品和服务应达到的标准，从而形成期望；在购买产品之后，他们将产品和服务的实际价值与自己的标准像比较，从比较中判断自己的满意程度。

这种判断有 3 种可能的结果：

(1) 如果该产品和服务与自己的标准相符，他们就会认为可以接受。

(2) 如果该产品和服务超过了自己的标准，他们就会感到满意。

(3) 如果该产品和服务达不到自己的标准，他们就会产生不满。

能否实现客户满意，主要取决于 3 个因素：

(1) 源于先前购买的经验或他人的口碑及商家的承诺。

(2) 源于产品和服务的实际价值。

(3) 源于产品和服务与客户的期望的比较。

客户满意包括产品满意、服务满意和社会满意 3 个层次，如下所述：

(1) 产品满意是指企业产品带给顾客的满足状态，包括产品的内在质量、价格、设计、包装、时效等方面的满意。产品的质量满意是构成顾客满意的基础因素。

(2) 服务满意是指产品售前、售中、售后及产品生命周期的不同阶段采取的服务措施令顾客满意。这主要是在服务过程的每一个环节上都能设身处地地为顾客着想，做到有利于顾客、方便顾客。

(3) 社会满意是指顾客在对企业产品和服务的消费过程中所体验到的对社会利益的维护，主要指顾客整体社会满意，它要求企业的经营活动要有利于社会文明进步。

一般情况下，客户满意具有以下 4 方面的特性：

(1) 顾客满意主观性。

(2) 顾客满意的层次性。

(3) 顾客满意的相对性。

(4) 顾客满意的阶段性。

2. 客户满意度

客户满意度就是客户满意的量化指标，它与客户的忠诚度有着密切的关系。

体会客户满意的情感感知指标包括以下几个方面：

(1) 满足——产品和服务可以接受或容忍。

(2) 愉快——产品和服务可以给客户带来积极的体验。

(3) 解决——产品和服务能给客户解决麻烦。

(4) 新奇——产品和服务能给客户带来新鲜、兴奋的感觉。

(5) 惊奇——产品和服务超过了期望。

客户满意度分析主要应把握以下几个重点：

(1) 设计专业问卷对客户实施满意度调查。

(2) 确定影响客户满意度的因素。

(3) 分析并确认影响客户满意度因素的权重。

(4) 对客户满意度分析结果的正确性进行考察。

辩一辩

第三方物流企业的客户是否满意有没有一个明确的标准和界限？按照辩论的基本规则，请同学们自由组队，选择观点，寻找论据，陈述事实。

6.2.2 客户满意度指标体系

物流客户服务是一种增值服务，增加购买者所获得的效用。因此，良好的物流客户服务会提高产品价值、提高客户满意度。

第三方物流企业客户满意度指标体系见表6-1。

表6-1 第三方物流企业客户满意度指标体系

一级指标	二级指标	一级指标	二级指标
企业形象	客户认可度	服务价格	服务价格合理性
	行业信誉度		服务价格竞争性
服务能力	快速反应能力	服务质量	服务性价比
	服务柔性		服务及时性
	增值服务能力		服务可靠性
	设施设备齐全性		服务安全性
	设施设备先进性		信息反馈时效性
	企业网站实用性		客户投诉率
客户忠诚度	长期合作意愿	客户异议处理	处理及时性
	转介绍意愿		处理满意度

通过这些指标，第三方物流企业可以用量化的方式评价当前服务和能力与客户需求之间的差距。

1. 检查企业提供的服务与客户需求之间的差距，找出差距产生的原因

与客户的及时沟通，能及时掌握客户实际接收的服务水平与其期望之间的差距。同时，密切关注市场变化，分析客户需求，第三方物流企业可以找到自身服务与客户实际要求之间的差距，还可能通过提供给客户尚未意识到的服务进行某些服务质量的创新。

2. 充分考虑竞争对手的客户服务水平，识别潜在的改进方法和机会

在考虑竞争对手的服务水平，结合更加详尽的客户调查与物流企业自身服务能力的分析之后，企业管理层通过对比能制定更加完善的客户服务策略，提高物流企业的客户服务能力与竞争能力。

作为企业客户服务一部分的物流服务的评价，最终要通过客户的满意度体现出来。客户对于物流服务的评价主要体现在商品的库存保有率、订货周期和配送水平等方面。

3. 同步改进，持续提高服务水平

(1) 原始信息收集。客户需要的变化由众多原因引起，包括市场信息的变化、新技术的出现、新竞争对手、新客户的需求等。通过信件和电话调查、面谈甚至小组会议进行的周期性接触，了解客户对供应商行动的评价，有助于供应商满足客户需要，决定初步改进，避免在满足程度方面落后。

(2) 持续性接触。持续的、专门的客户交流对主要客户很重要，客户拜访及其他交流方式的讨论为评估客户满意程度提供了迅速的反馈信息，通常客户满意度呈下降趋势时表明客户需要正在变化，即新的需要没有被满足。要使供应商在变化及发生问题前预先觉察，客户和供应商通过执行计划的改进都能受益。

(3) 周期性调整。一旦供应商明白客户的要求和期望，就必须周期性地检查满足客户要求的能力，作必要的调整。通过持续性接触，了解上次接触后客户要求的变化，再作周期性调整，持续提高客户服务水平。

6.2.3 使客户满意的步骤

认识到客户满意度在物流客户服务中的重要作用，怎样做才能使客户满意是物流客户服务的第一步。

1. 贴近客户

一个企业想要取得成功，就必须想方设法为客户服务，使客户满意，但要做到使客户满意并不是一件容易的事情。作为企业应首先确立以顾客为中心的理念，然后再通过实施一系列的项目来获得客户体验资料，对企业员工培训客户关系，并将客户的需求写入所有的工作日程，从而实现这一价值；其次就是建立“内部客户”制度，使企业的整体工作都围绕客户服务来开展；最后还应与客户建立有效的沟通系统，及时了解客户需求，并对客户需求进行快速反应。

贴近客户就是要把“客户是衣食父母”写进企业文化，明确收益来自为顾客服务的回报，

并把“贴近客户”作为精诚服务的一个原则，以真正实现了解客户需求，满足客户要求。这种强烈的服务意识对优质服务质量和业务的迅速扩展起了很重要的作用。

怎么做才能真正贴近客户？

(1) 根据客户需求的变化设立新的机构。客户的需求是在不断变化的，因此，必须迅速适应客户需求的变化。一直以来，服务内容主要是技术支持、维修、售后服务和商务，过去在产品的销售上，企业都有技术、商务、售后服务的一套办法和相应的管理机构。但随着市场的发展，融资要求渐渐成为客户们的一个需求。如果企业通过和大银行结盟为顾客提供买方信贷，这就充分体现了其精诚为客户服务的思想。

(2) 缩短与客户的距离。通常企业都是由市场部门与客户打交道，但是不能把市场部门作为反映市场的大趋势职能，在具体的技术细节上需要研究发展部门与客户充分沟通，要求研发部门把50%的时间和精力用于客户的接触上，了解客户的需求，拿出满足客户需求的方案，这样就使研发部门紧紧贴近客户，为客户服务。

(3) 建立“内部客户”制度。客户是企业衣食父母的理念，市场一线人员感触最深，但在离客户较远的部门，如生产部门感受就不如一线人员那么深。如果按照“内部客户”的概念，即“下道工序是上道工序的客户”，在整个工作流程中，上个环节的部门把下个环节的部门当作客户，最后提供给客户最好的服务。如果使用“内部客户”定期给服务提供部门打分，用以考核和衡量各个环节和部门的工作，例如市场部门为相关的几个部门服务，其客户如产品部、销售部就对它打分，作为市场部工作业绩的重要考核指标。

2. 关注细节

服务的可靠性是递减的，因此，关注细节是客户服务的定律。任何一个企业都不应该抱有这样的幻想——“客户会原谅的”。事实上，客户对企业的评价是最直接的，他们往往从最细小的处发现企业的好处，也会从企业最不经意的地方找到企业。他们会凭借企业的某种优势来说企业的服务好，他们会以企业的某点不足否定企业所有服务诚意，并且一旦企业有不良记录留在客户那里，他们可能在别人对企业进行肯定评价时，以不良记录进行反面证实，使本来信赖企业的客户产生顾虑。当企业应用媒体做广告宣传时，往往会引起他们的强烈不满，他们认为企业不诚实，在欺骗顾客。因此，贴近顾客，为客户服务最终就是关注细节。

关注细节是对客户的真正关怀。客户服务做得越好，企业越应该注意到在哪些方面做得还不够，哪些地方可能出错。从客户的角度来说，现在的客户是越来越挑剔了，在一年前还是很正常的事，现在却对其嗤之以鼻了，如果企业99件事做得让他们满意，但如果做错了1件事，他们就会记住那件做错了的事。

3. 让客户感动

客户要求的是完美服务，即在他们提出要求之前服务到位。当然这是一服务理念，在实际中并不易做到。但从客户的角度来看这是一种需求，任何企业都有必要尽量做到客户满意。完美服务无疑在一定时间内会增加企业成本，但这是一种极有远见的投入，它所带来的收益是十分巨大的。

在客户提出要求之前服务到位实质上是从客户的角度增加客户价值的过程，它不仅是对客户的承诺，而且是对客户真正的关心，只要做到了，客户就会感动。

当然，为了给客户提供完美的服务，投入是必要的，但回报也令人高兴。例如，美国最大的货车和专业运输企业SNT被许多托运人看作是参与定制化合伙安排中的一位主要候选人，但它为了为客户提供完美服务投入巨资建造了最先进的卫星跟踪系统，还在该系统上投资数百万美元，使其与客户的联系更加紧密，并使其员工有更多的时间投入到持续的改进中去，从而使SNT、托运人和驾驶员能够保持实时的双向通讯。该项服务为客户带来了巨大的利益：由于收到的信息更加精确、快速，托运人现在更有能力控制运输中的存货及服务需求中发生的变化，便于托运人及时迅速改变运输过程中的装运地和目的地；实时的资料快速存取和递送交付提高了预测水平，而且还能够快速识别潜在的问题，使故障的无暇恢复成为可能。该项服务也为SNT公司带来了巨大的利益：它节约了大量通讯费用，提高了调度效率，解放了经理，使之有时间和精力改善作用质量和加强与客户的沟通联系，而不是调度驾驶员；更重要的是它凭借其完美服务承诺使自己成为承运人的领袖，使SNT创造了其他公司无法与之匹敌的核心竞争力。

4. 聘用客户喜欢的服务人员

服务人员是影响客户服务非常重要的因素。

企业的经理在招聘服务人员时常见的误区是只招聘自己喜欢的人。其实，企业最应该招聘的人应是客户所喜欢的人。因为服务人员与客户打交道时，他所代表的是企业的形象和承诺，如果他们没有善待客户就会造成企业形象下降，导致客户变心。因此，企业应该采用各种办法来找出客户喜欢的人，并且让他们来为客户服务。

怎样控制招聘的质量，确保公司获得真正需要的服务人员，主要是从招聘程序的上游进行控制，即性向测试，但这个测试不对普通的服务人员。该测试从性情、品格和经验等方面把握服务部门经理的特质，从而使他们能按照公司部署为客户服务。服务人员及经理必须具有很好的主动性。

招聘到适合的人后，也并不意味着他马上就能在服务岗位上为客户服务。企业应站在长远的角度来对他们进行培训，直到他们成为企业形象的一部分，成为客户信赖的品牌。

企业应从以下4个方面培训员工：

(1) 培养他们有关客户服务的全局观念，这方面的内容主要是企业文化和价值观培训，前提是企业应当有良好的企业文化氛围和正确的价值导向。

(2) 让他们熟悉组织其他部门的运作，使他们能够回答关于其他部门位置之类的问题，或响应客户需求正确地指引有管辖权的职能部门，一旦他们需要与企业内部进行协同作业时，也有利于准确到位。这方面的内容主要是企业组织结构和管理制的培训。

(3) 培训适当的决策技能，使他们明确掌握企业的授权，而不是当客户需要时推诿，或者滥用承诺。这是服务技能培训，传帮带和现场培训是主要方法。

(4) 产品知识和企业背景知识培训。产品知识和企业背景知识的培训是必不可少的，前者是客户服务的一部分，特别是一线员工在面对客户咨询、答疑和进行口碑宣传时至关重要；后者是培养员工对企业认同感的必修课，因为没有认同感的员工不可能提供优质服务。

5. 满足客户需要

不折不扣满足客户需要是物流客户服务的目的，是营销竞争的主要手段之一。不折不扣地满足客户需要是关键的客户服务策略，是物流经营的基础。只要有了这一坚定的基础，才能做到敏捷的物流，这是实现其经营理念的重要措施。通常这需要做到以下几点：

(1) 高效率的物流操作。依靠先进的信息支持系统，根据订单将货物迅速的运输、包装、分拣、配送，然后到达目的地，保证整个过程的准确性和高效益。

(2) 帮助客户实现规模经济效益。通过规模化、集约化运作大幅度帮助客户降低存货成本和处理费用。

(3) 深刻理解客户企业的业务，主动成为客户的战略合作伙伴。

阅读材料

UPS 高效服务受顾客青睐

如果你拥有一家手机生产工厂，想将产品销往世界各地，是否想找一位专门负责管理航空或海运业务及清关工作的“跨国快递员”来提高效率、节约成本？产品零配件来自不同国家，一种电路板的断货就会严重耽误工期，是否需要一位“物流管家”监控零配件库存并定时补货？

随着国际贸易雨后春笋般地蓬勃发展，供应链的优化成为跨国制造商和零售商提高竞争力的关键，第三方物流极大地降低客户配送成本并拓展其全球化触角。在金融危机以前，美国的第三方物流公司已连续 9 年实现产值净增长，其增速已超过经济增长速度，截至目前已承担了大约 20% 的供应链服务。UPS、FedEx 和 DHL 等同时也是世界领先的第三方物流提供商。UPS 首先开辟了“次日送达”等贴心服务，极大拉升了物流产业的竞争格局。美国路易斯维尔的“世界港”是 UPS 的配送中心，从美国中部时间 03:00，每隔 45s 就会有一架 UPS 货机起降，在 4h 内处理 100 多万件包裹。

越来越多的第三方物流公司开始提供创新手段提高物流效率，为适应未来的商业需求及挑战随机应变。如今，UPS 开始提供供应链一体化解决方案，旨在为客户提供有形的物流、无形的信息及复杂的资金同步协调等全面服务。简而言之，UPS 提供了产品出了生产商大门的所有物流环节，甚至还为一些公司的国际化提供了商业解决方案，比如为想进入中国市场的美国公司提供“在哪里建分拨中心”“如何获得税收优惠”等服务。

（资料来源：http://www.worldwayhk.com/newsdetail7119.html，有改动）

6. 处理好客户抱怨

大多数客户抱怨并指向的产品和服务的质量，往往是企业忽视的小问题。客户能够用双眼观察的质量比产品和服务的基本质量还要重要。其实，任何一个企业都不可能没有客户的抱怨，客户抱怨事实上只是一种反馈信息的方式，这并不一定是坏事，从一定意义上讲，客户的抱怨往往比客户的赞美对企业的帮助更大，因为抱怨表明企业还能够比现在做得更好，企业的客户比现在还要更多。对大多数的客户来说，他们很少对企业抱怨，相反地，他们总是一声不吭地选择其他服务，或者不再接受这种服务。但如果客户的抱怨得到鼓励，他们就会产生信任感。客户抱怨往往说明他们正是信任本企业，因为他们有更高的要求，企业满足他们要求的过程就是企业提升的过程。

怎样处理客户抱怨？“让客户开心”是处理客户的第一原则。不管客户的心情如何不好，也不管客户在投诉时态度如何，企业的服务人员做的第一件事情就应该平息客户的情绪，缓解他们的不快，并引导他们从不快中走出来，然后才是实质性的解决措施。因此，在此过程中，承诺和如期快速处理是至关重要的，至于处理的方式和措施则应根据企业的具体情况来决定。

(1) 平抑怒气法。通常客户会带怒气投诉或抱怨，这是十分正常的现象，此时服务人员首先应当态度谦让地接受客户额投诉或抱怨，引导客户讲出原因，然后针对问题解决。这种方法适用于所有抱怨和投诉处理，是采用最多的一种方法。这种方法应把握 3 个要点：一听，认真倾听客户的投诉、抱怨，搞清楚客户不满的要点所在；二表态，表明对此事的态度，使客户感到服务人员有诚意对待他们的投诉或抱怨；三承诺，能够马上解决的当时解决，不能马上解决的需要给出一个明确的承诺，直到客户感到满意为止。

(2) 委婉否认法。这种方法就是当客户提出自己的异议后，服务人员先肯定对方的异议，然后再陈诉自己的观点。这种方法特别适用于澄清客户的错误想法，鼓励客户进一步提出自己的想法等方面，常常起到出人意料的显著效果。

(3) 转化法。这种方法适用于误解所导致的投诉或抱怨，因此，处理这种抱怨时应当首先让客户明白问题所在，当客户明白因为误解导致争议时，问题也就解决了。

应用转化法时，服务人员应注意以下几点：

① 服务人员经验丰富。采用转化法的服务人员，必须经验丰富，精通促销和服务技巧，因为只有这样的服务人员才能察言观色，当机立断，适时巧妙地将客户误解转化。

② 转化方式轻松自然。这种方式运用恰当，客户会理解，若转化不当，则会弄巧成拙，使客户生气，反而会增加阻力。因此，服务人员在用此法时应心平气和，即使客户异议明显缺乏事实根据，也不能当面驳斥，而应旁敲侧击去疏导、启发和暗示。

(4) 承认错误法。如果产品瑕疵或服务质量不能令客户满意，就应当承认错误，并争取客户谅解，而不能推卸责任，或者寻找借口，因为理在客户，任何推诿都会使矛盾激化。承认错误是第一步，接着应当在明确承诺的基础上迅速解决问题，不能拖延时间，在事发的第一时间解决问题成本会最低，客户最认可，一旦时间长了就会另行事端。

(5) 转移法。转移是指对客户的异议不予理睬而将话题转入其他方面。有时客户提出异议本身就是无事生非或者无端生事，或者比较荒谬，这时最好不予理睬，而应当迅速地转移话题，使客户感到服务人员不想与他加剧矛盾。

应用转移法时，服务人员应注意以下几点：

① 服务人员对客户无关紧要的异议可以有不予理睬的念头，但外表应显得若无其事，不要让客户看出破绽，以免使客户产生被冷落的想法。同时，当服务人员认为客户异议已经不存在时，应适时自然地转入另一个话题。

② 客户再度提起时不可不理会。如果客户再度提起异议，服务人员就不能不理会了，因为既然再度提起，表明客户已经把异议当真，也说明这个意思对他很重要，此时服务人员绝不能不理不睬，应运用其他方法的转化和消除客户异议。

6.2.4 客户投诉处理程序

在第三方物流服务过程中，差错和意外是不可避免的，对这些差错和意外的管理水平，有时比正常的服务更能显示一个公司的能力和素质。为了处理物流服务中的意外情况，一般物流公司都设有专门的客户服务部门，对意外情况进行处理。客户服务部一般负责以下工作：记录、处理和跟踪客户投诉，并提出改进服务的建议；客户满意度调查；组织召开客户服务协调会；建立并完善客户服务体系。

1. 投诉处理

在《客户投诉登记表》（见表6-2）上登记受理时间、投诉事项。

表6-2 客户投诉登记表

编号：

首问责任人		投诉接到时间	
客户名称		地　址	
联 系 人		电　话	
E-mail		手　机	
客户类型		公司业务联系人	
处理情况			
1. 立即答复并已解决问题		2. 登记并交行政部	
行政部协调结果： 责任方： 理由： 解决方案：			
承办人解决问题的进展：			
客户对解决措施的满意情况： 非常满意□　满意□　一般□　不满意□　非常不满意□ 证明人：　日期：　年　月　日			
最终处理结果：			
投诉事件分析后的启示、建议：			
相关责任人的处理意见：			
备注：			

2. 投诉调查

在客户投诉发生后，立刻对投诉进行调查，填写《客户投诉登记表》，写明客户投诉事项和初步调查结果。

3. 处理意见

一般性投诉由客户服务经理在《客户投诉登记表》上填写处理意见，对于引起严重后果的投诉，将填写好的《客户投诉登记表》交给项目经理，填写处理意见。处理意见一般包括消除影响的各种补救措施。填写完毕后交于相关的人员办理。

4. 处理结果

在跟踪处理过程的基础上，在《客户投诉登记表》填写事故处理的结果。

5. 客户反馈

客户投诉处理完毕后，通过电话或现场走访的方式，调查客户对处理结果的意见，并如实填写《客户投诉登记表》上的客户反馈栏（如客户对处理结果提出异议，则应视情况重新进行调查，并拿出处理办法）。

6. 项目经理签字

投诉处理完毕，交项目经理审核《客户投诉登记表》，填写对处理结果的意见，意见必须对处理结果是否达到要求做出明确的评价，此意见结合客户的反馈意见，将作为对客户服务经理绩效考核的依据。在客户投诉处理的每个阶段，都需要在《客户投诉登记表》上登记投诉处理的进程。

知识拓展

处理客户投诉四步法

第一步，听。客人有投诉，客服员不要急于辩解，更不要凭想象向客人解释，而要以谦恭的态度听客人发泄不满，了解问题的核心在哪里。有些客人提出投诉不过就是要服务员听一听牢骚，并不是就想和企业过不去，如果服务员能认真听并适时送一点小礼品，投诉有可能到此为止。如果客人拒绝服务员解释，要求服务员“叫你们的经理来！”服务员要马上转到第二步。

第二步，传。服务员要马上找到主管，汇报客人投诉的问题，请上级来解决。客人找经理出面，主要是为了面子，经理人员如马上处理，会使客人感觉到“很受重视”，投诉有可能到此为止，如果客人仍不满意，要马上请总监或经营副总出面，转到第三步。

第三步，问。问是总监或经营副总的谈话技巧。到了这个级别上，企业已无路可退，必须要把客人的情绪稳定住，再寻找客人能够接受的办法解决问题。

第四步，转。企业处理客人的投诉要以不伤害客人感情为出发点，使客人再次消费时能够不计前嫌继续光临，因此，交涉中的感情交流至关重要。但焦点问题的争辩很难在短时间内达成一致。聪明的总监会一点点地把话题转移，把话题转移到客人感兴趣的内容，使对方在众人面前显得智慧、果断、通情达理，从而营造一个友好的谈话气氛，让客人认为：企业的问题客人要帮助解决，都是自己人，谁能不犯错呢？

（资料来源：http://www.3158.cn/news/20090212/10/034029099_1.shtml）

6.2.5 第三方物流企业提高客户满意度的方法

物流服务质量是用时间、成本、客户满意度等来表示的物流服务的品质，通常可以从时间、可靠性、灵活性和沟通 4 个方面来建立客户服务标准的基础，进而提高客户满意度。

1. 时间

影响时间因素的有很多基本变量，包括订单传送、订单处理、货物发送等。计算机和网络技术使得物流服务已经发生革命性变化，通过第三方物流商与货物买卖双方的计算机连接，订单可以实现实时传送，使得物流服务的进展、地点、货物状态等同时让服务需求双方看到。

2. 可靠性

可靠性即物流服务提供商与客户在供货时间、质量、数量上的保证。对有些客户来说，可靠性比成本更重要。可靠性具体体现在以下 4 个方面：

(1) 订单的正确性。订单履行的错误使得客户可能面对潜在的销售或生产损失。正在焦急等待紧急货物的客户，发现物流服务提供商发错了货或者单证出了问题，可能不得不重新订货。

(2) 安全交货。安全交货是所有物流系统的最终目的。如果货物到达时受损或丢失，客户就不能按期望使用，发生较高的存货成本和生产损失，从而加重客户方面的成本负担。这种状况对致力于实施一定程度的零库存、尽量减少库存的公司来说，几乎是不能接受的。

(3) 紧急状况的处理。货物运输、储存、配送等物流实施过程中出现紧急情况，或者客户临时有紧急订单产生，物流服务商能否运用自身的管理经验和丰富资源来及时解决也是客户衡量第三方物流企业的重要标准。

(4) 服务质量的规范性。客户一贯看重物流企业是否按照国家标准、行业标准和承诺标准实施了服务，这对以后能否长期合作奠定了基础。

3. 灵活性

灵活性是指是否有不同行业的物流服务经验，是否能在完成基本物流服务的基础上实现客户需要的增值物流服务，提供延伸业务，是否能跨越国境提供检验检疫、报关、保险、金融等一条龙服务，并且是否能对客户需求进行快速反应。这些多样化的物流服务是第三方物流企业具备灵活性的重要特征。

4. 沟通

服务是一个过程，服务质量的好坏是由服务过程决定的。在物流商提供服务的事前、事中与事后，能否及时对客户进行有效沟通和反馈是非常必要的。很多物流服务涉及多个国家、大批货物或者多种载运工具，客户要求得到货物的物流状态信息是很正常的。这就需要第三方物流企业能为客户设身处地设想，及时与之沟通。

第三方物流企业在满足客户需求，执行上述服务质量时应注意避免以下 3 种错误：

(1) 错误一，认为花大钱就能够搞好服务。重视和倡导客户服务是一种文化，不是促销活动，它需要一个长期的积累过程。

(2) 错误二，服务是订单完成后的服务。其实客户服务贯穿整个满足客户需要的过程。

(3) 错误三，客户服务只是一线人员的事。一线人员不管在什么企业，都始终关心两件事，即业绩和防止出错，他们不一定自觉地把客户放在第一位。要让一线员工将客户服务放在第一位，必须有制度来保障，同时，企业内部各职能部门的所有工作人员都能在意识上关心一线员工，在行动上支持一线员工。

6.3 物流客户管理创新

6.3.1 物流客户管理的服务创新——服务为先

追求高质量，使客户满意，提高核心竞争能力及对客户忠诚等本身并不构成企业战略，但企业的客户服务战略却是创造竞争优势的决定因素之一。随着经济发展和科技进步，国内外的竞争日益加剧，传统制造领域的技术和产品的特征优势日渐短暂，许多企业不得不寻找竞争优势的关键领域，把客户管理上升到战略的高度上来，并实行服务为先的客户管理创新。

第三方物流的服务内容主要集中在共同运输、车队管理、订单履行、产品回收、搬运选择、物流信息系统、运价谈判、产品安装装配、订单处理、库存补充和客户配件等。利用物流能力贯彻服务为先以获得竞争优势，这种创新是基于以客户为核心的市场营销所做出的广泛承诺。不同行业、不同规模的客户会提出形式多样的服务要求，因此，物流企业需要考虑这些需求的共性与区别，有针对性地提供优质物流服务。

客户服务的内涵和外延十分广泛，有着不同的表述方法。其中，具有代表性的有美国凯斯威斯顿大学巴罗教授提出的交易全过程理论，即客户服务可以划分为交易前、交易中和交易后 3 个阶段，每个阶段都涵盖了不同的服务要素。

1. 交易前要素

交易前要素是指在产品销售前为客户提供各种服务的各项要素，如制定和宣传客户服务政策，完善客户服务组织，使之能够按客户的要求提供各种形式的帮助。

交易前要素主要是为开展良好的客户服务创造适宜的环境，这部分要素直接影响客户对企业及产品或服务的初始影响。虽然这些活动没有明确地涉及物流，但对产品销售有重要影响，为物流企业稳定持久地开展客户服务活动打下了良好的基础。

2. 交易中要素

交易中要素是指在将产品从供应方向客户实际运送过程中的各种服务要素，这些服务与客户有着直接的关系，并且是制定客户服务目标的基础。因此，这些服务对客户满意程度具有重要影响。

(1) 缺货水平。缺货是对产品可得性的一种衡量。缺货应该按产品和客户来记录，确定问题出在何处。缺货发生时，可以通过为客户安排适当的替代品或在产品补充时的迅速装运来保证信誉。

(2) 订货信息。订货信息是提供个客户关于存货状况、订货、期望的装运与交货期、延迟供货等方面快速准确信息的能力。延迟供货能力使得需要立即处理的订单被确定与发出。

(3) 订货周期要素。订货周期是从客户订货开始直到向客户交货所需经历的总时间。由于客户主要考虑总的订货周期时间，所以监测管理订货周期的每一部分以确定变化发生的原因是重要的。

(4) 迅速装运。迅速装运是那些受到特别处理降低了正常的订货周期时间的装运。虽然快运的成本比标准的处理的成本大得多，但是失去客户的成本甚至更高。

(5) 转载。转载是为避免缺货而使产品在储存地点之间的运输，其发生常常取决于对客户需求的预期。

(6) 系统准确性。即在订货量、订购的产品和单据的准确性上的差错会给厂商与客户双方带来影响。差错应该被记录，并作为系统处理的订货数量的一个百分比被汇报。

(7) 订货的便利性。订货便利性是指客户订货时经历的难易程度。一个适当的绩效衡量是差错数量占订货数量的百分比，这方面的问题可以通过对客户现场指导被发现、减少或杜绝。

(8) 替代品。当订购的产品被不同规格的同一品种或被也能使用甚至效果更好的另一产品代替时，替代品出现。成功的替代品计划需要厂商与客户之间良好的沟通来实现。

3. 交易后要素

交易后要素是指产品销售和运送后，根据客户要求所提供的后续服务的各项要素。这些特定的交易后要素包括以下几个方面：

(1) 安装维护、改造、维修、零件。这些客户服务要素是采购决策中的重要因素，它们应该以交易要素类似的方式评价。

(2) 产品跟踪。产品跟踪是客户服务的另一必要部分。为避免受到投诉，制造商必须能够从市场上收回潜在的有危险的产品。

(3) 客户要求、抱怨与退货。通常，物流系统的设计使产品往一个方向移动，即朝向客户。然而，几乎每个制造商都有一些货物被退回，这些货物的非常规处理的费用很大。企业的政策应该说明如何对待客户的要求、抱怨和退货。

(4) 产品代替。当客户在收到采购品之前，或以前所采购的产品在维修时的等待期间内，应该有临时代用的产品。

想一想

物流客户管理的服务创新内容有哪些?

6.3.2 物流客户管理的增值创新——增值为本

物流客户管理创新必须包含增值为本，即为客户提供增值服务，从而也为自己带来增值。增值服务系指独特的或特别的活动，使厂商们能够通过共同努力提高其效率和效益。增值服务能够巩固业务上已做出的安排。虽然增值服务容易举例说明，但难以实际推广，因为其客户是特定的。

增值服务表现为零缺陷承诺的各种方案，并以此作为厂商与客户休戚与共的方式。

在开发利用增值服务的厂商中间有一个共同的特征，这就是它们坚定不移地对完成基本服务做出承诺。当一个厂商承诺要为其主要客户开发独特的增值服务方案时，它便迅速地卷入了客户开发的或特制的物流活动中去，事实上，它所做的事情是要帮助特定的客户实现他们的期望。在增值服务的过程中，厂商可以提供产品包装、建立顾客标志、创建特定的批量封装、提供有助于购买的信息。在一个纯粹的物流过程中，增值服务需要存在于直接的存货交付或安排在端点间的往返作业，或其他任何能对主要客户产生持续价值的服务中。绝大多数增值服务一般都可以从良好的渠道关系中观察到。

在日常的物流活动中，大量的增值服务项目买卖双方都同意由服务专业机构来承担，诸如承运、仓储等专业公司等。例如，汽车运输公司所提供的增值服务会超出其基本的运输服务，结合一些附加的服务项目，诸如货物的分类和排序，以满足特定的客户独特的需求。

承担增值服务的专业人员可以分别为几个主要领域，即以顾客为核心的服务、以促销为核心的服务、以制造为核心的服务和以时间为核心的服务等。

1. 以顾客为核心的服务

以顾客为核心的增值服务是向买卖双方提供利用第三方专业人员来配送产品的各种可供选择的方式。例如，美国快递公司开发了独特的服务系统，专门递送纳贝斯克食品公司的一种快餐产品到批发商店，而不能够为传统的烟糖配送商提供递送服务。又如，英国英运物流集团属下的一个部门创造性地建立了一种订货登记服务，为刚出生的婴儿安排将宝洁公司的一次性尿布送货到家。再如，对仓库来说还普遍流行一种做法，即提供“精选—定价—重新包装”服务，以便于按仓库、俱乐部和便利店等要求独特配置，以配送制造厂商的标准产品。

那么以顾客为核心的服务是如何履行的呢？履行由下列活动构成：处理顾客向制造商的订货，直接送货到商店或顾客家中，以及按照相关零售店货架储备所需的明细货品规格持续提供递送服务。这类专门化的增值服务可以有效地用来支持新产品的推广，以及基于当地市场的季节性配送。

2. 以促销为核心的服务

以促销为核心的增值服务涉及独特的销售点、展销台的配置，以及在刺激销售的其他范围很广的各种服务。销售点展销可以包含来自不同供应商的多种产品，组合成一个多个连接点的展销单元，以便于适合特定的零售商店需要。在有选择的情况下，以促销为核心的增值服务还对储备产品的样品提供特别介绍，甚至进行直接邮寄促销。许多以促销为核心的增值服务包括销售点广告宣传和促销材料的物流支持等。在许多情况下，促销活动中所包括的礼品和奖励商品由专业服务机构来处理和托运。

3. 以制造为核心的服务

以制造为核心的增值服务是通过独特的产品分类和配送来支持制造活动的。既然每一客户的实际设施和制造装配都是独特的，那么在理论上，配送和引入内向流动的材料和部件应进行客户定制化。例如，有一家仓储公司使用多达6种促销方案和各种等级的贸易要求。又如，有的厂商将外科手术的成套器具按需要进行装配，以满足特定医师的独特要求。再如，有家仓储公司切割和安装各种长度和尺寸的软管，以适合个别客户所用的不同规格的水泵。这几个有关增值服务的例子都是由专业人员承担的，这些专业人员能够把产品的最后定型，直到收到客户定制化订单时止。

4. 以时间为核心的服务

以时间为核心的增值服务涉及使用专业人员在递送以前对存货进行分类、组合和排序。在以时间为核心的增值服务中，一种流行形式就是准时化（Just In

Time，JIT）供给仓库。在准时化概念下，供应商向位于装配工厂附近的JIT供给仓库进行日常递送，一旦某时某地产生了需要，供给仓库就会对多家卖主的零部件进行精确的分类、排序，然后递送到配线上去，其目的是要在总量上最低限度地减少在装配工厂的搬运次数和检验次数。例如，本田汽车公司就是使用这类JIT服务来支持其装配线的。又如，Exel配送公司把食品制造商的产品混合起来，按客户公司的零售食品店的要求进行精确的分类，这种按客户要求对产品重新进行分类组合的混合服务可以使制造商和客户公司都排除或避免大量的仓储。总之，以时间为核心的服务，其主要的一个特征就是排除不必要的仓库设施和重复劳动，以期最大限度地提高服务速度。

想一想

物流客户管理的增值创新内容有哪些?

6.3.3 物流客户管理的关系创新——关系至上

随着现代客户管理方向的推进，物流客户管理也应紧随这种推进奉行关系至上的客户管理创新。企业通过技术投资，建立能搜集、跟踪和分析客户信息的系统，或可增加客户联系渠道、客户互动，以及对客户渠道和企业平台整合的功能模块，其主要范围包括销售自动化、客户服务的支持和营销自动化、呼叫中心等。

1. 4P营销观念的创新

企业市场营销的观念曾经历了3个阶段，即生产观念阶段、推销观念阶段及需求观念阶段。工业时代市场营销的变量组合是“4P”——产品、地点、价格和促销，这是与大规模生产、营销、采购及被动消费的经济特征相适应的。但现在高技术往往创造市场上从来没有见过的新产品，而生产者对于新产品的市场需求极难预测和把握，这就要求企业必须更新市场营销观念。

市场营销的变量正在传统的“4P”基础上增加围绕客户的“4C”，如下所述：

(1) Customers’ Needs and Wants（客户需求和要求），基于Product（产品和服务）。

(2) Cost to Customers（客户购买产品的代价），基于Price（价格）。

(3) Convenient（方便程度），基于Place（地点、产品的销售和运输渠道）。

(4) Communication（与客户的交流），基于Promotion（促销、媒体宣传和客户联系）。

企业的市场营销策略必须围绕着它对于市场变量的认识来进行设计。无疑，基于“4P＋4C”的市场营销策略将营销管理从客户端入手，即从客户定位与客户需求出发，确定市场营销的策略。

2. 关系营销

关系营销是指在企业朝“虚拟组织”方向发展的同时，市场变量扩展为“4P＋4C”的基础上，营销将成为一种网络的互动关系。关系是不同个体间的接触与联系，网络就是某个主体的全部关系总和，互动则是指种种主体在关系与网络中进行的活动。关系营销将其注意力特别集中于合作之上，这意味着所有主体都要积极地承担责任并使关系与网络发挥功能。它为企业营销提供了新的分析框架，认为市场营销的成功不仅仅是依赖于营销部门的努力，更需要整个企业的紧密合作，以及与外部相关机构所建立起的长期的客户关系。

与虚拟组织结合起来分析，关系营销中有一系列的关系的互动是符合虚拟组合的特性的，如服务接触、客户定位、客户电子商务关系等。因此，企业不仅与市场环境互动，而且两者间也是相互整合的，企业可以在不扩展其自身资源的情况下增加获得新资源的途径。由于企业与市场之间界限的消解——这是关系营销和虚拟组织的共同特征，所以企业与市场，进而是营销与销售等商业过程都成为各种互动构成的复杂网络。关系营销的市场策略因此主要包括目标市场确定、市场细分及发展竞争优势等方面。

关系营销的特点主要有以下 3 个：

(1) 参与性。让客户参与产品是否投放市场以及产品改进的活动，能同时密切与他们的关系。

(2) 互动性。体现更多的人文关怀色彩，不只是单向推动，要动员他们的想象力和执行力。

(3) 差异化。为满足有价值的客户需求创新，同时兼顾成本。

只有这样企业才能积累核心资源，当核心资源雄厚了，就会构成一道安全屏障，确保企业的竞争优势和市场占有率。

3. “一对一”的营销

网络技术的迅猛发展带来的最大变革之一，就是使消费者的地位空前提高，其重要特征是消费者在享受产品或服务时可以要求“量身定做”。产品或服务的提供从规模生产到批量定制的转变，从根本上对产业结构的优化与调整和企业经营管理提出了极其巨大的挑战，而且直接对企业的市场营销策略造成冲击。

规模化生产，即广泛运用机器、流水线、细化分工和科学管理形成社会化大生产的能力，是目前多数大中型制造企业运用的主要生产模式。规模化生产是机械化、电气化的工业经济时代的象征，它曾极大地提高了社会生产率。传统的企业通过为客户提供单一的产品或服务，利用大规模生产的规模效益来获取更多的利润。例如，一个极端的例子是福特汽车公司过去只提供一种黑色的 T 型车，因为它只有一种车型、一种颜色，从而可以把有限的资源来达到最大的生产规模，获得最大的利益。但是在越来越尊重和彰显个性的现代社会，消费者更加注重高层次的产品或服务质量，也越来越不喜欢单调、重复、呆板和缺少个性化的产品或服务，因此在若干年后，福特公司在品种众多的日本汽车面前不得不败下阵来。

为提升客户的满意度，并保持生产的较低成本和较高效率，长期以来人们进行了多种尝试，包括市场细分、用户反馈与改进、可调整流水线生产和自动控制技术运用等，但效果一直不明显。由于“量身定做”的产品或服务提供过程要求用户和企业之间必须不断进行迅速的“一对一”的信息交换——为了满足每个客户的特殊需求，就要具有一种同每个客户建立起联系的手段，通过同客户的联系来了解客户的不同需求。而在互联网技术出现和投入商业应用之前，人们的这种“幻想”一直缺少赖以实现的载体。

随着网络的发展和电子商务的展开，一个拥有众多客户的大型企业在 CRM 等信息管理系统的支持下就不难做到以“量身定做”为主要特征的批量定制生产。例如，现在大部分汽车出厂时不仅车身的颜色要符合客户的要求，而且仪表板的颜色、轮胎、发动机排量等许多部件也都是按照客户的要求安装的。

想一想

物流客户管理的关系创新内容有哪些？

课后练习

一、选择题

1. 第三方物流业被认为尚处于生命周期的（　　）。

A. 导入期　　B. 成长期　　C. 成熟期　　D. 衰退期

2. （　　）是第三方物流出现的必要条件。

A. 信息技术的发展　　B. 供应链管理的出现

C. 第四方物流的出现　　D. 个性化服务的出现

3. （　　）不属于第三方物流的特征。

A. 个性化服务　　B. 以合同为导向

C. 闭环系统　　D. 现代信息技术为基础

4. 第三方物流的负面影响是（　　）。

A. 客户企业对物流的控制能力降低　　B. 个性服务能力减弱

C. 系统策划能力提高　　D. 第三方物流管理会不断提升

5. 第三方物流的发展趋势是（　　）。

A. 系统复杂化将提高　　B. 侧重于社会效益

C. 发展成为第四方物流　　D. 生产企业物流的自营化

二、判断题

1. 第三方物流简称为 TPL。（　　）

2. 现代物流产主要标志是第三方物流。（　　）

3. 第三方物流的概念是 20 世纪 80 年代中期由日本率先提出的。（　　）

4. 社会化的运输服务都能归结为第三方物流的范畴。（　　）

5. 现代企业为了增加核心竞争力往往采用以职能专业化为基础的运作模式。（　　）

三、简答题

1. 第三方物流同客户企业之间关系的特点是什么？

2. 第三方物流的客户服务有什么特点？

3. KPI 客服体系的作用是什么？

实训项目

物流企业客户信用管理实训

一、实训目的

通过实训，使学生初步掌握客户信用情报调查与分析的方法与技巧，培养学生客户信用管理能力。

二、实训内容

(1) 进行信用调查，收集客户信息。

(2) 根据调查结果，给予信用额度。

三、实训方式

(1) 学生以自由组合的方式分为若干模拟业务公司参与实训，每组6～8人，设组长一人。指导教师对各小组做个案跟踪指导。

(2) 设定时间，各小组向指导教师提交信用调查方案，并就方案内容进行答辩和修改，方案定稿后进入信用调查项目组织实施阶段的训练。

四、实训考核

(1) 小组成绩根据小组的分析报告打分。

(2) 小组长的成绩由指导教师根据小组的成绩及其个人的表现进行综合考核。

五、实训课时

4 课时。

教学互动

以下是物流企业客户管理中经常遇到的问题，请讨论如何解决。

(1) 某公司只经营集装箱运输业务，如果有客户要求零担运输，该如何处理?

(2) 员工怎样才能表明他们对客户的重视?

(3) 要得到客户的反馈，应该做哪些事情?

(4) 你有过因为其服务欠佳而停止在一间公司或商店购物的经历吗? 你认为该公司或其员工应该做些什么?

(5) 假设你在一家快递公司工作，一位客户因排队等候而不悦，你应该做些什么?

(6) 物流公司发现一项业务的销售额开始滑坡，管理人员应做的第一件事是什么? 如果由你做决策，你是选择为现有业务寻找新的客户，还是为现有客户开发新的业务?

(7) 物流配送中心接到一个客户的电话，说上星期送达的产品的质量有些问题，对此你认为应如何处理?

(8) 很多人发现交互式有声问答 (IVR) 系统使用起来令人沮丧。你认为 IVR 的优点多于缺点，还是相反? 为什么?

(9) 在人口调查数据和真实资源类书籍之外，公司和雇员还能在哪里得到有关客户的人口统计信息? 列出尽可能多的来源。

(10) 客户服务经理给在过去一年中没有同 A 公司发生业务的原客户都寄了明信片。“我们怀念您”，明信片这样开始。“请稍费时间告诉我们，为什么您停止了 A 公司的货物代理服务。我们认为您的惠顾很有价值，希望重新赢得您得光临。”他在明信片结尾写到公司将回赠一张 8 折优惠卡给每位回复者。你认为这一明信片会奏效吗? 为什么?

(11) 等待时间过长是客户对物流公司电话服务最普遍的抱怨之一。如果必须让一位客户等待，你会怎么办？

(12) 为什么所有电话都应在第3次响铃之前应答？

(13) 虽然尽可能早地处理客户的抱怨是最好的，但很多人却推迟与不满意的客户接触。你认为为什么这是真实的情况？

(14) 一位客户因为家具在运输过程中损坏而要求2 000元的赔偿，你知道经理决不会答应如此大额的赔偿，但是客户的要求非常强烈。你将如何回应？

(15) “用火去灭火的人通常只剩下灰烬。”这一点如何适用于和不快的客户打交道？

(16) 当一位客户要求同经理对话时，你应该怎么做？

(17) 一公司赋予员工权力可以接收所有的退货而不管问题如何。曾有报道说一位员工从一个客户那里接收了一套轮胎的退货，虽然这公司并无出售轮胎。你认为这是一个聪明的决策吗？

参 考 文 献

[1] 郝大鹏．第三方物流实务 [M]．武汉：武汉理工大学出版社，2007.

[2] 贺登才．中国物流管理优秀案例集 [M]．北京：中国物资出版社，2011.

[3] 刘胜春，李严锋．第三方物流 [M]．大连：东北财经大学出版社，2006.

[4] 现代物流管理课题组．物流客户管理 [M]．广州：广东经济出版社，2002.

[5] 钱芝网，孙海涛．第三方物流运营实务 [M]．北京：电子工业出版社，2011.

[6] [美] 迈克尔・L. 乔治．精益 6 西格玛 [M]．方海萍，魏青江，译．北京：机械工业出版社，2003.

[7] 杜文，任民．第三方物流 [M]．北京：机械工业出版社，2009.

[8] [美]Ronald H. Ballou．企业物流管理 [M]．王晓东，胡瑞娟，译．北京：机械工业出版社，2003.

[9] [美]James R. Stock，Douglas M. Lambert．战略物流管理 [M]．邵晓峰，译．北京：中国财政经济出版社，2003.

[10] 王之泰．物流工程研究 [M]．北京：首都经济贸易大学出版社，2004.

[11] 曹爱萍．第三方物流 [M]．北京：北京大学出版社，2014.

[12] 张卫群．第三方物流产生的原因、特点和作用 [J]．科技创新导报，2007，32：176.

[13] 任诚，翟吉力．对第三方物流作用的认识 [J]．科技创新导报，2007，5：60-61.

[14] 苏隆德．第三方物流企业的经营策略思维 [J]．商品储运与养护，2000，1：7-10.

[15] 马迎霜，陈芳．基于客户的第三方物流企业顾客满意度评价指标体系研究 [J]．企业研究，2010，18：108-109.

[16] 陈建校．论客户需求导向的物流企业市场定位策略 [J]．企业经济，2009，8.

[17] 施学良，戴晓震．精益 6 西格玛物流 [J]．铁道物资科学管理，2005，5：20-21.

[18] 施学良．行业整合视角下的汽车制造企业物流模式研究 [J]．商业时代，2009，24：23-24.

[19] 施学良．制造业与物流业联动发展机制与政策研究 [J]．网络财富，2010，10：88-90.

[20] Leach，Peter T. *Making Logistics "Lean"* [J]．*Air Cargo World*，2004，3(10)：36.

[21] 郑吉春，李尹松．精益物流与敏捷物流的选择策略分析 [J]．北京交通大学学报（社会科学版），2004，3：29-32.

[22] 黄蓉洁．第三方物流服务如何创立品牌 [J]．现代经济信息，2010，23.

北京大学出版社第六事业部高职高专经管系列教材目录

书　名	书　号	主　编	定　价
ERP 沙盘模拟实训教程	978-7-301-22697-1	钮立新	25.00
连锁经营与管理（第 2 版）	978-7-301-26213-9	宋之苓	39.00
连锁门店管理实务	978-7-301-23347-4	姜义平，等	36.00
连锁门店开发与设计	978-7-301-23770-0	马凤棋	34.00
连锁门店主管岗位操作实务	978-7-301-26640-3	吴　哲	35.00
连锁企业促销技巧	978-7-301-27350-0	李　英，等	25.00
秘书与人力资源管理	978-7-301-21298-1	肖云林，等	25.00
企业管理实务	978-7-301-20657-7	关善勇	28.00
企业经营 ERP 沙盘实训教程	978-7-301-21723-8	葛颖波，等	29.00
企业经营管理模拟训练（含记录手册）	978-7-301-21033-8	叶　萍，等	29.00
企业行政工作实训	978-7-301-23105-0	楼淑君	32.00
企业行政管理（第 2 版）	978-7-301-27962-5	张秋埜	31.00
商务沟通实务（第 2 版）（即将第 3 版）	978-7-301-25684-8	郑兰先，等	36.00
商务礼仪	978-7-5655-0176-0	金丽娟	29.00
商务统计实务（第 2 版）	978-7-301-30020-6	陈晔武	38.00
推销与洽谈	978-7-301-21278-3	岳贤平	25.00
现代企业管理（第 3 版）	978-7-301-30062-6	刘　磊	43.00
职场沟通实务（第 2 版）	978-7-301-27307-4	吕宏程，等	32.00
中小企业管理（第 3 版）	978-7-301-25016-7	吕宏程，等	38.00
采购管理实务（第 3 版）	978-7-301-30061-9	李方峻	36.00
采购实务（第 2 版）	978-7-301-27931-1	罗振华，等	36.00
采购与仓储管理实务（第 2 版）	978-7-301-28697-5	耿　波	37.00
采购与供应管理实务（第 2 版）	978-7-301-29293-8	熊　伟，等	37.00
采购作业与管理实务	978-7-301-22035-1	李陶然	30.00
仓储管理实务（第 2 版）	978-7-301-25328-1	李怀湘	37.00
仓储配送技术与实务	978-7-301-22673-5	张建奇	38.00
仓储与配送管理（第 2 版）	978-7-301-24598-9	吉　亮	36.00
仓储与配送管理实务（第 2 版）	978-7-301-24597-2	李陶然	37.00
仓储与配送管理实训教程（第 2 版）	978-7-301-24283-4	杨叶勇，等	35.00
仓储与配送管理项目式教程	978-7-301-20656-0	王　瑜	38.00
第三方物流综合运营（第 2 版）	978-7-301-27150-6	施学良，高晓英	33.00
电子商务物流基础与实训（第 2 版）	978-7-301-24034-2	邓之宏	33.00
供应链管理（第 2 版）	978-7-301-26290-0	李陶然	33.00
进出口商品通关	978-7-301-23079-4	王　巾，等	25.00
企业物流管理（第 2 版）	978-7-301-28569-5	傅莉萍	39.00
物流案例与实训（第 3 版）	978-7-301-30082-4	申纲领	42.00
物流成本管理	978-7-301-20880-9	傅莉萍，等	28.00
物流成本实务	978-7-301-27487-3	吉　亮	34.00
物流经济地理（即将第 2 版）	978-7-301-21963-8	葛颖波，等	29.00
物流商品养护技术（第 2 版）	978-7-301-27961-8	李燕东	30.00
物流设施与设备	978-7-301-22823-4	傅莉萍，等	28.00

物流市场营销	978-7-301-21249-3	张　勤	36.00
物流信息技术与应用（第 3 版）	978-7-301-30096-1	谢金龙	41.00
物流信息系统	978-7-81117-827-2	傅莉萍	40.00
物流营销管理	978-7-81117-949-1	李小叶	36.00
物流运输管理（第 2 版）	978-7-301-24971-0	申纲领	35.00
物流运输实务（第 2 版）	978-7-301-26165-1	黄　河	38.00
物流专业英语（第 2 版）	978-7-301-27881-9	仲　颖，等	34.00
现代生产运作管理实务（即将第 2 版）	978-7-301-17980-2	李陶然	39.00
现代物流管理（第 2 版）	978-7-301-26482-9	申纲领	38.00
现代物流概论	978-7-301-20922-6	钮立新	39.00
现代物流基础	978-7-301-23501-0	张建奇	32.00
物流基础理论与技能	978-7-301-25697-8	周晓利	33.00
新编仓储与配送实务	978-7-301-23594-2	傅莉萍	32.00
药品物流基础	978-7-301-22863-0	钟秀英	30.00
运输管理项目式教程（第 2 版）	978-7-301-24241-4	钮立新	32.00
运输组织与管理项目式教程	978-7-301-21946-1	苏玲利	26.00
运输管理实务	978-7-301-22824-1	黄友文	32.00
国际货运代理实务（第 2 版）	978-7-301-30178-4	张建奇	45.00
生产型企业物流运营实务	978-7-301-24159-2	陈鸿雁	38.00
电子商务实用教程	978-7-301-18513-1	卢忠敏，等	33.00
电子商务项目式教程	978-7-301-20976-9	胡　雷	25.00
电子商务英语（第 2 版）（即将第 3 版）	978-7-301-24585-9	陈晓鸣，等	27.00
广告实务	978-7-301-21207-3	夏美英	29.00
市场调查与统计（第 2 版）	978-7-301-28116-1	陈惠源	30.00
市场调查与预测	978-7-301-23505-8	王水清	34.00
市场调查与预测	978-7-301-19904-6	熊衍红	31.00
市场营销策划（即将第 2 版）	978-7-301-22384-0	冯志强	36.00
市场营销项目驱动教程	978-7-301-20750-5	肖　飞	34.00
市场营销学	978-7-301-22046-7	饶国霞，等	33.00
网络营销理论与实务	978-7-301-26257-3	纪幼玲	35.00
现代推销技术	978-7-301-20088-9	尤凤翔，等	32.00
消费心理与行为分析（第 2 版）	978-7-301-27781-2	王水清，等	36.00
营销策划（第 2 版）	978-7-301-25682-4	许建民	36.00
营销渠道开发与管理（第 2 版）	978-7-301-26403-4	王水清	38.00
创业实务	978-7-301-27293-0	施让龙	30.00

如您需要浏览更多专业教材，请扫下面的二维码，关注北京大学出版社第六事业部官方微信（微信号：pup6book），随时查询专业教材、浏览教材目录、内容简介等信息，并可在线申请纸质样书用于教学。

感谢您使用我们的教材，欢迎您随时与我们联系，我们将及时做好全方位的服务。联系方式：010-62750667，sywat716@126.com，pup_6@163.com，lihu80@163.com，欢迎来电来信。客户服务 QQ 号：1292552107，欢迎随时咨询。